吴越佛教

第十六卷

光 泉 ｜ 主编
杭州佛学院 ｜ 编

宗教文化出版社

图书在版编目（CIP）数据

吴越佛教 . 第十六卷 / 光泉主编 . -- 北京 : 宗教文化出版社，2022.12（2024.3重印）
ISBN 978-7-5188-1367-4

Ⅰ . ①吴… Ⅱ . ①光… Ⅲ . ①佛教史—华东地区—文集 Ⅳ . ① B949.2-53

中国国家版本馆 CIP 数据核字 (2023) 第 025954 号

《吴越佛教》第十六卷

光　泉　主编　杭州佛学院　编

出版发行：宗教文化出版社
地　　址：北京市西城区后海北沿 44 号（100009）
电　　话：64095215（发行部）　64095200（编辑部）
责任编辑：余　葶
版式设计：武俊东
印　　刷：中国电影出版社印刷厂

版权专有　侵权必究

版本记录：787 毫米 ×1092 毫米　16 开　17.75 印张　450 千字
　　　　　2022 年 12 月第 1 版　2024 年 3 月第 2 次印刷
书　　号：ISBN 978-7-5188-1367-4
定　　价：180.00 元

《吴越佛教》编委会

主　　编：光　泉

编　　委：慧　观　慧　仁　戒　法　黄　征　胡晓光

统　　稿：存　德

负责机构：杭州市佛教协会　杭州市宗教研究会　杭州佛学院

目　录

梵呗的历史与佛教中国化研究

梵呗的起源与发展
　　——以梵呗的主要内涵与特征为例……………………………………吴小丽 1
曹植成为中国梵呗创始者的几个关键因素………………………………汪秀枝 6
曹植"闻天籁，造梵呗"的玄学背景………………………………王　帅　王红蕾 10
梵呗中国化之象征
　　——朝暮课诵与五会念佛……………………………………刘亚轩　曹丽敏 17
魏晋南北朝时期佛教梵呗的"中国化"演变
　　——基于晋唐正史"艺术传"的记载…………………………………谢九生 24
梵呗"空"之美学意境
　　——佛教中国化视域下的禅宗音乐美学释义……蔡洞峰　殷洋宝　蔡　虹 34
宋代梵呗的社会价值初探…………………………………………………邓　锐 43
佛教梵呗的意义及其传统…………………………………………………傅暮蓉 55

梵呗与传统声乐研究

论佛教音乐的"方便"与"真实"………………………………………许清原 64
梵音海潮音，胜彼世间音
　　——在赵朴初重视与支持下的新中国佛教音乐建设…………………余世磊 76
台湾梵呗对俗乐的吸收、融合与创新……………………………………周景春 86
"佛曲"与"梵呗"的社会综合价值略论…………………………………谢瑞琪 95
中原与江浙地区佛教梵呗文化的传承与发展……………………韩　鹏　李惠良 115
京都北韵禅乐社瑜伽焰口佛顶尊胜陀罗尼版本源流考…………………张明悟 122
唐代佛教音乐形态的实践探索……………………………………………陈晓宇 132

梵呗的体相用略论·································释妙戏 140
龟兹佛教石窟中的音乐造型·························李瑞哲 146
刘德海琵琶音乐的梵呗特色和佛学意蕴初探
　　——以"宗教篇"为中心的考察····················彭钦文 164
京都北韵禅乐的传承与保护探析······················赵哲伟 172
转读、呗赞与器乐供养：佛教音声分类新论
　　——以五台山佛教音声为例的考辨类分··············孙　云 187

他山之石——日本声明大系汇编

南都声明——其现状与渊源·························佐藤道子 198
真言声明——其历史与特质·························新井弘顺 210
总说天台声明——其历史与特质·····················誉田玄昭 227
净土系诸宗的声明——其历史与特质·················岩田宗一 238
总说曹洞宗声明——其历史与特质···················中野东禅 245
总说临济宗的声明——以相国寺为代表···············有马赖底 252
总说黄檗宗的声明——其历史和特质·················服部祖承 258
总说日莲宗、法华宗声明——其历史与特质···········早水日秀 263
唱响当下，载入史册，启迪未来
　　——第十八届吴越佛教学术研讨会学术总结········杨九华 237
　　附：历届吴越佛教学术研讨会览表························ 275

梵呗的起源与发展

——以梵呗的主要内涵与特征为例

中央民族大学 吴小丽

佛教中的梵呗不是世俗社会的一般性音乐作品，是佛教中特定仪轨和仪式中用来赞咏歌颂诸佛功德、教化众生、引人向善、令人身心清净的特殊音乐作品，也就是一种恭敬唱颂和以极其虔敬的心态供养佛教一种伎乐。因此，梵呗具有宗教神圣性、教化众生的功能性、独特的艺术性等特征。

一、梵呗与梵音

梵呗在佛教经典中被称为梵天之音，也称为梵声、梵音。《诸经要集》中讲到佛的美妙声音有八种特质："又《梵摩喻经》云，如来说法声有八种，一最好声、二易了声、三柔软声、四和调声、五尊慧声、六不误声、七深妙声、八不女声，言不漏阙，无得其短者"[1]。清净的梵音与佛发出的妙音是相似的，是从清净的慈悲心中流露出来的，声音是清澈优雅、周遍十方。《长阿含经》中云，大梵王化作童子，对忉利天的天人们解释梵声与梵音所需要具备五种特质，即："其有音声，五种清净，乃名梵声。何等五？一者其音正直，二者其音和雅，三者其音清彻，四者其音深满，五者周遍远闻，具此五者，乃名梵音"[2]。《四分律名义标释》中讲到梵呗，就是以"短偈"来歌颂中佛教的妙法，同时还具备五种利益：

或云梵呗，皆梵天之音也。《法苑》云：寻西方之有呗，犹东国之有赞，赞者从文以结章，呗者短偈以流颂。比其事义，名异实同。……《十诵律》云：有比丘名跋提，于呗中第一，是比丘声好。白佛言：世尊，听我作声呗。佛言：听汝作呗，呗有五利益：身体不疲、不忘所忆、心不疲劳、声音

---

[1] 《诸经要集》卷4，《大正藏》第54册，第303页，第32页。
[2] 《长阿含经》卷5，《大正藏》第2册，第35页。

不坏、语言易解。复有五利，四略如前，第五云：诸天闻呗声，心则欢喜。①

众生如果聆听到梵呗，就会获得五种利益，具体是：身体不疲、不忘所忆、心不疲劳、声音不坏、语言易解。

二、梵呗与方便法门

梵呗还是让众生觉悟佛法的方便法门，并与佛法中声闻、缘觉、菩萨的三乘教化紧密联系。《华严经探玄记·贤首菩萨品》讲道：

> 又梵者圆洁之谓，又如梵天普应等，故名也。声者是执受声，音者明彼有诠表之韵，是故名也。二体者小乘唯是色蕴摄，是不可见有对，十二处中声处摄，十八界中声界收。初教声处等则空为性，又是十一识中言说识为体，终教此声用佛净识为性。然此净识复不异真如，故则以真如为彼自性。顿教梵音称同本性，则不可说也。圆教以彼无尽法界无碍为性，是故通摄一切。圆融自在，如下"性起品"如来音声处说，三明业用者有二。初约益生，小乘唯益当会等众，三乘乃益显密等众，一乘益于无尽显密，谓重重无尽也；二约分量，小乘唯同人类言音，三乘佛音遍一切界，如目连寻不知等。一乘遍因陀罗网法界处重重无尽无尽也。三"众生苦乐"下明同事摄，于中初同其事，二"若有不识"下明示法，十行是十度也。四"或有众生"下四颂显利行摄，于中初示生死过令舍；二"如来十力"下显佛德令求；三"如是方便无有量"一句结无尽也。②

《诸经要集》也讲到不能以"外道歌音说法"，或是以世俗的歌咏来讲法，不然就会产生五种过失，这是对梵呗的内容和形式做出的严格限制和要求。《十诵律》云：

> 为诸天闻呗心喜故，开呗声也。又《毗尼母经》云：佛告诸比丘，听汝等呗，呗者言说之辞，虽听言说，未知说何等法。佛言：从修多罗乃至优婆提舍，随意所说。十二部经复有疑心，若欲次第说文，众大文多，恐生疲厌。若略撰集好辞，直示现义，不知如何，以是因缘具白世尊。佛即听诸比丘，引经中要言妙辞，直显其义。尔时有一比丘，去佛不远，

---

① 《四分律名义标释》卷6，《新编卍续藏经》第44册，第449页。
② 《华严经探玄记》卷4，《大正藏》第35册，第190页。

立高声作歌音诵经。佛闻不听用此音诵经，有五过患，同外道歌音说法。一不名自持，二不称众，三诸天不悦，四语不正难解，五语不巧故义亦难解，是名五种过也。①

其中，优婆提舍译曰论议，意译作指示、教训、显示、宣说、论义、论义经、注解章句经。即对佛陀所说之教法，加以注解或衍义，使其意义更加显明，亦即经中问答论议之一类，十二部经之一。

如何才能获得美妙的梵呗声？《诸经要集》中讲到了一位比丘唱诵梵呗非常高雅，声音悦耳动听，但是相貌却非常丑陋的因果故事：

> 又《贤愚经》云：昔佛在世时，波斯匿王与兵众至祇洹边过，闻一比丘呗声雅好，军众立听无有餍足，象马竖耳住不肯行。王与军众即入寺看，见呗比丘，形貌矬短丑陋极盛。王不忍看，王即问佛，今此比丘宿作何业得斯果报？佛告王曰：乃往过去有佛出世，号曰迦叶，入涅槃后，机里毗王，收取舍利欲用起塔。有四龙王化作人形，来到王所问起塔事，为用宝作为用土耶？王即答言：欲令塔大无多宝物，今是土作，令方五里高二十五里。龙白王言：我是龙王故来相问，若用宝作我当佐助。王闻欢喜，龙复语王：四城门外有四泉水，东门泉水取用作墼，变成琉璃；南门泉水取用作墼，变成黄金；西门泉水取用作墼，变成白银；北门泉水取用作墼，变成白玉。王闻是语，倍增欢喜，即立四监各典一相，其三监者作工欲成。一监懈怠，工独不就。王行看见，以理呵责。其人怀怨而白王言：此塔太大，当何时成？王敕作人，昼夜勤作，一时都讫。塔极高峻，众宝庄严极有异观。其监见已欢喜踊跃，忏悔前过。持一金铃着塔棠头，发其愿言：令我所生音声极好，一切众生莫不乐闻，将来有佛号释迦牟尼，使我得见度脱生死。缘于往昔嫌塔大故，生恒丑陋。由持金铃悬塔棠头，乃愿见佛。从是以来，五百世中极好音声。今复值佛，出家修道，得阿罗汉果。以是因缘，一切众生，见他作福不应毁訾，后得恶报，悔无所及也。②

可以看出梵呗的音乐艺术功能是与佛教本身的教化众生、深入体悟佛法智慧等方面是分不开的。用身心和声音的清净，以一定的曲调来赞叹歌咏佛经和佛法，乃至参与修行、各类佛事活动等，这是梵呗音乐艺术的基础。通过这种方便法门，

---

① 《诸经要集》卷4，第32页。
② 《诸经要集》卷4，第32页。

也希望人们可以净化身心，实现去恶从善和惩恶扬善的社会功能。

吕大吉先生在总结的宗教内与外的四个要素时，指出："宗教的观念或思想与宗教的感情或体验，是宗教的内部因素，宗教的行为或活动与宗教的组织和制度是宗教的外在因素"①。宗教信仰者内心接受宗教的义理和观念后，就会产生虔诚的宗教情感与体验，并付诸行动，即产生一系列的宗教崇拜行为，这是宗教观念和情感的一种外在表现。宗教体系的最外层是宗教信仰观念的信条化、宗教行为的组织化、仪式化、宗教生活制度化和规范化，宗教的组织和制度对前三种要素起到团结凝聚的作用。

佛教艺术形式的基本特征，是信仰者丰富的宗教情感参与其中的一种情感体验，信仰情感必然参与其中，并且让艺术形式的表演行为与观赏者产生心理上的强大共鸣，达到以情动人的效果。康德认为，"我们要加以考察的精雅情感，主要有两种，崇高感和美感"②。宗教情感也是具备崇高感和美感的特征。

在佛教深奥的义理中，融入可以引起共情的艺术形式，通过生动的艺术形式，作为一种方便法门，让宣讲佛教的义理、观念、内容，让众生容易理解和接受，梵呗无疑是其中的一种方便法门和艺术形式的融合。也正如《妙法莲华经》所讲："若使人作乐，击鼓吹角贝，箫笛琴箜篌，琵琶铙铜钹，如是众妙音，尽持以供养。或以欢喜心，歌呗颂佛德，乃至一小音，皆已成佛道"③。歌咏梵呗的人，或者听者闻者，都会因此而最终成就佛道。

三、梵呗与中国化的艺术形式

佛教的梵呗音乐有着独特的艺术形式和文化价值，在佛教中国化的进程中，梵呗也与中华民族的音乐艺术相互融合，逐渐形成了新的艺术特色。《高僧传》中记载：按照天竺风俗习惯，呗是歌咏佛法的义理思想，流传到中国后，梵呗主要指：歌咏、赞叹。

> 然天竺方俗，凡是歌咏法言皆称为呗。至于此土，咏经则称为转读；歌赞则号为梵呗。昔诸天赞呗皆以韵入弦绾，五众既与俗违，故宜以声曲为妙。原夫梵呗之起，亦兆自陈思，始著《太子颂》及《睒颂》等。因为之制声，吐纳抑扬并法神授。今之皇皇顾惟，盖其风烈也。其后居

---

① 吕大吉：《关于宗教本质问题的思考》，载于《中国社会科学》1987年第5期。
② [德] 康德：《康德全集》卷2，普鲁士王家科学院编辑，Kants Schriften 柏林出版，1902年，第209页。
③ 《妙法莲华经》卷1，《大正藏》第9册，第9页。

士支谦，亦传梵呗三契，皆湮没而不存。世有《共议》一章，恐或谦之余则也。唯康僧会，所造《泥洹》梵呗，于今尚传，即敬谒一契，文出双卷《泥洹》，故曰泥洹呗也。爰至晋世有高座法师，初传觅历，今之行地印文即其法也。钥公所造六言，即《大慈哀愍》一契，于今时有作者。近有西凉州呗，源出关而流于晋阳，今之面如满月是也。凡此诸曲并制出名师，后人继作多所讹漏，或时沙弥小儿互相传授，畴昔成规殆无遗一。惜哉！此既同是声例，故备之论末。①

慧皎此处讲到，梵呗在中土最早是陈思王曹植制声，月氏的支谦曾制梵呗三契但已经失传，康僧会制的《泥洹》梵呗流传保存下来了。有关曹植创制中国化的梵呗，在《佛法金汤编》讲到起因："陈思王精通书艺，邯郸淳称为天人，每读佛经辄留连嗟玩，以为至道之宗极，尝游渔山，闻空中梵天之响，清扬哀婉，因仿其声写为梵呗。今法事有渔山梵，即其余奏也。"②曹植的"渔山之呗"共有四十二个曲调，在音乐表现形式上已经与印度佛乐不同。

"以音声作佛事"，梵呗这一独特的佛教艺术形式，既有深厚的佛教思想内涵，又有丰富的文化精髓。梵呗的曲牌、唱腔、唱词内容、演绎方式等在中国的发展和演变，是中华民族并蓄、海纳百川的多元文化的展现。至今，梵呗音乐依然出现在于各类佛教的仪式和法事仪轨中，在佛教信仰者的日常修行中发挥着开启智慧、觉悟佛教义理和思想、净化身心等的重要作用。2008年6月，山东梵呗寺的鱼山梵呗成功入选了国务院第二批国家级非物质文化遗产保护名录，寺院中的两座梵呗石幢经柱上，雕刻着《鱼山私钞》《鱼山声明集》中的始呗、中呗、后呗、如来呗、太子颂、四十二契、六契传承等珍贵的梵呗史料。现在，各地的寺院与梵呗艺术团体在世界各地的舞台上进行成功演绎梵呗艺术，让世界人民感受到梵呗——这一独特佛教艺术所带来人们的巨大感染力和影响力。

---

① 《高僧传》卷13，《大正藏》第50册，第415页。
② 《佛法金汤编》卷1，《新纂卍续藏经》第87册，第375-376页。

曹植成为中国梵呗创始者的几个关键因素

河南牧业经济学院　汪秀枝

佛教是汉代从印度传入中国的。以文化传统而论，中国和印度分属于东亚文化和南亚文化，彼此的语言文字、风俗习惯、思维方式等都有着明显差异，所以，发端于古印度的佛教在传入中国的过程中，必须同中国本土文化相结合，使之具有中国特色，才能在中国这片广袤的土地上生根发芽并发展壮大。

佛教认为人生是苦且有轮回。只有信仰佛法，潜心修佛，才能跳出轮回，达到涅槃，永离苦海。修行当然离不开"法门"，即各种途径，梵呗便是具体的途径之一。何谓梵呗？在印度语中，"梵"是"梵览摩"的简称，大概意思是清净、离俗，"呗"是"呗匿"的略称，大概意思是赞颂、歌咏，"梵呗"就是"清净之音""清净的讽诵"，是佛教徒以短偈形式赞唱佛、菩萨的颂歌，也可以用乐器伴奏。梵呗初传入中国时，正如慧皎所著《高僧传·经师论》云："自大教东流，乃译文者众，而传声盖寡。良由梵音重复，汉语单奇。若用梵音以咏汉语，则声繁而偈迫；若用汉曲以咏梵文，则韵短而辞长。是故金言有译，梵响无授。"即是说，印度梵呗初传入中国时，由于汉语和梵语在发音特点、语法结构等方面存在差异，无论是用中国的曲调演唱梵语，还是用印度的曲调演唱汉语，都很难配合协调，故而传唱特别困难，迫切需要有人将其进行一番改造加工，使其本土化，成为中国人听得明白、唱诵通顺的音乐形式。

曹植创作了鱼山梵呗，成了中国梵呗的开山鼻祖。为什么是曹植？当年，哪些主客观条件碰撞在一起，因缘际会，成就了曹植中国梵呗创始人的地位呢？我认为，以下三个方面因素不可或缺。

一、表达情感的愿望

曹植（192-232），字子建，东汉末年和曹魏时期先后被封为临淄侯、东阿王、陈王等，最后在陈王位上去世，因死后谥号"思"，故史书多称其为陈思王。曹植是曹操的第四个儿子，是曹操与第二位正妻卞氏夫人所生的第三个儿子。作为汉末建安时期事实上的最高统治者，曹操很重视对儿子们的培养教育，不仅延揽名士为他们讲授经书，指导他们饱读典籍，演习文章，还将十岁以上的儿子放到军营里磨砺摔打，战时随军出征，以锻炼儿子们，为曹家建成不世基业。曹植亦不负曹操所望，既具文韬，又有武略，不仅聪颖好学，才思敏捷，下笔成章，诗赋文章常常被时人称颂，而且颇具政治素养和军事才干，很得曹操钟爱。晚年，曹操选择继承人时，在曹丕（曹植同父同母长兄）和曹植之间犹豫不决，很多时候甚至偏向曹植，认为他是儿子中最可定大事者，"几为太子者数矣"，后来，因为曹植"任性而行，不自雕励，饮酒不节"，犯下深夜醉酒乘马车擅闯禁地等大错（一说系曹植故意犯错——因曹植书生气颇浓，不忍兄弟阋墙），曹操才决定立曹丕为王太子。在立曹丕为王太子后，为安慰犯了错的临淄侯曹植，将他封地的食邑由五千户增加到一万户。曹植成了当时曹家子弟中独一无二的万户侯。

220年，曹操去世，曹丕继魏王位。同年他逼迫汉献帝禅位而自己称帝。一登上魏王位，曹丕就杀了当初鼎力支持曹植的人。称帝不久，他又随意罗织罪名，欲治曹植死罪，在卞太后的苦苦哀劝下，他才答应免曹植一死，将临淄侯降为没有封地的虚封安乡侯，并且把曹植押回都城洛阳软禁于一处陋宅内，令其闭门思过。222年，曹植被封为比郡王等级低的县王——鄄城王，次年转封雍丘王，食邑两千五百户，待遇比曹操活着的时候大大削减。期间，曹植多次用言行表示，自己绝对服从兄长的皇权，并期待为国效命。

226年，曹丕死，其子曹叡继位。身为皇叔、居帝都洛阳之外、正值盛年的曹植时时思君念阙，强烈期待抱利器有所施，奉献出自己的文韬武略，助曹魏的天下更加稳固长久，于是多次上疏自荐，表达到皇帝身边参政辅政的愿望，但曹叡仍然对其疑而不用，而且，在短短的五六年间，又令曹植四次在山东、河南之间辗转迁移。230年，太皇太后亦即曹植的生母卞氏去世，曹叡却禁止他到洛阳守灵送葬！

可见，曹操死后，曹植名为王侯实为囚徒。他生命色彩的底色是灰暗的，他心中充斥着哀怨、悲愤、恐惧、委屈、绝望，这样的心情，又不能明明白白地说出来；然而，这些情感，又很难完完全全地埋在心里，多多少少得释放出来一部分。如何释放？曹植只能用手中的笔，以间接、含蓄、迂回、曲折的方式去表露心迹，比拟境遇，前文谈到的《七步诗》就是一个最为明显的例证，此外，他的《野田黄雀行》《洛神赋》《七哀诗》等文学作品都属于此类。以《野田黄雀行》为例，曹植以"利剑""篱间雀"等为喻，表达了曹植眼看友人被害而自己却无能为力的悲愤心情。

众所周知，曹植创作鱼山梵呗，主要通过删治《瑞应本起经》而成。《瑞应

本起经》系《太子瑞应本起经》之略名，是佛教的重要经文。《瑞应本起经》叙述了释迦牟尼出身、成长、出家、成佛的经历。按照经文描述，作为王太子的乔答摩·悉达多自幼聪明伶俐，七岁开始受学，博学多才。曹植则从小机智灵敏，十来岁就熟读《论语》《诗经》、先秦两汉辞赋，广泛涉猎诸子百家，并能够下笔成章。在乔答摩·悉达多的成长过程中，他的堂兄弟对他常怀妒意。曹植也受到哥哥的嫉恨甚至迫害；年近而立的乔答摩·悉达多因亲眼看到老、病、死诸苦而悟到人生是苦、是空，曹植因文人底色和现实际遇对人生怀着强烈的幻灭感、无常感……二者身世、境遇、情感有这么多的相似之处。所以当曹植在读了《瑞应本起经》之后，一定会感慨万千，借用它喻事、抒情，对其进行整理、创作。

二、出类拔萃的才能

曹植在文学方面的才能无须多言。青少年时，他受过军旅训练，也具备武略，但由于在文韬方面表现得太过耀眼，竟以绝对性的优势将武略挤压得忽略不计，以至于后人评论他时，一般皆以"文学巨擘""千年文曲星"等称赞他，谢灵运说出那句"天下才共一石，曹子建独得八斗"后，更是流传千古，被后人反复引用、认同。

文学才能再高，如果在音乐领域是门外汉，渔山梵呗同样是创作不出来的，而曹植在此领域恰恰具有相当高的水平。曹植的音乐天分应该与其父母的影响和教育密切相关。曹操其实也是文武双全的。曹操不仅是东汉末年著名的政治家、军事家，还是著名文学家。《短歌行》《观沧海》等都是曹操留给后世的不朽名篇，而且，他的诗大都是按照汉代乐府曲调写的，可以配乐歌唱。曹植的母亲卞氏出生于以歌舞杂戏娱人的倡伎世家。二十岁时，精于歌舞且长相姣好的卞氏被二十五岁的曹操看中，先为妾室，后成正妻。据史料记载，为了庆祝铜雀台的落成，曹操令文人才子为这一盛事吟诗作赋。曹植写出《登台赋》后，受到众人称赞。母亲卞氏很高兴，她亲自为其谱曲，由乐工们在铜雀台上演出。曹操麾下还有一些音乐天才，比如著名的音乐大师杜夔、建安七子之一的阮瑀等。曹植既有音乐天赋，又勤奋好学，又曾得到杜夔、阮瑀等人的指点，所以他在音乐领域取得高深的造诣也是顺理成章的。

因为《瑞应本起经》里的主人公身世情感与自己多有相通，可以借此浇心中块垒，而且曹植又长于诗赋，精于音律，于是就有了慧皎在《高僧传·经师论》描述："始有陈思王曹植深爱声律，属意经音，既通般遮之瑞响，又感鱼山之神制；于是删治《瑞应本起》，以为学者之宗，传声则三千有余，在契则四十有二。"

也就是说，在文学和音乐两方面都可称天才的曹植对《瑞应本起经》进行文学方面的加工改造，结合梵文语音的音韵和汉语发音的高低，融合中国传统音乐曲调，创造出了独特的中国化梵呗旋律——鱼山梵呗。

三、王公贵胄的地位

这一因素的重要性基本体现在鱼山梵呗得到传播、认可方面。在曹植生活的年代，纸虽然得到了广泛使用，但印刷术却没有发明出来，因此，当时书籍的编纂相当不容易。文学艺术作品问世后主要依赖传统的人际传播，即人与人之间，尤其是文人士大夫群体人与人之间的口耳相传、亲笔抄写。这样，某一文学艺术作品能否尽快被大众知晓、认同，除本身质量的高下优劣外，创造者个人社会影响力的大小也与之密切相关。

当年，曹植在文人士大夫群体以及整个社会的影响力无疑是超一流的，这自然与他是曹操的儿子、魏文帝曹丕的弟弟、魏明帝曹叡的叔叔不可分割。他文采卓越，又出身高贵，和一般家庭出身且文才卓著的人比起来，知道他、谈论他、传递他作品的人肯定更多，相应地，其作品被广泛传播、认同的可能性也就更大。

鱼山梵呗是曹植将印度文化与中国文化有机结合，在中国首创出的优异艺术作品。因为梵呗主要被僧人们运用于宣扬佛法，感化听众，所以和诗赋等文学作品比较起来，它要得到欣赏、认同，更需要在世俗之外的僧人尤其是得道高僧群体中传播。虽然僧俗世界有许多不同，但是在身份、地位影响着文学艺术作品传播范围和速度这一点上，却是大同小异的。

总之，正是由于上述几个因素的相互作用，让曹植成了中国梵呗的创始人。他所开创的鱼山梵呗后来被继承并发扬光大，为佛法在中国的弘扬做出了不可磨灭的贡献。国家级非物质文化遗产梵呗传承人释永悟创作的《东阿王赞》曰："东阿王植公，降生曹魏王宫。云高天籁连竺中，鱼山接长空。瑞应本起得删治，七步诗八斗雄。和平妙音世界同，梵呗源真宗。"这段赞赋虽然只有五六十个字，却言简意赅，将曹植创作鱼山梵呗的条件及贡献，阐释得非常清晰。

曹植"闻天籁,造梵呗"的玄学背景

北京大学　王帅

国家图书馆研究馆　王红蕾

一、中古好声音:梵呗的内涵及特点

"梵"是梵语 Brahmā 的音译词,是"梵摩""婆罗贺摩""梵览摩"之省,意为"清净""寂静"。印度所指的终极实在,是超越和不可规范的唯一实在。指代"最好的""最清净的""最寂静的"一切事物。"呗"是梵语 Pathaka 的音译词,是"腰瓴""呗匿"的简称,意译为"赞叹""止息""止断""圆满""皎正"等,原意是印度谓以短偈形式赞唱宗教颂歌,引申为一切佛教的"歌咏法言"。《高僧传·经师论》:"天竺方俗,凡是歌咏法言,皆称为呗。至于此上,咏经则称为转读,歌赞则号为梵音。昔诸天赞呗,皆以韵入弦管。""梵呗"加在一起的含义,就是"最好的音乐"。慧琳《一切经音义》卷八十一称为"呗唱",训译为"梵赞声";因其取法古印度的歌赞而变化之,故称梵呗,有时略称为梵。那么这种"最好的、清净的"标准是什么呢?这在佛教经典中有明确记载:《长阿含五阇尼沙经》曰:

> 时梵童子告忉利天曰:其有音声五种清净,乃名梵声。何等五?一者其音正直,二者其音和雅,三者其音清彻,四者其音深满,五者其音遍周远闻。具此五者,乃名梵音。

这里列举的梵音五条标准是:①正直,②和雅;③清彻;④深满;⑤周远。《大智度论》还进一步从传播和接受的角度提出了另外五条标准:①甚深如雷;②清彻远播;③入心敬爱;④谛了易解;⑤听者无厌。这十条标准加在一起,可以视为是梵呗的基本特点。

二、"天籁":中古音乐审美的最高标准

自佛教传入至三国时,来自印度、西域的一些高僧在汉地传播、翻译佛经的

同时，也带来了印度、西域的佛教音乐。月氏人支谦据《无量寿经》《中本起经》制成《菩萨连句梵呗》三契；康僧会亦曾制此曲，又传《泥洹呗声》。但是，因为佛教在当时的思想界并不属于主流地位。所以佛教徒在传播佛教思想、文化、艺术之时，往往就向当时最流行的玄学中借鉴资源。那么在玄学思想中"最好的音乐"是什么呢？毫无疑问，就是庄子提出的"天籁"：

> 南郭子綦隐几而坐，仰天而嘘，嗒焉似丧其耦。
>
> 颜成子游立侍乎前，曰："何居乎？形固可使如槁木，而心固可使如死灰乎？今之隐几者，非昔之隐几者也。"
>
> 子綦曰："偃，不亦善乎而问之也？今者吾丧我，汝知之乎？汝闻人籁而未闻地籁，汝闻地籁而未闻天籁夫！"
>
> 子游曰："敢问其方。"
>
> 子綦曰："夫大块噫气，其名为风，是唯无作，作则万窍怒呺，而独不闻之翏翏乎？山林之畏佳，大木百围之窍穴，似鼻，似口，似耳，似枅，似圈，似臼，似洼者，似污者。激者，謞者，叱者，吸者，叫者，譹者，宎者，咬者，前者唱于而随者唱喁。泠风则小和，飘风则大和，厉风济则众窍为虚。而独不见之调调之刁刁乎？"
>
> 子游曰："地籁则众窍是已，人籁则比竹是已，敢问天籁。"
>
> 子綦曰："夫吹万不同，而使其自己也，咸其自取，怒者其谁邪？"①

这段话的核心，就是子游和子綦关于"地籁、人籁和天籁"的讨论。子游认为："大地的本意可以借助万物之窍所发出的唱和声中表达出来，人的本意也可以从清悠、消沉、谐美的各种丝竹的或条畅或激昂的声中表达出来。"在这样的基础之上，他进一步提问"什么是天籁？天的本意是怎么表达出来的呢？"南郭子綦回答说："所谓天籁的音响万变，而又能使其自行息止，这完全都是出于自然，有什么东西主使着它呢？"关于这一点，郭向在注解《庄子》的时候说得更为清楚：

> 此天籁也。夫天籁者，岂复别有一物哉？即众窍比竹之属，接乎有生之类，会而共成一天耳。无既无矣，则不能生有；有之未生，又不能为生。然则生生者谁哉？块然而自生耳。自生耳，非我生也。我既不能生物，物亦不能生我，则我自然矣。自己而然，则谓之天然。天然耳，非为也，故以天言之。所以明其自然也，岂苍苍之谓哉！而或者谓天籁役物使从

---

① 《庄子·内篇》"齐物论"。

己也。夫天且不能自有，况能有物哉！故天者，万物之总名也，莫适为天，谁主役物乎？故物各自生而无所出焉，此天道也。①

郭向认为所谓"天籁"就是天然而产生的声音，就是"天道"自行所流露出来的自然的声音。宋代林希逸《庄子鬳斋口义》云："或谓此言地籁自然之音，亦天籁也，固是如此。风非出于造化，出于何处？"马其昶《庄子故》云："万窍怒号，非有怒之者，任其自然，即天籁。"从这些我们可以看出，天籁就是"自然的声音"，这一点当无异议。

庄子所表达的"天籁"的思想，在六朝时期成为音乐审美的最高理想。六朝时期，随着玄学的兴盛，一切的艺术形式都开始追求玄学的味道，他们以自然、任性作为最崇高的审美追求，认为一切艺术无非都是为了通过各种不同的形式，进而达到体悟自然的目的。在这样的逻辑下，只有真正的符合自然的形式，才是最高审美。这一点在音乐方面尤其突出，阮籍在其《乐论》中就有精辟的论述：

> 夫乐者，天地之体，万物之性也。合其体，得其性，则和；离其体，失其性，则乖。昔者圣人之作乐也。将以顺天地之性，成万物之生也。故定天地八方之音，以迎阴阳八风之声，均黄钟中和之律，开群生万物之情。故律吕协则阴阳和，音声适而万物类，男女不易其所，君臣不犯其位，四海同其欢，九州一其节，奏之圜丘而天神下，奏之方岳而地祇上。天地合其德则万物合其生，刑赏不用而民自安矣。乾坤易简，故雅乐不烦；道德平淡，故无声无味。不烦则阴阳自通，无味则百物自乐。日迁善成化而不自知，风俗移易而同于是乐，此自然之道，乐之所始也。其后圣人不作，道德荒坏，政法不立，化废欲行，各有风俗。故造子之教谓之风，习而行之谓之俗。楚越之风好勇，故其俗轻死；郑卫之风好淫，故其俗轻荡。轻死，故有火焰、赴水之歌；轻荡，故有桑间、濮上之曲。各歌其所好，各咏其所为，歌之者流涕，闻之者叹息，背而去之，无不慷慨。怀永日之娱，抱长夜之叹，相聚而合之，群而习之，靡靡无已，弃父子之亲，驰君臣之制，匮室家之礼，废耕农之业，忘终身之乐，崇淫纵之俗；故江淮之南，其民好残；漳汝之间，其民好奔。吴有双剑之节，赵有扶琴之客。气发于中，声入于耳，手足飞扬，不觉其骇。好勇则犯上，淫放则弃亲。犯上则君臣逆，弃亲则父子乖；乖逆交争，则患生祸起。祸起而异愈异，患生而虑不同。故八方殊风，九州异俗，乖离分背，莫

---

① （西晋）郭象、向秀：《庄子注》。

能相通，音异气别，曲节不齐。故圣人立调适之音，建平和之声，制便事之节，定顺从之容，使天下之为乐者莫不仪焉。自上以下，降杀有等，至于庶人，咸皆闻之。歌谣者咏先王之德，俯仰者习先王之容，器具者象先王之式，度数者应先王之制；入于心，沦于气，心气和合，则风俗齐一。

这段材料中关于"音乐"的论述，有很多地方和当时佛教对于梵呗的论述有很大的类似之处，所以值得仔细的分析：第一，强调了音乐的"正"和"邪"。所谓"正"，就是说音乐要符合自然规律，顺应自然规律。阮籍认为，音乐一定要符合天地和万物的形制，这样才能做到怡情养性、制礼作乐的作用。第二，区别了音乐的"雅"和"俗"，阮籍列举分析了楚越、郑卫、江淮、漳汝等不同地区的音乐风格，认为这些音乐都不符合雅正的标准。第三，讨论了音乐的"清"和"浊"。"清"是六朝最高的审美标准，阮籍认为好的音乐应该能够是"调适之音平和之声"，这样才能这正地做到"入于心，沦于气，心气和洽"。第四，分辨了音乐的"深"与"浅"。阮籍认为音乐不能是单独的崇淫纵、发意气，而是应该有更加深层次的作用：咏先王之德，俯仰者习先王之容，器具者象先王之式，度数者应先王之制。第五，探讨了音乐的"周"与"狭"。阮籍认为音乐作为一种化成天下的艺术形式，不能入上述各地区一样，非常狭隘的反应本地的风俗，而是应该化成万物，八方一体。阮籍的这些思想可以作为六朝士人对于音乐审美的普遍观点。①

从以上分析我们可以看出，六朝时期最理想的音乐，就是符合自然的音乐，而这些音乐的审美理想和佛教关于梵呗的论述是有相当大的重复的。在这样的思想背景之下，我们来看"闻天籁，造梵呗"的传说，会对这一传说有更加深刻的认识。

三、曹植"闻天籁，造梵呗"的玄学背景

曹植曾游览鱼山，并有"终焉之志"，这在历史上是由明确记载的：西晋陈寿的《三国志》卷十九："初，植登鱼山，临东阿，喟然有终焉之心，遂营为墓"。清修《山东通志》卷三二《陵墓志·沂州府》"三国魏陈思王墓"云："在县西八里鱼山之阴。子建初封东阿。王尝登鱼山，喟然有终焉之志，其后徙王于陈。既薨，子志遵治命，返葬于东阿。墓下有祠。"但是，关于曹植创立梵呗的说法，

---

① 刘莉：《魏晋南北朝音乐美学思想研究》，华东师范大学出版社，2011年。

则与正史无载，均存在一系列佛教的内典中：南朝刘敬叔的《异苑》、刘义庆的《宣验记》、释僧祐的《出三藏记集》与释慧皎的《高僧传》，唐代释道宣的《广弘明集》、释道世的《法苑珠林》、窥基的《法华玄赞》，宋代赞宁的《宋高僧传》等。仔细分析这些材料就会发现一个共同的特点，他们都在强调曹植创制梵呗的根据就是听闻了鱼山的"天籁"。我们先来看最早的记载，刘宋朝刘敬叔《异苑》是现存最早的记载"曹植闻天籁，造梵呗"的材料，全文云：

> 陈思王尝登鱼山，临东阿，忽闻岩岫里有诵经，清通深亮，远谷流响，肃然有灵气，不觉敛衿祗敬，便有终焉之志，即效而则之，今之梵唱，皆植依拟所造。一云：陈思王游山，忽闻空里诵经声，清远道亮。解音者则而写之，为神仙声。道士效之，作步虚声。

根据这条材料来看，曹植创造梵呗有两个基础：一个是"岩岫里有诵经"，一个是"远谷流响"。这里的"远谷流响"就是自然界的声音，也就是天籁之声。

稍后齐梁名僧僧祐（445-518）《出三藏记集》卷十二载其《法苑杂缘原始集》卷六目录"陈思王感鱼山梵声制呗记第八"。具体内容已经失传无缘得见，但是，这里的"鱼山梵声"依然就是天籁的意思。南梁会稽嘉祥寺沙门释慧皎（497-554）撰《高僧传》记载曹植创造梵呗的情况：

> 魏陈思王曹植，深爱声律，属意经音。既通般遮之瑞响，又感鱼山之神制。于是删治《瑞应》《本起》以为学者之宗。传声则三千有余，在契则四十有二。

> 原夫梵呗之起，亦肇自陈思，始著《太子颂》及《睒颂》等，因为之制声，吐纳抑扬，并法神授。今之皇皇顾惟，盖其风烈也。

南朝以后，这一说法几乎成为定论，比如唐代终南山释道宣（596-667）撰《广弘明集》卷五：

> 植字子建，魏武帝第四子也。初封东阿君王，终后谥为陈思王也。幼含珪璋，十岁能属文，下笔便成，初无所改。世间术艺，无不毕善。邯郸淳见而骇服，称为天人也。植每读佛经，辄流连嗟玩，以为至道之宗极也。遂制转读七声升降曲折之响，故世之讽诵，咸宪章焉。尝游鱼山，闻空中梵天之赞，乃摹而传于后。

道宣《集古今佛道论衡》卷甲：

> 陈思王曹植，字子建，魏武帝第四子也。初封东阿郡王，终后谥为

陈思王也。幼含珪璋，十岁能属文，下笔便成，初不改定；世间术艺，无不毕善。邯郸淳见而骇服，称为天人。植每读佛经，辄流连嗟玩，以为至道之宗极也。遂制转读七声、升降曲折之响，世之讽诵，咸宪章焉。尝游鱼山，忽闻空中梵天之响，清飏哀婉，其声动心。独听良久，而侍御莫闻。植深感神理，弥悟法应，乃慕其声节，写为梵呗撰文制音，传为后式。梵声光显始于此焉。其所传呗凡六契，见梁释僧祐《法苑集》。然统括道源，精搜仙，录奸妄多奇，终归饰，诈其前论所委辩当明矣。

窥基《妙法莲华经玄赞》卷四：

> 此以歌呗供养，当得大士梵音声故。梵云婆陟，此言赞叹。呗匿，讹也。陈思王登渔山，闻岩岫诵经，清婉道亮，远谷流响，遂拟其声而制梵呗。故今俗中谓之渔梵，冥合西域三契七声，闻俱胝耳等所作也。

从这些材料我们可以看出，曹植创设梵呗这一传说，从一开始就有着非常浓厚的玄学背景。曹植是受到自然的启发，创造出的梵呗之声，正是六朝时期音乐玄学审美自然观的体现。

宗白华先生曾经说过："汉末魏晋六朝是中国政治上最混乱、社会上最苦痛的时代，然而却是精神史上极自由、极解放，最富于智慧、最浓于热情的一个时代。因此也就是最富有艺术精神的一个时代。王羲之父子的字，顾恺之和陆探微的画，戴逵和戴颙的雕塑，嵇康的广陵散（琴曲），曹植、阮籍、陶潜、谢灵运、鲍照、谢朓的诗，郦道元、杨衒之的写景文，云冈、龙门壮伟的造像，洛阳和南朝的闳丽的寺院，无不是光芒万丈，前无古人，奠定了后代文学艺术的根基与趋向。"① 这里所列举的一系列艺术作品，无不是闪烁着自然的光芒。所以，南朝形成的"曹植创立梵呗"的故事，自然会和当时社会最流行的玄学思想相融合，形成了"闻天籁、造梵呗"的基本故事格局。

四、佛教早期传播方式对"闻天籁、造梵呗"传说形成的影响

这一传说的形成还与佛教早期的传播方式有关。佛教传入初期，因为出家、剃发、不拜王者等不合中国伦理思想的因素，被儒家斥为淫教邪术，不得不依附道家和方术来进行发展。佛教徒在传播佛教思想、艺术时，往往比附当时的道家，尤其是老庄的道家概念来进行传播。以下举例说明：

---

① 引自宗白华《论〈世说新语〉和晋人的美》一文，辑录宗白华：《美学散步》，上海人民出版社，1981年。

关于佛陀的形象传播，佛教徒都将其描述成是道教哲学中的"神人"形象。汉代牟子《理惑论》："昔孝明皇帝梦见神人，身有日光，飞在殿前，欣然悦之。明日，博问群臣：此为何神？有通人傅毅曰：臣闻天竺有得道者，号曰佛，飞行虚空，身有日光，殆将其神也。"晋代袁宏《后汉记》中有这样的描述："佛身长一丈六尺，黄金，项中佩日月光，变化无方，无所不入，故能化通万物而大济群生。"而在《理惑论》中提出："何以正言佛，佛为何谓乎？"其又回答说："佛乃道德之元祖，神明之宗绪。佛之言觉也。恍惚变化，分身散体，或存或亡，能小能大，能圆能方，能老能少，能隐能彰。蹈火不烧，履刃不伤，在污不辱，在祸无殃，欲行则飞，坐则扬光，故号为佛也。"

在佛经的翻译过程之中。早期的翻译家，往往采纳道家神仙家的名词术语，援引儒道思想阐释佛学，促使格义佛教的逐渐流行。如用"能仁"的概念界定佛，用道家的"守一"阐释佛教的禅定，或者把传统的灵魂不死观念和佛教的轮回报应说结合在一起。

另外，在佛教的传播方式上，早期佛教僧人往往利用"神通"来表明自己的力量，比如《出三藏记集》中记载：安世高"外国典籍，莫不该贯，七曜五行之象，风角云物之占，推步盈缩，悉穷其变，兼洞晓医术，妙善针脉，睹色知病，投药必济，乃至鸟兽鸣呼，闻声知心"。《高僧传》中记载：康僧会"天文图纬，多所综涉"。《开元释教录》记载：昙柯迦罗"善学四韦陀论，风云星宿，图谶运变，莫不该综"。直到东晋十六国时，名僧佛图澄、鸠摩罗什等，仍然借助道术弘扬佛法，以争取更多的信徒。

在这样的背景下。六朝时期产生的"创设梵呗"的故事，就一定会从早期的方术中寻找故事资源。这样自然会集中在同样描述"最好的声音"的"天籁"之上。

结　论

综上所述，曹植"闻天籁，创梵呗"的传说的形成，是有着浓厚的玄学背景的。一方面受到了当时玄学音乐审美观的影响，另一方面还受到了佛教早期传播方式的影响。从这个传说的分析我们也可以看出中古时期各种宗教思想和文化的相互交叉与融合，为我们考察六朝宗教思想和文化提供一个新的视角。

梵呗中国化之象征

——朝暮课诵与五会念佛

河南牧业经济学院　刘亚轩　曹丽敏

梵呗是从印度传到中国的，它与中国音乐相结合，产生了独特的中国佛教音乐。朝暮课诵、五会念佛是中国梵呗的重要内容，是印度梵呗中国化的象征，是中印文化交流结出的硕果。如今，中国梵呗已经走出封闭的寺门，日益大众化和舞台化，成为世界音乐之林的一朵奇葩。

一、朝暮课诵

朝暮课诵是中国佛教最基本最常见的法事活动，是佛教徒每日例行且必须开展的功课。每天凌晨的3点到5点，佛教徒聚集在大殿唱诵，是为早课。下午的同一时间段，佛教徒重聚大殿唱诵，是为晚课。因为朝暮课诵在凌晨和下午举行，所以又被称为二课和早晚课。

"课诵"是书面语，在日常生活中，人们称其为"唱念"。由此可以看出，课诵实际上由"唱"与"念"两部分组成。在《大唐西域记》和《南海寄归内法传》中，玄奘和义净都记载了印度佛教音乐的繁盛局面，举凡印度上层出行、庆祝战斗胜利、寺院进行法事活动，必然吟诵佛经。此时，佛教徒先唱赞，而后再念诵经文。据慧皎的《高僧传》记载，南朝时已经把"唱"称为"梵音"，把"念"称为"转读"。"然天竺方俗，凡歌咏法言，皆称为呗。至于此土，咏经则称为转读，歌赞则号为梵音。"[1]从慧皎的记录可以推断，至少从梁朝开始，"唱"与"念"这两种形式已经形成。从此，"唱"与"念"如影随形，一直延续到现在。

慧皎所说的梵音，实际上就是梵呗。佛教在两汉之际传入中国，此后逐渐中国化。在佛教初传中国之时，曹植为佛教中国化做出了极其重要的贡献。曹植才

---

[1]　（南朝梁）慧皎：《高僧传》，台北：成文出版社，1987年，第208页。

华横溢,对佛教情有独钟。曹植在山东东阿游览鱼山时,"忽闻空中梵天之响,清雅哀婉,其声动心,独听良久,而侍御皆闻,植深感神理,弥悟法应,乃摹其声节,写为梵呗,撰文制音,传为后式。梵声显世,始于此焉。"[1] 在中国佛教音乐史上,曹植最早创作了用汉语演唱的梵呗,不但影响了中国佛教音乐的发展,而且把这种影响传递到日本、韩国等儒家文化圈的国家。曹植创作的梵呗,"传声则三千有余,在契则四十有二"[2],是中国文化与印度文化有机交融的结晶。曹植创作的梵呗一直为后世所传唱。南朝人就对曹植梵呗赞叹不已,认为其风格独特。

《太子颂》和《及睒颂》是曹植梵呗的代表作。《太子颂》歌颂的对象是佛教的创始人乔答摩·悉达多,赞扬他抛弃荣华富贵,立志悟道从而成为觉者的事迹。《太子颂》以说唱的形式来表现佛教故事,这不但是中国佛教音乐的主要内容,而且还是一种比较流行的做法。《及睒颂》就是现在佛教音乐中为人熟知的名叫《华严字母》的佛教歌曲。所谓华严字母,指的就是梵文的四十二个字母。华严字母音译时,常被译成"及睒"或者"悉昙"。

佛教在宋代比较盛行,与后周灭佛形成了鲜明的对比。宋代名僧辈出,他们为朝暮课诵的发展贡献了重要的力量。真歇清了禅师是四川人,他撰写的"回向偈"成为早课的重要内容,其文如下:

  上来现前清净众,讽诵楞严秘密咒。回向三宝众龙天,守护伽蓝诸圣众。

  三途八难俱离苦,四恩三有尽沾恩。国界安宁兵革销,风调雨顺民安乐。

  大众熏修希胜进,十地顿超无难事。三门清净绝非虞,众等归依增福慧。

择英撰写了著名的"赞佛偈":

  阿弥陀佛身金色,相好光明无等伦。白毫宛转五须弥,绀目澄清四大海。

  光中化佛无数亿,化菩萨众亦无边。四十八愿度众生,九品咸令登彼岸。

---

[1] (唐)道世:《法苑珠林》,台北:成文出版社,1987年,第74页。

[2] 慧皎:《高僧传》,第318页。

《礼佛大忏悔文》和《蒙山施食仪》是晚课的重要内容，其作者是不动法师。他在蒙山修行。蒙山位于四川省雅州的名山区。不动的驻锡地是蒙山的最高峰上清峰修习密宗的金刚部。在不动看来，念诵过弥陀经修了大忏悔之后，芸芸众生的利益已经照顾到了，故此还要惠及幽冥。不动以《三十五佛名礼忏文》为基础，又增加了五十三佛，写成了《礼佛大忏悔文》。因为一共有八十八佛，所以《礼佛大忏悔文》也被称作《八十八佛大忏悔文》。三十五佛是十方世界的佛，佛名来自《决定毗尼经》。五十三佛是娑婆世界的佛，佛名出自《观药王药上二菩萨经》。不动又根据密宗的水施食法，参考《救拔焰口饿鬼经》，撰写出了《蒙山施食仪》。遵式法师创作了晚课中的《小净土文》：

> 一心皈命，极乐世界，阿弥陀佛。愿以净光照我，慈誓摄我。我今正念，称如来名，为菩提道，求生净土。佛昔本誓，若有众生，欲生我国，志心信乐，乃至十念。若不生者，不取正觉。以此念佛因缘，得入如来大誓海中。承佛慈力，众罪消灭，净因增长。若临命终，自知时至，身无病苦，心不贪恋，意不颠倒，如入禅定。佛及圣众，手执金台，来迎接我。于一念顷，生极乐国。花开见佛，即闻佛乘，顿开佛慧，广度众生，满菩提愿，广度众生，满菩提愿。

宗赜法师的《禅苑清规》是中国佛教现存最早的丛林清规，是佛教寺院制度建设史上的重要典籍。该书的第二卷《念诵》规定的是僧人在日常生活中要遵行的礼制。在《念诵》中，宗赜把《警策大众偈》和《普贤警众偈》合二为一。从宗赜开始，《警策大众偈》和《普贤警众偈》被合在一起唱诵，一直流传至今。晚课最后唱念的两首偈就是《警策大众偈》和《普贤警众偈》，其文如下："是日已过，命亦随减，如少水鱼，斯有何乐？大众当勤精进，如救头然，但念无常，慎勿放逸。"前半部分是《警策大众偈》出自《出曜经》。经中说佛陀看到三条大鱼为惊涛所浸灌，惶惶然游到浅水之处，为了逃命而努力挣扎。佛陀目睹此景，就口诵一偈："是日已过，命亦随减，如少水鱼，斯有何乐？"后半部分是《普贤警众偈》，其意是鼓励修行者要持之以恒，切不可半途而废。

佛教中国化的早期，朝暮课诵还处于幼年，并不完善。到了明清时期，朝暮课诵步入了成熟阶段，成为所有佛教丛林每天必须做的功课。明代福州高僧通容的《丛林两序须知》、杭州高僧莲池的《云栖同住规约》、清代杭州名僧仪润的《百丈清规证义记》是这一时期佛教丛林的代表作，都对朝暮课诵进行了制度化的规定。特别值得一提的是莲池——明代四大高僧之一，中国净土宗的第八代祖师，在西湖群山中的云栖寺修行。通过莲池的努力，云栖寺成为中国净土宗的重

镇。莲池亲自制定的包括朝暮课诵在内的云栖寺规周密细致，并为其他寺院仿效。明清时期朝暮课诵成熟化、制度化的一个表现就是早晚课课本的出现。这些课本，尽管细节上有出入，但基本内容是一样的。名声较大而流传较广的课本是常州天宁寺的《禅门日诵》和苏州的《灵岩山寺念诵仪规》。

明清时期，中国的经济中心已经转移到以江浙为首的南方。江浙一带，经济文化发达，名僧辈出，寺庙林立。随着经济文化的发展，江浙寺庙的唱念出现了新的唱腔。"禅腔"和"律腔"是新唱腔中的佼佼者。"禅腔"以常州天宁寺和宁波天童寺为代表，"律腔"以南京宝华山为代表。"禅腔"和"律腔"在全国影响很大，这种影响一直持续到新中国成立前。如果有一个僧人在以上三地学习过唱腔，那么，他去任何一座寺庙都会得到重视，会被寺庙主持任命维那的要职。

"禅腔"，也叫作"平腔"，"行腔以体现禅味为宗旨，发声沉稳平和，曲调行进流畅，节奏宽阔而不拖沓，字词准确清晰，一反轻飘、油滑的腔调，更反对在唱词之外乱加衬字衬词。"[1]南京宝华山的"律腔"，曲调质朴平和，但是其基本旋律与"禅腔"是一致的。"禅腔"和"律腔"是梵呗中国化的有力支撑。

常州天宁寺历史悠久，创建于唐代初名天福寺，宋代才使用现名。天宁寺鼎盛时期，占地数百亩，僧众数千人。天宁寺大名鼎鼎，与镇江金山寺、扬州高旻寺、宁波天童寺一起并列为中国禅宗东南四大丛林。天宁寺于禅宗的临济一脉多有传承。天宁寺的唱念，名闻遐迩，是世所公认的禅宗唱腔的正宗，被誉为"禅腔"的活化石。天宁寺唱念目前仍具有强大的生命力。无论在中国，还是海外，只要有禅宗寺院，都奉天宁寺唱念为圭臬。天宁寺唱念不但是江苏省的非物质文化遗产，而且还是国家级的非物质文化遗产。徐志摩 1923 年随陆小曼到她的家乡常州，在天宁寺小住。徐志摩聆听了天宁寺唱念，写下了散文诗《常州天宁寺闻礼忏声》。徐志摩说：

> 我听着了天宁寺的礼忏声！这是哪里来的神明？人间再没有这样的境界！……这一声佛号，一声钟，一声鼓，一声木鱼，一声磬，谐音盘礴在宇宙间——解开一小颗时间的埃尘，收束了无量数世纪的因果；这是哪里来的大和谐——星海里的光彩，大千世界的音籁，真生命的洪流：止息了一切的动，一切的扰攘。

徐志摩对天宁寺唱念赞不绝口，天宁寺唱念之魅力由此可见。

佛教音乐初传中国时属于庙堂音乐之列，具有神秘的色彩。随着佛教音乐的

---

[1] 释松纯：《国家非物质文化遗产——天宁梵呗》，《江苏佛教》2019 年第 2 期。

人间化，庙堂音乐也摘下面纱走下神坛，与民间音乐相融合。明清江南经济的繁华，导致了应酬僧的大量出现。应酬僧时常接触民间音乐和戏曲音乐，给佛教唱念以猛烈的冲撞。佛教音乐大量吸收民间音乐。中国佛教在做法事时，其使用的音乐中就有诸多的民间音乐。常州天宁寺"禅腔"中的《稽首皈依雄》，其曲调就来自于江西民歌《斑鸠调》。昆曲是中国的传统戏曲，是中国戏曲花园中的"兰花"。昆曲在明清时期兴起，与佛教唱念的革新发展同步。昆曲在自身发展的同时，也给佛教徒的唱念留下了深刻的影响。现在，中国佛教的唱念，无论是发声方法，还是旋律，都深受昆曲的影响。

二、五会念佛

净土宗专修往生阿弥陀佛净土法门，讲究念佛。东晋慧远是净土宗的始祖，他明确提出念佛的重要性。慧远说："又诸三昧，其名甚众，功高易进，念佛为先。"慧远在庐山东林寺创立莲社，率领众弟子念佛。慧远的莲社是佛教历史上的第一个结社。当时的名士谢灵运，佩服慧远的学识和人品，为莲社的创立提供了不少帮助。

昙鸾是慧远之后杰出的净土宗大师，他在理论上为净土宗的成立奠定了坚实的基础。在念佛之道上，昙鸾为净土宗做出了不可磨灭的贡献。昙鸾被梁武帝称为"肉身菩萨"，被魏孝静帝称为"神鸾"。昙鸾是北魏人，生于山西雁门，那里离五台山很近。在浓郁的宗教氛围下，昙鸾很早就皈依佛门。昙鸾得菩提流支赠送的《观经》后皈依净土，在山西玄中寺修行，招收门人，聚众念佛，他在念佛时，有乐器伴奏，念佛的曲调师法自然，优雅而空灵。

善导博学多才，诗歌、音乐、绘画、雕塑、书法等无一不精。善导热爱大自然，自然界的声音给善导以启示。善导在西安的沪水河畔观看流水，从哗哗的水声中顿悟。善导意识到，水声可以用来念佛。于是乎，善导立念佛法，遍施教化，除了使用器乐，还经常把自然界的声音融入佛曲之中。善导的念佛之法，清畅哀亮，微妙和雅。在《净土法事赞》中，善导描写了念佛的情形："咸然奏天乐，畅发和雅音。歌叹最胜尊，供养弥陀佛。愿共诸众生，往生安乐国。"

承远是净土宗的三祖。承远在南岳衡山专心念佛，以求往生净土，并不遗余力地传授念佛法门。承远把弥陀佛名和净土经典中的精华之句书写在闹市的大街小巷，或者凿刻在山谷溪流之处，方便众生念佛。

法照是净土宗的四祖。五会念佛在法照时才真正成熟。法照被人誉为"五会法师"。法照以五台山为基地，大力传授五会念佛之法，在社会上造成了极大的影响。五会念佛是法照模仿无量寿经中风吹宝树发出的声音而创造出的。法照对五会念佛做了解释:"五者是数,会者集会,彼五种音,从缓至急,唯念佛法僧,更无杂念,念则无念,佛不二门也,声则无常,第一义也。"法照具体讲解了五会念佛的方法:

> 此五会念佛声,势点大尽,长者即是缓念,点小渐短者,即是渐急念,须会此意。第一会平声缓念:"南无阿弥陀佛"。第二会平上声缓念:"南无阿弥陀佛"。第三会非缓非急念:"南无阿弥陀佛"。第四会渐急念:"南无阿弥陀佛"。第五会四字转急念:"阿弥陀佛"。五会念佛竟即诵宝岛诸杂赞。①

从法照的讲述可以看出,"五会是指音韵、速度、节奏、强弱不同的五种旋律,在净土传教法会中由慢渐快依次唱诵'南无阿弥陀佛'和'阿弥陀佛',前四会唱念'南无阿弥陀佛'六字,第五会唱念'阿弥陀佛'四字,属真声念佛。念诵时依据法器点板符号,一定的点板符号对应一定的音声形态。具备平声、平上声、高声、默念等音高形态。"②法照认为,五会念佛能使念者,收摄意念,渐渐将心识凝聚一处,专注一心称念佛号,长此以往加行用功自然能入念佛三昧。法照阐述了五会念佛不可思议的功德力:"除五苦、断五盖、截五趣、净五眼、具五根、成五力、得菩提、具五解脱、能速疾成就五分法身。"③法照对于五会念佛充满信心,他说:"泠泠五会出衡山,隐隐如今遍五天。五众咸言皆利乐,末法仍留五百年。"④五会念佛面向文化水平较低的民众,在一定程度上促进了佛教音乐的大众化。

少康是净土宗的五祖,出生于浙江缙云。通过少康的努力,净土宗在新定(今浙江遂安县境内)生根发芽,使得念佛修行成为新定的一种风尚。念佛之声飘荡在新定上空。少康在新定乌龙山建立净土念佛道场,领众行道唱赞,每逢斋日,前来念佛的僧众达到三千人之多。少康既是一位杰出的高僧,又是一位优秀的音乐家。少康念佛的偈赞:"皆附会郑卫之声,变体而作。非哀非乐,不怨不怒,得处中曲韵。譬犹善医,以饧蜜涂逆口之药,诱婴儿入口耳。"⑤"郑卫之声"指的是民间音乐。少康所作偈赞的曲调,吸收了民间音乐,同时又进行了再创作,在艺术上进行了提炼拔高。"非哀非乐,不怨不怒"说的是少康偈赞的音乐风格,

---

① (唐)法照:《净土五会念佛略法事仪赞》"五会念佛"。
② 代宏:《唐代法照五会念佛的艺术特征》,《西安音乐学院学报》2015年第4期。
③ 法照:《净土五念佛略法事仪赞》"一卷并序"。
④ 法照:《净土五会念佛诵经观行仪卷中》卷三"叹五会妙音赞"。
⑤ (宋)赞宁:《宋高僧传》,台北:成文出版社,1987年,第83页。

既不过分悲伤，也不兴奋异常；既不哀怨，也不气势过盛，整体上呈现出一派平静清和的气象。对少康偈赞的曲调，《宋高僧传》的作者赞宁认为其已经达到了极高的佛教音乐水平——"得处中曲韵"。

五会念佛在唐朝风靡一时。唐武宗灭佛之后，五会念佛就失传了。清代，苏州画禅寺的僧人成注曾经努力恢复五会念佛，但没有成功。到了现代，中国佛教界积极倡导五会念佛法。潮州开元寺方丈释慧原和香港僧人释观本是其中的优秀代表。释观本创立了念佛会，撰写了《五会新声念佛谱》。释观本用简谱创作了五会念佛的新谱。释观本效仿法照的五会念佛法，根据速度节奏的不同，把念佛的旋律分为五段。

梵呗已经成为佛教中国化不可缺少的一部分。现在，中国佛教界认识到梵呗的重要性，采取各种措施例如举办培训班等来振兴梵呗，传承和发展梵呗艺术，努力推进梵呗的艺术化、舞台化与国际化。

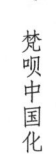

魏晋南北朝时期佛教梵呗的"中国化"演变

——基于晋唐正史"艺术传"的记载

江西师范大学美术学院 谢九生

中国传统音乐文化的发展过程中,也受到域外或外来音乐文化的影响,并在长期的演化过程中不断地"中国化"。这些在初唐时期编撰的正史"艺术传"[①]之中有相关记载,而通过对这些史料进行分析与研究,可以探究古代音乐文化和艺术形态的特征与理念,包括中国佛教梵呗与古代说唱艺术的直接关系等。而且,在晋唐正史"艺术传"之前,比如《史记·滑稽传》中就记载了古代"术艺之士"[②]以音乐或滑稽表演的艺术形式来进行"讽谏"的史料。而且就古代"艺术"的鉴戒主义的强调而言,在晋唐正史"艺术传"中则尤为突出,这也是传统文化与艺术的显著特点。其次,在晋唐正史"艺术传"之中对于"华夷和合"的记载,以及表现为"佛乐中国化"的发展特征,这些也都是中国传统音乐文化和艺术与外来艺术的交融与碰撞的结果。因而,晋唐正史"艺术传"对于研究魏晋南北朝时期中国佛教梵呗的"中国化"演变,以及传统音乐文化与艺术的形态特征有着许多的文献价值。

一、梵呗说唱与变文俗讲:
基于晋唐正史"艺术传"的古代说唱艺术与佛教梵呗

魏晋南北朝时期佛教梵呗的中国化,一方面是佛教弘教的需要所决定的,这

---

① 从狭义的角度,是在《晋书》《周书》《隋书》《北史》等正史之中存在的"艺术传"(又称"艺术列传"),其中记载了今天所说的艺术与相当多的有关古代方术、方技(伎)方面的人物传记,以及今天所说的艺术是来自于古代"艺术"的史实,也是通过"艺术门类"或"艺术子门类"的不断分化与细化而衍化成为今天所说的艺术与范畴。而从广义的角度,正史及正史之外有关古代艺术家的传记都可以称为"艺术传"。

② "术艺之士"最早见于《后汉书·和帝纪》中,"(章和)十三年(543)春正月丁丑,帝幸东观,览书林,阅篇籍,博选术艺之士以充其官。"[(南朝宋)范晔:《后汉书》第一册,中华书局,1965年,第188页]汉魏南北朝时期的术士、儒士等又可称为"术艺之士",与大约在宋代出现的"艺士"是相类似的。]

其中也有当时社会动乱不定和王朝更替频繁等社会原因，而佛教能够带来慰藉，其中佛教艺术扮演十分重要的作用，尤其是与古代说唱艺术紧密的佛教梵呗在其中尤为重要。另一方面也是中外艺术碰撞的结果，以及从碰撞逐渐走向和合的发展过程。

1. 梵呗说唱：基于晋唐正史"艺术传"的古代说唱艺术与佛教梵呗

中国古代说唱艺术的原始形态在许多史籍都有记载。初唐时期编撰的正史"艺术传"中记载了古代音乐文化和艺术的史料，尤其是古代说唱艺术的原始形态。首先在《北史》"列传第七十八·艺术下"中记载曰："孝文时，青州刺史侯文和亦以巧闻，为要舟，水中立射。滑稽多智，辞说无端，尤善浅俗委巷之语，至可玩笑。"①而更早的、相类似的记载在《史记·滑稽传》中可见，其中提到的"优孟""优旃"和"郭舍人"等都是"滑稽多辩，善于笑言"。这些都是古代说唱艺术的早期形态。

而且在《隋书·类传》中的"艺术传"之外也存有许多古代"说唱艺术"或今天所说的曲艺的史料。比如"侯白，字君素，好学有捷才，性滑稽，尤辩俊。举秀才，为儒林郎。通侻不持威仪，好为诽谐杂说，人多爱狎之，所在之处，观者如市。"②侯白被隋文帝等人认为是不太适合做官的，因为他"好为诽谐杂说"，而且在民间也有了一定的影响。诽谐杂说类似今天说的说、学、逗、唱。有关侯白的记载也被李延寿等人编纂《北史》时归类在"列传·文苑传"之中："开皇中，又有魏郡侯白，字君素，好学有捷才，性滑稽，尤辩俊。举秀才，为儒林郎。通侻不持威仪，好为俳谐杂说。人多爱狎之，所在处，观者如市。"③

侯白、侯文和虽然都是官员，但是他们在说唱方面具有一定的天赋，而且他们自己比较喜欢或受到当时艺术氛围的影响较深。

佛教梵呗与古代说唱艺术有着很深渊源的关系。"佛家文化曾对我国音乐的发展起到过重要作用，传统民间音乐五大类之一的说唱音乐的确立就是以变文的产生为标志，而变文正是伴随着佛教教义在唐代的普及应运而生的艺术形式。"④而"变文"是僧人"俗讲"的底本，尤其是20世纪在敦煌藏经洞中发现的"变文"

---

① （唐）李延寿：《北史》第九册，中华书局,1974年，第2985页。
② （唐）魏征等：《隋书》第五册，中华书局,1973年，第1421页。
③ 李延寿：《北史》第九册，第2807页。
④ 苗建华：《古琴美学思想研究》，上海音乐出版社,2006年，第28页。

与"变相"等①。而"俗讲"又与"唱导""梵呗"有着密切的关系。所谓"梵呗是指汉传佛教寺院中法师们用曲调唱颂'赞、偈、咒、文'的形式,是一种做法会时插入在各种经文中的唱赞,是有旋律和结构的。"②因此,从一定的角度来说,梵呗、梵唱或梵响都可以归类于某种比较特殊的说唱艺术的范畴之中。同时,也说明佛教梵呗与中国民间音乐的融合,既与佛教需要在中国传播有着直接的联系,也呈现出佛教在中国化过程中不断俗化的演化路径。而"佛教要在中国悟俗化俗,一方面需要佛经通过汉译,另一方面又势必需要中国人民所熟悉的自己的民间曲调"③。因而侯白等古代艺人"所在处,观者如市"的轰动效果正体现出古代曲艺或说唱艺术的群众性、民间性和普及性,又由于佛教梵呗与说唱艺术的紧密关系,使得这些佛教的中国化的形成与演变成为某种自然而然的事情,也突显出佛教自传入伊始就在进行中国化。这其中不仅是外来梵僧或音乐创作者的作用,本土的僧侣、文人或帝王皇族的参与也在其中起到了十分重要的作用。以一般说法,"始有魏陈思王,深爱声律,属意经音。既通般遮之瑞响,又感鱼山之神制。于是删治《瑞应》《本起》,以为学者之宗。传声则三千有余,在契则四十有二"④。曹植所创"鱼山梵呗"多被认为是最早的融合或和合的经典作品。

曹植亲自创作、主持、修改佛教音乐作品,为"改梵为秦"做出示范。据《法苑珠林·赞呗》载:"植深感神理,弥悟法应,乃摹其声节,写为梵呗。撰文制音,传为后式。梵声显世,始于此焉。"⑤至今,整个汉传佛教地区,曹植被佛徒视为梵声信史。他在中国佛教音乐初肇的年代,不仅创造性地对天竺佛教音乐进行了改革,还创作了第一批汉语演唱梵呗,形成后来中国佛教音乐的模式。这种模式的梵呗,从内容到形式都有出新,用说唱的形式表现佛经故事,既使信徒们通晓佛义,明白佛理,又给受众带来佛教音乐多姿多态的娱乐表演享受,得到信徒们高度好评。诸如《太子颂》《及赅颂》等声呗三千有余,在契则四十有二,极大地影响了包括日本、韩国在内的整个汉传经佛教地区。⑥

这种融合或和合,既是汉魏晋南北朝时期多次、大量佛教经书被汉译的结果,也是外来佛教音乐与中国传统音乐艺术不断融合的缘故。尤其是以曹植为代表的

---

① 冯文慈:《中外音乐交流史》,人民音乐出版社,2013年,第96–97页。
② 于洋:《梵呗——存在于寺院中的民族音乐》,《黄河之声》2019年第1期,第48页。
③ 冯文慈:《中外音乐交流史》,第96页。
④ (南朝梁)慧皎:《高僧传》,中华书局,2018年,第209–210页。
⑤ (唐)道世:《法苑珠林》卷三十六"赞叹部第三"。
⑥ 郑琳:《论魏晋佛教音乐的华化》,《江西社会科学》2011年第2期,第236页。

文人艺术家，以及帝王与皇族都自觉或不自觉地参与到了佛教艺术或梵呗的"中国化"演变的进程中，尤其是俗化的过程中。而从音乐艺术本体的角度，"中原梵呗不论是器乐方面的改革，还是梵呗音乐的风格皆与源于楚声楚调的南朝清商乐非常契合。据此可知，源于楚声楚调的南朝清商乐以凄婉哀伤的审美情调为统治阶层所喜爱，其音乐精神也契合了天竺梵呗崇尚'哀婉'的特质。因此，为解决梵呗'用梵音以咏汉语，南朝梵呗与清商乐则声繁而偈迫；若用汉曲以咏梵文，则韵短而辞长'的困境，清商乐可谓是不二之选择。"① 当然，梵呗与说唱是有所区别的，因为"'梵呗'之所以有此称呼，是有其必须具备的前提条件：'外缘已止已断，尔时寂静，任为法事。'这是能出'梵呗'之声僧人的首要条件，即'禅定''三昧'状态下所唱出的赞咏声是'梵呗'。只有在禅定状态下唱出的音声，才能达到：其音和雅、清澈深满、周遍远闻等效果，才能符合戒律，合与法。"② 但是，随着佛教故事的俗化，这些佛教艺术逐渐褪去了宗教教义的色彩，并慢慢成为中国古代音乐艺术的组成部分。

2. 变文俗讲：佛教梵呗与古代音乐艺术的关系

佛教梵呗在外来音乐艺术之中占有十分重要的位置，因为"佛教音乐（特别是梵呗），自然不能离开教义本身的约束而混同一般音乐，否则就不必称'佛教音乐'了。"③ 这种特殊性充分表现在佛教梵呗的传播过程中，一方面来自天竺的佛教梵呗带有明显的异域特色，在中国大众之中很难普及，而佛教的传播则需要不断扩大信众，这种矛盾是佛教音乐传入中土早期的一个大问题，也即"从印度引进的佛教音乐，初期，音乐旋律、艺术风格、歌词翻译都是异国情调，不符合当时人们的欣赏要求，中国受众很难接受。"④ 或者说佛教梵呗俗化的过程需要结合中国民间音乐的成分。另一方面"佛教音乐中国化符合统治者、统治阶级巩固统治和自享的目的。'音乐，乐也'，它是古代统治者、统治阶级寻欢作乐的一个传统项目。魏晋南北朝的权贵们也不例外，不同的是他们尤喜享受佛教音乐。"⑤ 佛教梵呗既符合统治阶级利用宗教对于皇权的巩固，也可以给他们带来审美和艺

---

① 刘湘兰：《南朝梵呗与清商乐》，《中山大学学报（社会科学版）》2013 年第 6 期，第 9—10 页。
② 傅暮蓉：《佛教梵呗华化之始考辨》，《中国音乐》2012 年第 4 期，第 70 页。
③ 林培安：《佛教梵呗传入东土后的华化和演变》，《音乐艺术（上海音乐学院学报）》1998 年第 3 期，第 8 页。
④ 郑琳：《论魏晋佛教音乐的华化》，第 233 页。
⑤ 郑琳：《论魏晋佛教音乐的华化》，第 234 页。

术方面的享受。而对于佛教梵呗而言,"如果说曹植是带领当时乐人、高僧走出佛教音乐华化困境,创造梵呗的第一人的话,那么梁武帝萧衍则是将佛教音乐华化的困境变为顺境,铸造中国佛教音乐繁荣的最大推手。他凭着至高无上的皇权地位和满腹经纶的学识以及对宗教的虔诚,采取了一系列推动佛教音乐华化的有力手段。"①因此,传至中土的佛教梵呗的"俗化"是必然的,其实在先秦时期俗乐与雅乐之争就已经拉开序幕,而到了汉魏时期佛乐的传入,佛乐与俗乐的不断融合,雅乐的俗化也夹杂着佛乐的内容,这些在晋唐正史"艺术传"中也有记载。如在《隋书·艺术传》中记载的:

> (万宝常)被配为乐户,因而妙达钟律,遍工八音。……开皇初,沛国公郑译等定乐,初为黄钟调。宝常虽为伶人,译等每召与议,然言多不用。后译乐成奏之,上召宝常,问其可不,宝常曰:"此亡国之音,岂陛下之所宜闻!"上不悦。宝常因极言乐声哀怨淫放,非雅正之音,请以水尺为律,以调乐器。上从之。②

万宝常是一个来自民间的乐户,虽然身份低微但是他对于古代雅乐有着很深的造诣。沛国公郑译等人却以佛乐和俗乐等元素掺入雅乐之中,使雅乐呈现出"哀怨淫放"的特征,因此万宝常从雅乐的标准认为那是"亡国之音"。由此可知,到了隋代,雅乐的衰落不仅是受俗乐影响的原因,而且还有外来佛乐影响的因素在其中,而且三者之间俗乐对佛乐和雅乐的影响更显著。而与佛教梵呗有着密切关系的就是"变文"的出现,"唐代,在民间出现一种叫'变文'的艺术,指的是寺院的僧人们将佛经内容用通俗化的语言,通过说唱的形式传达给百姓,使百姓们能够理解佛经的内容。由于变文都是由寺院的僧人宣唱,因此寺院中供佛的梵呗旋律也会被吸收。"③"到唐代,说唱艺术已比较成熟,最初以宣讲佛经为内容的'变文'传唱较为普遍,后来'变文'的内容逐渐由讲经说法发展为讲世俗故事,《孟姜女变文》《伍子胥变文》等相继问世,对曲艺的发展起了积极的作用。"④因此,就史书中的记载来说,中国传统音乐艺术对于佛教梵呗的影响与贡献是不可抹杀的。有关早期说唱艺术的记载,到后来"变文""俗讲"的出现,与佛教梵呗的世俗化有着直接的关系。

---

① 郑琳:《论魏晋佛教音乐的华化》,第 236 页。
② 魏征等:《隋书》第六册,第 1785 页。
③ 于洋:《梵呗——存在于寺院中的民族音乐》,第 48 页。
④ 江明惇:《中国民间音乐概论》,上海音乐出版社,2016 年,第 94 页。

二、华夷和合与佛乐中国化：
基于晋唐正史"艺术传"探究佛教梵呗的"中国化"演变特征

通过晋唐史中的记载可以看出，统治阶级对艺术方面的意识形态是极为重视的。传统的儒家思想特别强调把内在的精神品质与品德放在艺术的紧要位置，"成教化、助人伦"的艺术观使得艺术成为某种政教功能的工具，而在某种程度上限制了艺术的发展。但是，反过来讲，统治者对艺术的世俗性、自享性和娱乐性的追求在佛教艺术中国化发展过程中也起到十分重要的地位。

1. 华夷和合：佛教梵呗或音乐的"中国化"演变特征

魏晋南北朝的统治者认为，"佛曲有'供养'、'颂佛'之功用。秉承这一理念，统治阶级提倡它、信奉它、宣扬它，希求他们统治的稳固性、长期性。同时，无可讳言，统治者也有自享的目的，因为佛教音乐多有娱乐性，何况各种科目多是女伎表演，所谓秀色可餐，更增加了统治者的自享度。"[①] 但是在佛教传入的早期，由于语言方面的障碍，特别是佛教梵呗以及佛教音乐的传入与被接受也遇到了阻力。因为"从印度引进的佛教音乐的初期，音乐旋律、艺术风格、歌词翻译都是异国情调，不符合当时人们的欣赏要求，中国受众很难接受。"因此，对于佛教梵呗或音乐的引进，必须要遵循一定的"移植规律"。

早期的佛教音乐来自异国他乡，初来乍到水土不服，只有按照"移植规律"将其加工改造，将它变为中国的佛教音乐，才能传唱流行，为中国受众广泛接受。[②]

佛教传入中国时，对佛经的翻译工作就已经进行了，但是在当时，既精通梵文经文，又深谙汉语的人并不多，鸠摩罗什就是其中之一。

鸠摩罗什在语言方面的天赋则十分突出。他被姚兴迎至长安以后，受邀组织了大型的佛教经文的翻译，包括重译之前已经翻译过的佛经。当时佛教自东汉传入中土虽然已经有三百多年的历史，但在鸠摩罗什以前的佛经翻译成品大都不尽如人意，这在《魏书·释老志》中就有记载：

> 晋元康中，有胡沙门支恭明译佛经《维摩》、《法华》、三《本起》等。微言隐义，未之能究。后有沙门常山卫道安性聪敏，日诵经万余言，

[①] 郑琳：《论魏晋佛教音乐的华化》，第233–234页。

[②] 郑琳：《论魏晋佛教音乐的华化》，第234页。

研求幽旨。慨无师匠，独坐静室十二年，覃思构精，神悟妙赜，以前所出经，多有舛驳，乃正其乖谬。①

因此，对于佛经翻译活动，在鸠摩罗什译经之前，即使也有僧人能够"正其乖谬"，但是"独坐静室十二年，覃思构精，神悟妙赜"。而鸠摩罗什既精通汉语和梵语，又深谙佛教理论，因此经他翻译的佛经，既能够比较准确地阐释原文之意，又能够符合汉语的字句流畅与行文优美，而且也培养了后继者。"魏晋时期，印度佛教典籍被大量译成汉文，出现了官方组织的翻译场，佛典的翻译得到了前所未有的发展。此时国人虽然对佛教的基本理论或观念的理解还存在有不少的偏差，但总的来说是在逐步走出'格义'或'偏而不即'的状态。"②而且，鸠摩罗什对于佛教梵呗也有所认识，触及了中外音乐艺术碰撞的问题，即"罗什每为慧睿论西方辞体，商略同异"。他强调"经中偈颂，皆其式也"，认为佛经与佛乐具有一致性，即强调"西方辞体"本原性。

当然，对于音乐艺术来说，语言只是基本问题。而关于"如何对待域外音乐文化，魏晋时人有三种泾渭分明的态度：一是以守旧派颜之推为首的排斥派。由于当时特殊的社会背景，人们认为域外只有铁血，谈不上音乐艺术，所以他们拒绝外来音乐，尤其是西域音乐，主张完全采取中原音乐。二是以郑译为首的温和派。他们接触到龟兹音乐家，学到了不少新鲜东西，因此主张采用龟兹琵琶七调，倾向吸收天竺、西域音乐元素。三是以万宝常为首的兼采派。他们主张以中国音乐为根本，尤其以民间音乐为基础，吸收外来音乐之意境，坚持斟酌缮修或兼采的原则。"③颜之推在《颜氏家训》中不仅反对域外艺术，甚至对整个人类艺术都是持否定态度，因此或可称为否定派。而郑译与万宝常的不同，既包括在对雅乐方面的态度，也包括在俗乐和佛乐方面的态度。相对于颜之推和万宝常，郑译的大胆则更加体现出他的开放性和与时俱进的策略与选择，因而可被称为激进派。而万宝常对雅乐的过于推崇限制了他的发展，可被称为保守派。同时，从《隋书·艺术传》中的记载可以推断出，佛教音乐在隋代具有比较高的地位，或者说其中记载了有关"万宝常"与佛教音乐的冲突，即体现出雅乐进一步衰落以及"华夷碰撞"的史料。

又太子洗马苏夔以钟律自命，尤忌宝常。夔父威，方用事，凡言乐

---

① （北齐）魏收：《魏书》第八册，第3029页。
② 周小儒、张扬：《中国历代僧侣书法》，山东画报出版社，2011年，第23—24页。
③ 郑琳：《论魏晋佛教音乐的华化》，第234页。

者，皆附之而短宝常。数诣公卿怨望，苏威因诘宝常，所为何所传受。有一沙门谓宝常曰："上雅好符瑞，有言徵祥者，上皆悦之。先生当言就胡僧受学，云是佛家菩萨所传音律，则上必悦。先生所为，可以行矣。"宝常然之，遂如其言以答威。威怒曰："胡僧所传，乃是四夷之乐，非中国所宜行也。"其事竟寝。……开皇之世，有郑译、何妥、卢贲、苏夔、萧吉，并讨论坟籍，撰著乐书，皆为当世所用。至于天然识乐，不及宝常远矣。安马驹、曹妙达、王长通、郭令乐等，能造曲，为一时之妙，又习郑声，而宝常所为，皆归于雅。此辈虽公议不附宝常，然皆心服，谓以为神。①

初唐时期编纂的正史中，对于"雅正之音"的重视与强调是苦口婆心的。这种秉持传统音乐艺术的"正声"理念虽然是值得任何时代所继承和发扬的，但是，对于古代音乐艺术而言，兼采才是比较正确的道路。"新声"或俗乐本身所具有的世俗性、群众性和普及性，更加能够达到"众乐"的效果，也更加接地气。而魏晋南北朝时期佛教音乐，以及佛教梵呗不管是"雅化"，还是"俗化"都呈现出"华夷和合"和"水乳交融"的演变过程和特征。品味魏晋音乐，尤其是佛教音乐，外曲的风格已经融化在中国传统音乐中，和中国传统音乐浑然化为一体，难辨"胡啼番语"的域外风格。②而且，中国佛教"梵呗声腔虽是各个地区的'土特产'，但曲调或多或少颇具印度或西域佛教音乐的味道，当然更突出了中国化佛教音乐的流派特色。"③

2. 佛乐中国化：佛教梵呗或音乐的"中国化"演变形态

佛教传入中土之前的古代音乐，对于"雅正之音"的强调与隋代乐户万宝常、初唐时期的著史者或统治者的观点是一致的。"凡奸声感人而逆气应之，逆气成象而乱生焉；正声感人而顺气应之，顺气成象而治生焉。唱和有应，善恶相象，故君子慎其所去就也。"④

所谓"奸声"就是"丑恶之象"，而"正声"则体现出"美善和合"的传统特征，这符合具有道德与思想品质的君子的标准。而且早在先秦时期，音乐艺术的地位就已经被提高到了关乎国家兴亡与命运的地步，这个传统也在晋唐时期的正史中

---

① 魏征等：《隋书》第六册，第1785页。
② 郑琳：《论魏晋佛教音乐的华化》，第235页。
③ 郑琳：《论魏晋佛教音乐的华化》，第237页。
④ （清）王先谦：《荀子集解》，世界书局，1935年，第254页。

得到了充分的体现。而且这种传统与统治阶级对于艺术的思想品质要求也是一致的。但是在晋唐正史"艺术传"中记载的万宝常却不合时宜、穷困潦倒以及悲愤而死。

> 时人以《周礼》有旋宫之义，自汉、魏已来，知音者皆不能通，见宝常特创其事，皆哂之。至是，试令为之，应手成曲，无所凝滞，见者莫不嗟异。于是损益乐器，不可胜纪，其声雅淡，不为时人所好，太常善声者多排毁之。……宝常尝听太常所奏乐，泫然而泣。人问其故，宝常曰："乐声淫厉而哀，天下不久相杀将尽。"时四海全盛，闻其言者皆谓为不然。大业之末，其言卒验。宝常贫无子，其妻因其卧疾，遂窃其资物而逃。宝常饥馁，无人赡遗，竟饿而死。将死也，取其所著书而焚之，曰："何用此为？"见者于火中探得数卷，见行于世，时论哀之。①

因此，以佛教梵呗为代表的佛乐中国化是哪个时代的发展趋势，作为保守派的的万宝常的悲惨遭遇也是时代使然。雅乐、佛乐与俗乐的交集过程中，中国民间音乐的强大力量是无法阻挡的。因此，在魏晋南北朝时期连统治阶级或皇家也适应时代的发展，尤其是在以佛教梵呗为代表的"佛乐中国化"的发展与演变过程中。

梁武帝萧衍则是将佛教音乐华化的困境变为顺境，铸造中国佛教音乐繁荣的最大推动者。他凭着至高无上的皇权地位和满腹经纶的学识以及对宗教的虔诚，采取了一系列推动佛教音乐华化的有力手段。首先，纠正、剔除前朝音乐违背古乐的一些错误，开一代新乐风。在"思弘古乐"的思想指导下，他积极实施"名正雅乐，皆述佛法"。雅乐是中国历代王朝最为重视的文化行为，为一种官方文化的代表，它的兴衰，也反映着整个时代的风貌。正雅乐、讲佛法的背后就是要提倡中国化的佛教音乐。②

就"名正雅乐，皆述佛法"的古代音乐艺术政策而言，佛乐的地位是相当高的，隋代郑译的兼容并蓄是适应时代之发展的。而"北魏时期将大量农民、罪犯划归寺院管理，成为'僧祇户'，这些普通民众进入寺院后也常常成为低级的音乐伴奏群体，或多或少受到一些寺院音乐熏陶。"③这也是佛教梵呗与中国民间音乐结合的历史条件。一方面，雅乐之中渗入佛乐、俗乐的发展趋势是时代使然。另方面"佛乐中国化"也是当时之风貌的特性之一。而"随着历史的推移，佛教

---

① 魏征等：《隋书》第六册，第1785页。
② 郑琳：《论魏晋佛教音乐的华化》，第236页。
③ 安子昂：《十六国北朝佛教音乐考论》，《音乐大观》2014年第2期，第89页。

音乐逐渐融入中国传统音乐创作之中，后世的音乐、舞蹈作品多有以佛教为题材，与此同时，佛教'唱导仪式结合了中国礼乐之特点'，两者相得益彰。"①水乳交融般的"华夷和合"现象构成了"佛乐中国化"的总体演变形态特征，而"佛乐中国化"并不能以"汉化"来概括，因为汉族与少数民族共同构成了中华民族的整体。因而，"佛乐中国化"文化现象的出现则体现出了中华民族传统文化和艺术的"自觉性"。

经过多代僧人、乐人的努力，统治者的倾力倡导和扶植，佛教音乐逐渐华化，在不长的时间内响彻中原佛教界，回响寺院、尼庵，乃至民间闾巷及水陆道场，为佛教音乐进入隋唐辉煌时期提供了坚实的基础。②而且，"佛教音乐华化初成，对于中国音韵学、音律、音阶和音谱学的产生和发展产生了重大影响，尤其对于中国民间说唱音乐无疑更是一种无形引力，许多民间音乐艺人和崇奉佛教的音乐家创作了不少宣传佛教思想，非宗教仪式所用的声乐作品和器乐作品，如说唱音乐'宣卷''宝卷'和近代名僧弘一法师所作的《三宝歌》等。"③在中国传统音乐文化和艺术的发展过程中，中华民族传统本身具有强大的吸纳能力，外来音乐都无一例外地被融合到中国传统音乐文化之中。尤其是在魏晋南北朝时期，佛教梵呗不断融入中国，而晋唐时期古代说唱音乐艺术是春秋战国时期传统音乐文化和艺术世俗化发展的延续。

结　语

在佛教梵呗的中国化演变过程中，中国民间音乐艺术形态扮演了重要的角色，也是中国传统音乐艺术发展的使然。而通过分析研究晋唐正史中有关古代说唱音乐文化形态和传统艺术理念的相关记载，以及与佛教梵呗的直接关系，佛教梵呗可以作为研究以"华夷和合"为表现特征的"佛乐中国化"的中国古代音乐艺术发展和演变的形态与特征的珍贵史料，在中国古代艺术研究中的意义。

---

① 安子昂：《十六国北朝佛教音乐考论》，第89页。
② 郑琳：《论魏晋佛教音乐的华化》，第237页。
③ 郑琳：《论魏晋佛教音乐的华化》，第237页。

梵呗"空"之美学意境
——佛教中国化视域下的禅宗音乐美学释义

苏州大学文学院　蔡洞峰

安庆师范大学　殷洋宝　蔡虹

  禅宗是佛教中国化的典型存在，禅宗音乐美学是禅宗美学思想的重要组成部分。佛教东传，以宣说教义与仪规使天下信徒"起信"为宗。佛教教义义理深邃，复繁玄奥，难以被广大俗众理解，教化众生之事只能用"方便说法"来加以解决。所谓"方便法门"，即"运用种种手段，包括譬喻、偈颂、梵呗、唱导与转读等，来开示众生，以实现大欢喜的传教目的"[1]。所谓梵呗，是指一切梵音歌唱，在我国佛教中特指一种歌唱题材，其中包括禅宗音乐。

  历代禅宗大师都推崇"以音声为佛事"，不但在理论上提倡、阐释，更在实践中丰富、发展。所谓佛事，特指那些弘扬佛法、教化众生之事。僧肇在《注维摩诘经》云："佛事者，以有益为事耳。如来进止举动、威仪俯仰乃至动足，未曾无益，所以诸所作为无非佛事。"[2]在这些法事活动中，常常以音声作佛事，即有用诵经、唱佛名乃至歌舞音乐等颂佛、供养佛的礼仪，而音乐是其重要组成部分。在汉传佛教音乐中，教化音乐是其重要的组成部分，它多以歌咏形式出现，因而禅宗又被称为"音教"，即以音声所说之教法普度众生。太虚大师解释道："以音声的言语文字，和音乐来诠表诸法的意义，是为声教。"[3]音乐作为听觉的艺术，心声相求，以声入心，由于禅宗在重视音乐教化功能的同时，也十分注重禅宗音乐的审美功能。

  弘一法师说过："声音之道，感人深矣"，其"琢磨道德，促社会之健全；陶冶性情，感情神之粹美。效用之力，宁有极矣。"[4]在佛教中国化进程中，梵

---

[1]　王振复：《汉魏两晋南北朝佛教美学史》，北京大学出版社，2018年，第296页。
[2]　（东晋）僧肇：《注维摩诘经》，《大正藏》第三十八卷，第404页中。
[3]　太虚：《佛教美术与佛教》，《太虚大师全书》，第45册，1988年，第1521页。
[4]　李叔同：《花雨满天悟神机》，陕西师范大学出版社，2010年，第201页。

呗在中国的发展和演进融入了独特的中国传统美学意蕴，显示其独特的审美特征，其中禅宗音乐的音声体现为"空"的美学境界，将梵呗与中国佛教美学空境联系起来，形成独特的中华审美意趣。

一、佛教音乐的"空灵"之美

"空"的观念是佛学的基本内容。这一观念在大乘佛教的般若类经及中观派中极为明显，并以多种形式表现出来。《大般若经》中所谓"色自性空，不由空故。色空非色，色不离空，空不离色，色即是空，空即是色"。这种表述的逻辑在于，当"色不离空，空不离开色，色即是空，空即是色"的理论被建构起来时，真正突出的不是"色""空"，而是"不离""即是"。

佛教中国化的征程中，中国文化参与了佛学的构建，"与道教模糊的'长生'及其身心养生法相对，佛教提供了丰富的造像和神话，能够点燃即使最为迟钝的想象。佛教取代了早期的自然精灵和保护神，提供了多姿多彩而又富于温情的神、饱含音乐和象征主义的盛大仪式，以及旧宗教从未梦想过的精神回报。"[①] 从美学角度来看空，"气"作为人对世界之体性的理解，自两汉以来便不断地介入艺术理论之中。可以这样认为正因为有了"气"的概念及其后来的一系列精神诉求，佛教之空归并于本土之空成为可能。在佛教美学范畴中，佛教音乐尤其体现出空灵的审美之道。

佛教举行法会，有"四法要"，即法会之初，以梵呗唱咏如来，歌颂佛慧；梵呗唱咏之后，散花贡献佛祖，伴以偈言唱颂佛德；散花之后，续唱十方妙胜的偈言，遂使梵音到耳而止心；唱诵之僧唱颂偈言，振持锡杖，锡杖是佛慧、佛德的标志。在"四法要"中，梵呗是第一要位。佛教有梵音之说，梵音即佛音，也表示着是大美之音。究其实质而言，梵呗以声咏偈颂之法歌而赞誉佛慧、佛智。

> 然天竺方俗，凡是歌咏法言，皆称为呗。至于此土，咏经则称为转读，歌赞则号为梵呗。昔诸天赞呗，皆以韵入弦管。五众既与俗违，故宜以声曲为妙。[②]

音乐作为六尘之一的音声，佛教其实对世俗的音乐有一种排斥的态度，所以佛教戒律中有一条规定"不视听歌舞"。但佛教又将音乐作为佛事对众生进行"音

---

① [美]芮沃寿：《中国历史中的佛教》，北京大学出版社，2017年，第83页。
② （南朝梁）慧皎：《高僧传》卷十三"经师论"，转引自王振复：《汉魏两晋南北朝佛教美学史》，第308页。

教"，即"以音声作佛事，为成熟众生故"。但作为佛事的梵呗与世俗的音乐其所提供的"音教"方式是不同的。我们知道梵呗之"梵"，既有梵土（印度）、梵天之意，又有清净、空灵之意。因此从美学角度而言，梵呗区别于俗世音乐首先是清净，空灵。梵呗在审美效果上给人一种宁静和超越的审美愉悦。梵呗作为佛教音乐，佛教的世界观是缘起论，由缘起而性空，假有，即"物从因缘故不有，缘起故不无"①。从佛教中国化视角来看，梵呗自入中土以来就融合了中国传统美学的因子。

两晋之时，中国佛教关于般若类佛典开始集中翻译，般若即"无上智慧"，般若学之精义曰"空"。无论其经典《光赞般若经》还是《放光般若经》，都谈到"空"。佛教所言空，并不是中国汉字所表现的建筑的一种原始样式。汉字所言"空"，乃是建筑空间及其在时间中的变化，引申为空间的时间之变与时间的空间所在。本土之空的本义发端于穴居体验，指的是建筑的内部空间，这种以有限的形式接纳、吸收无限生命的场域作为观念，既是中国远古整体时空观的反映，同时又加深了古代先民对时空的理解，作为累积于存在场域的生活经验，"空"自然地被赋予审美意蕴。

佛教之空与本土之空并不是一个概念，"空存在于中国古代文化的漫长岁月中，历史极为悠久。相对而言，佛教传入中国是非常晚近的事件，早在佛教传入中国之前，中国文化中就有了本土的空之概念。这一概念并不是中国远古文化的边缘、末梢，而是能够凝聚中国远古文化形态的核心范畴。"②空者从穴，空之本义、本土之空之起源不在天空，不是天空之空，而是源于地穴，乃地穴之空。《周易》"需"卦之"六四"即为"需于血，出自穴"，注曰："凡称血者，阴阳相伤者也，阴阳相近而不相得，阳欲进而阴塞之，则相害也。穴者，阴之路也。"③这里"阴之路"是对穴的另一种解释。穴居之空原本的意义在于以有限的空间纳入无限的生命。作为人居住的房屋的空间就体现为以气为中介的内外交换上。原始佛教之"空"同样与空间相关，与建筑有着内在的关联，佛教为启发人之思"空"，佛陀有用"空室"之喻"空"，《杂阿含经》中云："手执明灯，入于空室，彼空室观察"④。可以看出佛陀用"空室"来说明"空"的。在佛教中空作为一个圆融的概念，其所圆所融的特点反映在人的精神层面的活动。所谓空观、观空，一个最为突出的

---

① 僧肇：《肇论》卷一"不真空论第二"。
② 王耘：《"空"之美学释义》，上海人民出版，2016年，第11页。
③ （曹魏）王弼：《周易注》"上经需传卷二·需"。
④ 《杂阿含经》卷十一，《大正藏》第二卷，第72页下。

特点是其与禅法的际会。"空观与禅观的贯通既是大小乘禅法融合的关键,亦奠定了中国佛学后起之在禅法中观空、在观空中悟禅的反思、醒悟范式。空、禅遂成为须臾不可分割、离析的互文性概念和审美基础。"[1]这种空观表现在禅宗音乐上则显现出空灵的审美特质。可以说梵呗中国化进程中的显著特征则是其融合了空的审美蕴含而体现出空灵的意境之美。

二、禅宗音乐空的美学意境

空在中国哲学中代表着一种重要思想,王维《山居秋暝》:"空山新雨后,天气晚来秋。明月松间照,清泉石上流。竹喧归浣女,莲动下渔舟。随意春芳歇,王孙自可留。"在这里提到的"空山",是一种审美的境界。空山是清雅宁静的空寂世界,空灵中蕴含了太多的内容,这也是中国美学的独特魅力所在。在中国传统文化中,道家认为道是"无","道冲,而用之或不盈。"道虚灵而不昧,故其无,所以空,能够包容一切。相对于道家的"空",佛家"空"的思想非常复杂,在佛教看来,一切色相的世界都是不真实的,色就是空,外在的世界是虚幻的。《金刚经》有云:"一切有为法,如梦幻泡影,如露亦如电,应作如是观。"其意即为世上一切皆梦幻,如同露水和闪电,瞬间即逝。中国艺术中讲求"空灵",侧重展示虚空世界中所包含的意韵。

禅宗美学表现空灵的境界,往往体现在诗、书、画、乐中,因为禅的境界与它们之间有着相似和相通性。禅宗中有"空山无人,水流花开"。禅宗的境界不是空无所有的,禅不是要表现永恒的寂寞,而是追求"静虑",并不是死寂。禅宗在借用此语时说明禅的境界,以"落叶满空山,何处寻行迹"为第一境;"空山无人,水流花开"为第二境,在此境中,人与自然冥然契合,"人"没有了主观的欲望和目的,达到一种无己的状态,达到"空"的境界,也是一种自由的状态。而人的意识的淡出,世界的意义即由此彰显。太虚大师强调佛法的超越性存在说道:

> 佛法要在实证,非如世之哲学宗教,或则虚悬一的,无由自达,或则自为束缚,执著愈甚,所谓太极,所谓上帝,所谓天,所谓道,莫不皆然,即近世之所谓形而上学,其意无非欲发明宇宙万有之本体,而求得一根本解决之道。然亦徒托空言,无由实证,而不知唯佛法之实证一心真如为达到形而上学之目的之不二法门也。[2]

---

[1] 王耘:《"空"之美学释义》,第175页。
[2] 太虚:《佛乘宗要论》,佛学书局,1933年,第16页。

"空"作为一种超越性的审美体验,由超越法度而实现圆融,最终面对的是一个整体的世界,在主体的世界中,从审美的角度而言,本土之空的实质乃虚,留出空间,无论这个空间是居住的存在还是意义的载体,都是一种经验存在。水流花开之境,是世界在说,人不说了。人的意识的淡出彰显了世界的意义。

禅宗音乐由于以乐喻禅,对佛教而言,音乐是"教体",它承载了全部教理和教义。在禅宗大师看来,音乐与禅有着内在的相通和天然的联系,说乐就是说禅。音乐与禅都是不可言说,需要体验和感悟,因为"音乐与禅一样,在本质上便具有'反文字性',一切企图用语言来'描述'音乐的尝试,都是徒劳的。……正像禅强调体悟和心灵的感受一样,音乐需要的也仅仅是感受,是个人的、不可替代的感受。"[①]禅宗音乐美学意蕴中,我们发现空之美学内涵的丰富性。

"空"由超越法度而实现圆融,最终面向的是一个整体的世界。在整体世界中,本土之空与佛教之空融合,本土之空的本质在于让渡于一种经验的空间,即虚。佛教之空乃通过体性诉求整合世界,此二者的相融使得虚与未虚归附于具体可感的一体世界。这样一个世界或为人生的梦境所映照,或者成为一种审美的意境观照。从艺术的视角而言,空灵之境可以发现世界的奥秘,在绘画艺术中,讲究"无画处皆成妙境",诗词中有一种很重要的美学观点:空则灵气往来,所以词要清空,不要实质。空作用于心灵产生美感,产生空灵的审美境界,空灵的境界来自心灵的空,如果没有心灵的空,一切都是不可实现的。因此心之空是中国美学中的一个重要的范畴。《二十四诗品》道:"空潭泻春,古镜照神。"审美的心灵就像空潭,静而无涟漪,于是才有空明,盎然的春意才能熔铸其中。这样的境界才是自由的境界,即佛教所说的"得大自在",所谓"自在",就是一种自由的存在,不受外在的限制。禅宗的"青山不碍白云飞",这种意境在于心无尘埃的清净,在这种清净中感受与世界的深层联系。空的世界才是自由的,在审美的世界中,挣脱束缚只是审美活动的前提。在禅宗中,慧能作偈语:"菩提本无树,明镜亦非台。本来无一物,何处惹尘埃。"禅宗将其称为"无心法",即存有"无念"之心,悟到了"无念"——没有念头,就是得道了。

在佛教音乐中,以乐喻禅突出的特色之一,是从音乐审美的视角揭示佛理和禅意。其特点是颂古诗解读公案之禅心的音乐审美视角。所谓颂古,是指以偈颂(诗)的形式来表达对公案中的深意即禅心的领悟。作为"四法要"第一位的梵呗,其以歌咏,声曲抑扬,在法会中占有重要地位,梵呗让佛教氛围浓郁虔诚。梵呗之声唱,梵音令人欢愉而超越。《华严经》云:"演出清净微妙梵音,宣畅最上

---

① 田青:《禅与乐》,文化艺术出版社,2012年,第66页。

无上正法，闻者欢喜，得净妙道。"慧皎《高僧传》说："自大教东流，乃译文者众，而传声盖寡。良由梵音重复，汉语单奇。若用梵音以咏汉语，而声繁而偈迫；若用汉曲以咏梵文，则韵短而辞长。是故金言有益，梵响无授。始有魏陈思王曹植，深爱声律，属意经音。既通般遮之瑞响，又感鱼山之神制。于是删治《瑞应》《本起》以为学者之宗。"佛教有"梵音"之说，据佛经所言，梵音者，大梵天、佛所发音声之谓。梵呗使得佛教崇拜、讲经说法富于美学趣味。

历代禅师的演唱佛法，具有很强的音乐感染力。《楞严经宗通》中："天亲菩萨，自弥勒内宫而下，无著菩萨问曰：'人间四百年，彼天为一昼夜。弥勒于一时中，成就五百亿天子，证无生法忍，未审说甚么法？'天亲曰：'只是这个法，只是梵音清雅，令人乐闻。'若信得只是这个法，天上人间，本无净秽，而常住真心，安所不能解脱哉！"①中国佛教禅宗非常重视用清雅的音乐弘扬佛法、教化信众、开导众生的作用。因此佛教音乐的审美观是将佛教的超越性表现出来，在审美效果上是提供一种空灵的审美意境，以引导信众向往的净土的彼岸世界。

三、梵呗空之美学转换

佛教艺术作为佛教传播的产物，增强了佛教的传播广度。佛教般若的核心观念乃空，如果将"空"作为美学概念视空为果，是其成为美学范畴的前提。作为原始佛教范畴，"空"是因果论的产物，在因果的关系中，"空"的属性属于因。空在因位上，是不需要艺术的。中国佛教的典型代表禅宗的不立文字之说，无疑消解了艺术，因为连文字和笔墨都不需要，艺术则无从存在，艺术总是需要借助声音、形式、行迹、动念和义解，"空"如何表现艺术？原始佛学在本质上是反艺术的。"空"有没有相？在抽象的角度上，"空"必然无相。

中国士大夫将"空"化入生活中的实践者，实现了印度佛教之空向本土之空的转换。事实上，佛教之空的理念原本就是不断发展的，东初《般若部系观》指出："空的思想，只能作为分析的作用，不能作为理智的建设。佛弟子中努力于理智建设的，为智慧第一的舍利弗，是故舍利弗常出座说法，以显般若智慧。"②"空"在原始佛教中的本义在于分析。"空"是什么？"空"是分析的结果，所谓"一切诸法，未分析时，是名为有，若分析竟，乃名为空。"③在审美的世界里，空灵代表着什么？

---

① （明）曾凤仪：《楞严经宗通》，转引自皮朝纲：《禅宗音乐美学著述研究》，人民出版社，2017年，第17页。
② 东初：《般若部系观》，载引自张曼涛：《般若思想研究》，台北：大乘文化出版社，1979年，第73页。
③ [印]天亲造，[印]真谛译：《佛性论》卷四，《大正藏》第三十一卷，第812页中。

"为什么某物能够成为空灵的某物?因为某物是使世界走向虚空的驱策——此思如泉涌现,绵延不绝,依赖于现实的经验而存在,最终又解构了现实经验存在的基础,在它的影响下,审美必然走向虚空。"[1]从佛教梵呗的美学特色来看,依照学术界的说法,音乐的本质功能在于审美,或者说音乐的审美功能就是"本质功能"。音乐的审美功能即用有意义的声音的感性力量打动人心,使欣赏者获得审美的愉悦。禅宗"以音声为佛事",将音乐当作弘扬佛法、教育信众的一种方法,因此将其作为"传心""畅情"的手段,因此梵呗的美学意境就显得格外重要。

从禅宗音乐的视角来看,作为佛教中国化的代表,禅宗音乐将佛教之空转化为中国传统美学的审美特色,从而使佛教产生一种空灵的审美意境,构成禅悦的审美智慧。禅悦是一种主体内心纯净而安然的体验。《坛经》云:"迷悟有殊见有迟疾,迷人念佛生彼,悟人自净其心,所以佛言:'随其心净则佛土净。'"[2]这里的佛土不是现实中的自然世界,而是一种内心的精神体验,一种想象的彼岸世界。佛土乃心的印证,心与外物彼此交融而产生审美的意境,当信徒以澄明的心境与此意境相互映照,此时所拥有的体验即为禅悦。禅悦说到底是审美主体的心灵建构,禅悦的体验需要一颗自性清净心,而音声之道,在乎性情。音乐艺术的创造,"其取音用意,当性静心诚。虽曲有悲欢离合,而音自中正和平"。[3]禅宗的修行强调去除"妄情",达到"心空"的意义。惟则禅师提出:"声闻相触妄情生""亡声莫谓声无闻","去来历历明喧寂",形形色色之音,会时时"招惹"人们,因此需要进入一个不断的禅修的过程,借此获得一个清静之心——空心。梵呗对于禅修而言,在于通过声去除修行者的妄情,它可以让听者获得禅悦,万念俱消,净心一片,而从审美效果而言,禅宗音乐之于听众获得的审美感受是一种空灵。它契合了佛教音乐的审美特性和教化效果。

"空"在龙树学中是一个核心概念,依据印顺《空之探究》的说法,"空"乃"依无自性来阐明缘起与空的一致性,而《阿含经》的一切依缘起,《般若经》(等)的一切法皆空,得到了贯通,而达成'缘起即空'的定论。"[4]龙树以"无自性"为基点,连接了"缘起"与"空"两个概念,使二者结合。缘起与空能够结合是因为缘起即众缘生起,既然生命由众缘和合而生,那么自性也便无法成立,而当自性消逝,"空"即成为自性消逝的结果——空不碍缘起,而空无自性。值

---

[1] 王耘:《隋唐佛教各宗与美学》,上海古籍出版社,2010年,第132页。
[2] (唐)法海集记:《坛经》,《大正藏》第四十八卷,第341页中。
[3] (清)释空尘:《枯木禅琴谱·音声论》,《琴曲集成》第二十八册,中华书局,2010年,第25页。
[4] 印顺:《空之探究》,中华书局,2009年,第204页。

得我们注意的是,"缘起即空"这一命题蕴含着因果逻辑,"缘起"为因,"空"为结果,"无自性"恰恰是这一因果链条的"中介"。一方面,这一逻辑是单向的,若反置,则是将哲学命题改为美学命题,空无自性,缘起即生,缘起即灭,"'缘起即空'的结构恰恰是建立在'果论'上的,这意味着,龙树之空不可避免地与审美存在着内在的隐性关联。"①

禅宗音乐包含着深厚的佛性,对佛教而言,音乐乃"教体",其蕴含着教理和教义,本身体现了佛性,在音乐中体现了禅意。禅意体现了空的境界,因此禅宗音乐作为禅意的声音表现,空境则是其外显的特征。在印顺看来,空在佛法的弘扬方面处于重要的地位:

> 佛说的一切法门,是随顺于解脱的。解脱之道,是如实知无常、苦、(空)、无我;依厌、离欲、灭、无所取著而得解脱。解脱要依于慧——般若;修行如实观慧而能离烦恼的,主要的方便,是空、无所有、无相。空于贪、瞋、痴的,也是无相、无所有的究竟义,所以在佛法的发扬中,空更显著的重要起来。②

就美学视角而言,佛法真正的优势在于:"界"作为概念不能用划定的、既然的、已现实具备的分际来理解。所谓"无有诸法之界,界非界故,一切诸法犹如虚空,是故如来说一切法皆是虚空,量难得故,显一切法皆虚空性。"(《大宝积经》卷六)因此从比较意义而言,对界之空性的体悟,艺术超越法度,生出意味,终于成为可能。在佛教东传过程中,佛教的一些专属名词不可避免地与汉语原义发生视界融合的现象,因此佛教之空与本土之空就具备了圆融的诉求,使得人们对世界有了宏大和哲学的理解。

从佛教中国化视域来看,后世所谓专属于佛教的术语并非佛教所独有,这是一种文化反省,反省的实质是带有选择倾向性的,因为佛教传播的过程其本身是一种多元复杂交织的过程,无法一统。但是就某些概念而言,却与本土文化密合无间,是其圆融的产物,比如"空"。"空"作为一个圆融的观念,其所圆融的跨度尤为突出地反映于人的内心活动。所谓空观、观空,一个最为突出的特点即其与禅法的交汇。

除了梵呗艺术,中国佛教艺术在晚唐五代以后走上了两条完全不同的发展道路。例如在佛教雕刻艺术中,受佛教中国化的影响,造像艺术完全世俗化,艺术

---

① 王耘:《"空"之美学释义》,第225页。

② 印顺:《空之探究》,第65页。

上则显得平庸。但另一方面，禅宗的艺术审美风格却日益显著，渗透到禅宗音乐艺术，使其焕发出夺目的光彩，丰富了中华音乐艺术宝库。远静淡虚是禅宗艺术追求的审美理想，因此在禅宗影响下的艺术如音乐、书法、园林、盆景、绘画等艺术都追求这种审美意境。禅宗追求的远静淡虚，说到底就是佛教艺术的出世之美、虚空之美和寂静之美。禅宗审美是通过"悟"把握"空"，从梵呗的审美视角而言，则是通过声音的直接观照去感受"空"的妙谛，一悟之后万法皆空，一草一木皆能显示虚空之美。

在佛教中国化进程中，佛教音乐在魏晋六朝时期经由丝绸之路传到内地，与中国传统音乐相结合，并与中国传统音乐融合共生，形成了具有民族风格的中国佛教音乐。三国曹植在模仿印度佛教音乐声律基础上，创作出适合汉语传唱的梵呗，即"鱼山呗"。东晋时期确立的唱导制度，为后来规范佛教音乐的目的、内容、形式奠定了基础。就审美风格而言，中国佛教音乐有南北之分，南方"婉转"，北方"直声"，但随着南北方文化交流的频繁，到隋唐以后，北方佛教音乐也日趋南方化了。形成了中国佛教音乐特有的远、虚、淡、静的意境，分为呗赞、唱导、佛曲三种类型，这一切都围绕着"空"之美学而形成的独特的梵呗美学意境。

结　语

佛教在中国的发展中，"空"作为外来文化符号介入中土前，在本土文化内部就已存在，这样的存在使佛教之"空"转向了审美的存在，可以说中国传统美学的"空境"的形成乃本土文化之"空"整合了印度佛教之"空"的产物，成为中国佛教艺术美学建构的基石。

中国佛教美学以"空"为核心，经过美学的赋形，创造出彼岸世界。华严、净土、禅宗均以"空"来想象一种超验世界。"空灵"意境的出现赋予了"空"诗性美学特质，中国艺术中的音乐、绘画、唐诗宋词等都体现了主体的"空灵"意境，成为中国美学的核心词汇，并酝酿出中唐以后中国美学的核心范畴——"意境"，成为中国美学独特的存在。梵呗，特别是中国禅宗音乐作为中国佛教艺术美学的典型体现，在体现"空灵"的审美意境方面显示其独特的美感体验和韵味生成，丰富了中国传统音乐，成为中国传统音乐艺术的重要组成部分。

宋代梵呗的社会价值初探

陕西师范大学历史文化学院　邓锐

梵呗源远流长,最初起于古印度佛教。一般认为中国佛教的梵呗源于三国时曹植的鱼山梵呗,此后梵呗逐渐成为中国佛教不可或缺的组成部分。从整体社会的角度来看,在宋代之前,梵呗的社会价值主要在佛教内部,是重要的宗教形式与手段。而到了宋代,梵呗开始出现由宗教走向世俗的发展趋向。梵呗在宋代以后,不仅是佛教仪轨与修行的重要组成部分,也成为佛教发挥社会影响的重要方式。梵呗的这种发展趋势是佛教中国化进程的一个重要方面,也是重要表征。所谓佛教的中国化,在一定意义上来说,即是佛教融入中国社会的历史进程而与之一道变化的过程。宋代梵呗的变化,正是宋代社会历史变迁的一个缩影,反映出佛教在发展过程中已经进入中国社会文化的深层结构而与之密不可分。

一、宋代梵呗世俗化的社会背景

梵呗在宋代与之前时代的一个显著区别即大量吸收俗乐,从而扩大了社会影响力。梵呗的产生源于早期佛教修行。《长阿含经》中,梵童为忉利天解说梵音,云:"其有音声,五种清净,乃名梵声。何等五?一者其音正直,二者其音和雅,三者其音清彻,四者其音深满,五者周遍远闻,具此五者,乃名梵音。"梵音的"正直""和雅""清彻""深满"与"周遍远闻"服务于佛教实修,即"梵童偈"所云:"调伏无上尊,教世生明处;大明演明法,梵行无等侣,使清净众生,生于净妙天。"[①]中国梵呗在唐代、五代时逐渐成为僧众的必修科目,"功德司奏:每年帝诞节诸州府,奏荐僧尼,欲立讲经科、禅定科、持念科、文章议论科,以试其能不。"[②]这使得梵呗在佛教中的重要性增强,而同时佛教为了弘扬佛法又注意走向民间,开始出现俗讲、梵剧和说唱等吸收俗乐的佛教音乐形式,使得梵呗越来越失去早

---

① 《长阿含经》卷5,《大正藏》第1册,第35页上、中。
② 《佛祖历代通载》卷17,《大正藏》第49册,第653页中。

期的梵音特征而向俗乐化发展的趋势。到了宋代，这种发展趋势已经不可逆转，引起佛教界的重视。赞宁法师担忧梵呗中添入了大量不符合梵音的俗乐之声，而声明梵呗的正声，云："梵呗之声此何益也？通曰：一者佛道法乐也。此音韵虽哀不伤，虽乐不淫，折中中和故为法乐也；二者诸天鬼神闻皆欢喜故；三者诸佛常法，十方刹土何莫由斯乐也。"①这里的"虽哀不伤，虽乐不淫，折中中和"，虽出自儒家经典的音乐理论，但反映了音乐一个普遍的发展现象。今天有记载的古老音乐传统都有一个从雅到俗的发展过程，从音乐特征来说，表现为一个从声调悠长平和、节奏缓慢舒展到声调曲折多变、节奏急促强烈的演变过程。虽然赞宁法师等人做出了复古梵呗的努力，但实际上并未扭转佛呗俗声渐起的趋势。这一现象本身是整个宋代社会音乐发展的一个缩影。

宋代的世俗音乐同样经历了儒家士大夫欲复古雅乐而俗乐难禁的过程。宋代是"回归原典"的重要时代。宋儒"以原典作为尊崇和效仿的对象"②，试图恢复周代经典中的礼乐制度。《乐经》虽不存或本无此典籍，但周代的雅乐仍旧作为儒家的元典观念而存在，文人士大夫纷纷进行提倡与发掘。因为所提倡的音乐与时代生活相距甚远，即使在这种新经学不断发展的背景下，儒家复兴雅乐的目标也未能真正实现。这种思想企图的失利使得包括佛教音乐在内的整个中国音乐的世俗化大为发展。

中国儒家将音乐与文化元典结合并推崇至关乎社会兴衰的至高地位，而且形成了系统文化学说。这种文化学说以儒家"乐经"观念为代表。《乐经》被儒家认为是"六经"元典之一，音乐被上升到关乎政治的高度，即《礼记》所谓："凡音之起，由人心生也。人心之动，物使之然也。感于物而动，放行于声。声相应，放生变，变成方，谓之音。比音而乐之，及于戚羽旄，谓之乐。……先王慎所以感之者，礼以道其志，乐以和其声，政以一其行，刑以防其奸。礼、乐、刑、政，其极一也，所以同民心而出治道也。""乐"，由此取得与"礼""刑""政"同样的基本社会调节手段的地位。宋代是"心性"之学兴起的时代，"乐"因为起于"人心"而备受关注，胡瑗、朱熹等文人士大夫都曾致力于音乐的整理与提倡。

宋代文人士大夫所提倡的这种关乎政治与心性的音乐，在古代被称为"雅乐"。一般认为雅乐盛行于周代，之后出现了与之不同的"郑卫之音"。这也是儒家试图复兴"周礼"的一个重要原因。《礼记》云："魏文侯问于子夏，曰：'吾端冕而听古乐，则唯恐卧；听郑卫之音，则不知倦。敢问古乐之如彼，何也？新乐

---

① （宋）赞宁：《大宋僧史略》卷中《赞呗之由》，《大正藏》第54册，第242页中。
② 林庆彰：《中国经学史上的回归原典运动》，《中国文化》2009年第2期。

之如此，何也？'"① "古乐"即古传的雅乐，"郑卫之音"不同于"古乐"而成为新的音乐，这种音乐即是儒家所批评的"俗乐"。但是中国古代音乐的发展，并未按照儒家的想法而复雅抑俗，反而是雅乐渐次消亡而俗乐不断发展壮大。社会生活变化，自然带来音乐的通俗化发展，儒家也无能为力。

按《宋史·乐志》所载，北宋时期曾多次改定雅乐。但这些举措并不能改变雅乐衰颓的趋势。南宋建立之后，也曾有复兴雅乐的尝试，但雅乐最终名存实亡，亦即所谓：

> 南渡之后，大抵皆用先朝之旧，未尝有所改作。其后诸儒朱熹、蔡元定辈出，乃相与讲明古今制作之本原，以究其归极，著为成书，理明义析，具有条制，粲然使人知礼乐之不难行也。惜乎宋祚告终，天下未一，徒亦空言而已。②

两宋儒家与朝廷在推崇古代儒家的过程中从未放弃过复兴雅乐，但对音乐的实际影响甚微。虽然音乐始终在宋代的朝廷活动中处于重要地位，但已经向着通俗化的方向发展了。宋孝宗罢唐代以来在禁中所设教坊，下诏"教坊日下蠲罢，各令自便。"③由此进一步使得民间俗乐兴起。《武林旧事》《都城纪胜》《东京梦华录》《梦粱录》和《西湖老人繁盛录》等笔记都对宋代民间音乐的盛况都有所记载，有的还反映了政治活动中使用俗乐的情况。因为宋代音乐的这种基本走向，所以有学者称宋代为"乐律纷更、雅乐难复时代"。④

音乐的通俗化在宋代商品经济繁荣和市民阶层兴起的助推下迅猛发展，出现了以剧曲为代表的新形式。宋代崛起的市民阶层具备一定的经济基础和文化需求，勾栏瓦舍应运而生。瓦舍或瓦肆是城市中专门的娱乐场所，勾栏或游棚设立在其中供艺人专门表演。勾栏瓦舍中的表演内容多样，戏剧曲艺是其中重要的组成部分。因为民间艺人大量出现，艺人还形成了自己的专业组织——"社会"更促进了相关戏剧曲艺的发展。宋代也是传统戏剧形成的关键性阶段，由此推动"中国古代音乐史进入到以戏曲音乐为主体的时期"。⑤宋代的戏曲不仅成为市民音乐的主流，而且也进入了宫廷生活，进一步造成雅乐的衰亡。在曲艺方面，宋元时期也有重要发展，并且是戏剧兴盛的重要基础与背景。隋唐以后"曲子"出现了繁荣景象。

---

① 《礼记·乐记》，《十三经注疏》北大整理本，北京大学出版社，2000年。
② （元）脱脱等：《宋史》卷126《乐志一》，中华书局，1985年。
③ 脱脱等：《宋史》卷130《乐志五》。
④ 许之衡：《中国音乐小史》，知识产权出版社，2018年，第44页。
⑤ 曾遂今等编著：《中国音乐简史》，东方出版中心，2018年，第135页。

当时所谓"曲子"一般是指音乐部分，而其歌词部分则称为"曲子词"或"词"。曲子的盛行，不仅推动了音乐和宋词艺术的发展，也影响到了当时的佛教音乐。当时佛教音乐按地域不同发生了腔调的分化，正是不同地域俗乐特征的一种反映。此外，宋元时期的说唱艺术也是推动戏剧发展和代表时代音乐特征的重要音乐形式。宋代民间流行唱赚、鼓子词、诸宫调、陶真、崖词和货郎儿等说唱艺术。这些说唱形式往往倾向于讲述故事[①]，为戏剧发展提供了重要基础与元素，也对佛教音乐产生了影响。这些被赞宁等法师反对的音乐元素，在宋代已经渗入了佛教音乐当中且难以剔除。

佛教音乐的世俗化发展，实际上也反映了佛教在中国化过程中的世俗化趋势。魏晋南北朝时期，南方有世家大族，在北方也有军功贵族。此时的社会特点使得佛教呈现出"都市化"的特点，一般在都市中依赖贵族的供养而生存发展。但到了唐代，佛教开始走出都市而进入山林，并开始了"一日不作，一日不食"的自我生养。宋代社会进一步平民化，因此佛教也因为社会大趋势而深入平民社会。平民社会中成员的文化修养参次不齐，而且大部分成员的文化素养与审美趣味较朴素，这在客观上造成了佛教世俗化的必要性。这种"世俗化"是指佛教主动的吸收世俗因素或自我调整而能够为世俗社会所接受，其结果往往带来一些世俗生活方面的佛教化化。在这种大的历史背景下，梵呗因为在佛教音乐中相对特殊的地位而出现了特殊的社会价值定位。

二、天台中兴与梵呗的社会价值定位

在佛教世俗化的整体发展背景下，相对于其他佛教音乐形式，梵呗因为本身的发声特征又相对容易保存早期的梵音特点，在佛教音乐中的地位便愈发提升了。梵呗的这种特性源于其自身音乐特征。一方面梵呗具有音乐性，在宋代曲调与说唱空前发展的背景下较易受到俗乐影响。另一方面，梵呗在佛教音乐中的内容与佛教经文内容十分密切、受腔调影响较小，因此又相对容易保持传统的发声特征。也就是说当佛教音乐整体出现世俗化趋向时，梵呗虽然不能游离于这一趋势，但它又因为世俗化的程度相对较弱而成为保持佛教正音的重要方面。尤其对当时希望保持佛教早期特征的高僧而言，梵呗成为一种保持佛教"正统性"的重要手段。因此宋代梵呗的社会价值与之前时代有所不同。

---

① 参见臧一冰：《中国音乐史》，武汉大学出版社，2011年，第112–116页；胡郁青、赵玲：《中国音乐史》，西南大学出版社，2012年，第93、94页；余甲方：《简明中国古代音乐史》，复旦大学出版社，2017年，第269–273页。

梵呗在宋代佛教中可用于保持佛教"正统性"的特殊作用，使其既成为佛教世俗化的一种手段，又成为拒斥佛教过度世俗化趋势的一种方式。梵呗在世俗化与反过度世俗化之间的这种宗教特征，表现在社会价值方面就形成了一种二重性价值。梵呗的这种既世俗化又反过度世俗化的社会价值定位，与宋代天台宗的中兴密切相关。

唐末五代丧乱，不独重创儒学，也致使佛教义学衰颓。这是当时整个中国社会面临的一个重大问题。儒家因为社会化程度更高，所受冲击相对较小，但对佛教而言，则导致经典不可见、教义不可闻的严重局面。在这种背景下，佛教最主流的应对方式是放弃对教义的深究而偏重"明心见性"的去文字化的心性修养。禅宗的兴起与弥满天下正是在这一历史背景中发生的。与此方式不同，天台宗则始终坚持教观并重的传统。

佛教在中国化进程中，因为文化、区域的因缘，产生了台、禅、贤、净等诸多宗派，其中天台宗尤为重视义理。佛教在印度的传播已分化出诸多部派，天台宗祖述龙树菩萨，以其《中论》与《大智度论》为重要义理根基。中观学派以《中论·观四谛品》之"三谛偈"为"根本原理"，[①] 此偈云："众生因缘法，我说即是空，亦为是假名，亦是中道义。"其思想认为佛教所云因缘和合所生一切诸法自性虽空不为实有，但要求从"中道"角度认可"性空"之"假有"。传说慧文大师读龙树菩萨的两部经典而悟天台宗的义理基础——"一心三观"。就其思想而言，"一心三观"与中观学说都肯定不能偏执"有"或"空"，而主张"空""假""中"三谛圆融互具，从而使得天台宗为了求得"中"道而既重视"观"，又重视"教"。因为中道之义不仅要由"观"获得，也要由教典中的"义理"探得。

智者大师作为天台宗的正式奠基者，不仅重视义学之教，也重视对佛教典籍的广泛整理与统合。佛教自汉魏传入中国不久，就面临中国南北政治与文化的分裂局面。晋末"衣冠南渡"，使得思辨玄学在南方盛行，而北方则更多承继汉学家法师法。此种文化因缘，形成了南方佛教流行般若学，北方佛教流行禅学的大致局面。智者大师出身南朝世家，"高宗茂绩，盛传于谱史"[②]，遭孝元之败，"誓作沙门"，又历周武灭佛，"心欲南行"。在南方思辨风气之下，南北文化碰撞之中，智者大师空前发展了佛教已有的判教论[③]，以此来融合南北佛教。他

---

① 潘桂明、吴忠伟：《中国天台宗通史》，凤凰出版社，2008年，第5页。
② （隋）灌顶：《隋天台智者大师别传》，《大正藏》第50册，第191页"上"。
③ 蒋维乔：《中国佛教史》，上海古籍出版社，2004年，第101-106页；韩焕忠：《天台判教论》，巴蜀书社，2005年，第12-32页。

将各种佛教经典和宗派义理按照佛祖说法的时间顺序做"五味"与"五时"区分，又按其义理特征分为"八教"，由此提出天台义学是佛祖最成熟的终极义理，从而真正创立了区别于既往宗派的天台宗。可见天台宗的理论根基是对教典的系统整合。智者大师之后，湛然大师发展了他的学说，①并称智者大师的判教论为"五时八教"②。至此，天台宗由判教论而形成了既具自身特征的能够说明本宗为佛教正统的理论。这种理论显然是基于对教义的重视。

唐末五代冲击了整个佛教的典籍传承，天台典籍也同样"零编断简，本折枝催"。③为了应对教义难以考索的义学困境，唐代佛教转变为以直指心性的禅宗为主。禅宗的世俗化与日常化在佛教各宗派中尤甚，尤其是南宗顿教力压北宗渐教之后，不论修行次第而可立地成佛与将禅内化于日常生活的新修行观成为佛教主流。这样的修行观对天台宗的宗教实践也发生了一定影响，使其出现与"五时八教"说的注重修行次第与义学根基的传统发生抵牾。由此出现宋代天台宗内部的"山家山外"之争。今天可见最早的专门记述为《四明十义书》之序，大略云：

> 有宋景德之前，《光明玄》《广略》二本并行于世。钱唐慈光恩（晤恩法师）师制记曰《发挥》，专解略本，谓广本有"十法观心"，乃后人擅添尔。……有二弟子，即钱唐奉先清师嘉禾灵光敏师，共构难词，造二十条，辅成师义，共废广本。钱唐宝山善信法师，奉书敦请法智评之。……有《扶宗释难》之作，专救广本十种观心，兼斥不解发轸拣境之非。……钱唐梵天昭（庆昭）师。孤山码磶圆（智圆）师。皆奉先之门学也。乃撰《辨讹》，验《释难》之非，救《发挥》之得。法智存谦光之礼，撰《问疑书》诘之，昭师不逊，有《答疑书》之复。法智复有《诘难书》之征，昭师构《五义》之答。法智复作《问疑书》之责，昭师稽留逾年。法智复有《覆问书》之催答，昭师有今之《释难》，翻成不腆之文矣！往复各五，绵历七年。④

四明系由法智大师亲自出面论战，钱塘系则主要由坚持晤恩法师思想的其后学源清、洪敏、智圆等法师参加论战。后世论述一般称这场"往复各五，绵历七年"

---

① 韩焕忠：《天台判教论》，第240页。
② （唐）湛然：《法华玄义释签》卷1，《大正藏》第33册，第816页"下"。
③ （北宋）赞宁：《宋高僧传》卷7《大宋天台山螺溪传教院义寂传》，范祥雍点校，中华书局，1987年，第162页。（南宋）宗晓编：《四明尊者教行录》附《螺溪振祖集·台州净光法师传》作"残编断简"，见俞信芳校注：《四明尊者教行录校注》，浙江大学出版社，2015年，第291页。
④ （北宋）知礼：《四明十义书》"义瑞序"，《大正藏》第46册，第831页中下。

之争为当时以法智大师为首的"山家派"与以晤恩法师为首的"山外派"的天台宗经典阐释的论战。需要注意到，这种"山家""山外"的区分本身就是作为胜利者的法智大师一系的事后记述。也就是说或"山家"与"山外"派的划定实际上是这场论战结束之后获胜一方的界定。而其后学在纪传体史书中引述此序，正式建立起了天台正统观，延续至今。早有学者注意到所谓"山家""山外"的天台正统观实际上有一个历史形成过程。① 当时论战的两派的形成与地域分布有重要关系。② 实际上在当时是法智大师的四明系与晤恩法师的钱塘系之间发生论战，之前并未有以四明系为正统之议。甚至有学者怀疑法智大师之师义通大师也从未被立为天台宗法嗣，所以才由天台出走四明，只是因为法智大师战胜钱塘系才使四明一系获得正统地位。③ 法智大师一系获胜之后，便有可能在掌握话语权之后处理相关史料，④ 甚至有可能"塑造"或"虚构"关于对手的资料，⑤ 最终确立天台"山家"正统观。

两派相争是由于四明系与钱塘系对唐代之前的天台传统理解不同，各自坚持正统地位。天台宗的兴起，有赖智者大师以下诸师顺应中国社会形势而交游世俗，甚至谋求政治扶持。在坚持三谛圆融的四明系看来，俗谛与胜义谛互具互融，因此这种佛教的世俗化无可厚非，应当身体力行。天台宗四明系的世俗化主要表现在重视忏仪方面，即通过保持佛教特征的仪式来对世俗宣扬佛法，与禅宗的日常化保持着距离。四明系的这种主张与实践符合天台宗的早期传统。慧文大师进行"法门改转"⑥，将义理与禅修统一起来。慧思由北至南，以"定慧双修"兼南北风气，据传也制定了较系统的大乘受戒仪规。⑦ 智者大师进一步建立起天台宗的戒仪。⑧ 此后，天台宗的主流便在义理与禅修结合的"教观"并重原则下进行仪式的发展，从而在保障佛教特征的前提下实现世俗化。天台宗仪式的世俗化，一方面直接通过仪式本身规范并引导僧俗理解佛教义理与进行宗教修行，更重要的一方面是通过仪式来扩大社会影响。这种社会影响不仅在于民间，甚至可以和政治相联系。⑨ 智者大师以至义通大师都在此方面做出了示范。四明系正是继承并发扬这一传统，

---

① 秦瑜：《"山家"辨》，《现代哲学》2007年第5期。
② 曾其海：《天台宗山家山外之争》，上海社会科学院出版社，2008年，第33-37页；秦瑜：《"山家"辨》。
③ 潘桂明、吴忠伟：《中国天台宗通史》，378-379页。
④ 潘桂明：《中国佛教思想史稿》第3卷《宋元明清近代卷》，江苏人民出版社，2009年，第172-173页。
⑤ 龚隽：《北宋天台宗对〈大乘起信论〉与〈十不二门〉的诠释与论争》，《中国哲学史》2005年第3期。
⑥ 慧凤：《天台宗一心三观法门的起源——论慧文禅师》，《现代佛学》1956年第7期。
⑦ 慧思大师著有《受菩萨戒仪》，为今见最早大乘仪规，但该仪仅见于日本《卍续藏》，第105册，未必确凿。
⑧ 心皓：《天台教制史》，厦门大学出版社，2007年，第67-91页。
⑨ 严耀中：《江南佛教史》，上海人民出版社，2000年，第120页。

其代表人物法智大师与遵式法师皆在忏仪方面身体力行。天台宗历史上社会影响力最大的修忏即由法智大师在与钱塘系论战期间完成。他于天禧初年（1017年）"结十僧而入忏，期三载以共焚"，引起僧俗震动，"当朝勋盛"翰林学士杨亿、驸马都尉李遵勖等力劝其住世。[①]据传，宋真宗也谕令法智大师"宜久住世"。[②]后来，宋真宗又赐号其"法智大师"。因为隋炀帝赐号天台创立者智顗"智者大师"，所以宋真宗赐号即是以政治权威肯定了法智大师继承智者大师的天台宗正统地位。可见，山家山外之争的最终决定力量在于政治，佛教派系最有力的竞争武器实则在于扩大社会影响力。法智大师的同学与支持者遵式法师也"具有相对较强的社会参与意识"而重视修忏，[③]从而有力支持了法智大师的论战。反观钱塘一系，则基本都深居简出、不与世俗交游。这种对佛教世俗化的排斥风格，深植于其"真心观"的义学，因理废事，最终导致在正统之争中落败。这场论战在当时影响很大，"带来了天台宗的中兴"。[④]

可见山家派获胜的重要方式即修忏实践。修忏实践甚至使其在一度落后的情形下反败为胜。而天台宗的修忏一个重要特点，即引入并高度重视梵呗。智者大师在《法华忏法》中规定了梵呗的使用，这是今存典籍中最早的关于忏仪使用梵呗的记录。宋代天台山家派对忏仪的重视自然使得梵呗随着整体修忏活动而得到重视。不仅如此，宋代天台宗在发生内部论证的同时，也与禅宗有激烈论战。天台宗经过在中兴过程中的内外两场论战，确立了重视教义而反对有观无教和过度世俗化的正统思想主张。在这个过程中，梵呗因为从属于天台忏仪而确立了其社会价值定位。这种定位即是依据天台义理的适当世俗化，既反对山外派的不重视世俗化，又反对禅宗的过度世俗化。如果从天台宗传统的角度来说，重视义理、重视世俗化又反对有观无教和过度世俗化，都是早期天台宗所确立的宗派特征，因而山家派对梵呗乃至整个佛教世俗化方式的定位符合天台传统。在山家山外之争中，山家派用修忏的世俗化方式战胜了不重视世俗化的山外派；而在于禅宗的竞争中，山家派又用修忏的方式作为世俗化的界限反对禅宗的走向日常化的世俗化方式，获得了一定社会影响。梵呗在这个过程中获得了新的社会价值定位。

---

① 宗晓编：《四明尊者教行录》卷7《明州延庆寺传天台教观故法智大师塔铭》，第246页。
② 宗晓编：《四明尊者教行录》卷5《真宗皇帝谕旨留四明住世》，第169页。
③ 潘桂明：《中国佛教思想史稿》第3卷《宋元明清近代卷》，第175页。
④ 闫孟祥：《宋代佛教史》，人民出版社，2013年，第142页。

三、梵呗的二重社会价值

在宋代的社会大背景中，梵呗的社会价值呈现出二重性的走向，这与天台宗有密切关系。一方面，梵呗作为忏仪的重要组成部分而具有扩大佛教社会影响的重要价值。唐宋佛教因为教典散乱和平民化的社会发展走向，有从都市走向山林的客观需求，从而产生了世俗化的需求，即需要将深奥的佛教义理以较为通俗的方式展示给社会大众，从而扩大自身社会影响。天台宗也同样有世俗化的需求和过程。唐宋时期，中国佛教各宗派普遍认为当时已进入末法时代，天台宗也是如此。因而天台宗义学注意包容万法以适应末法变迁。从智者大师开始，天台宗就强调胜义谛与俗谛相即的圆融义理，以使得佛教义理能够与世俗观念沟通。胜义谛代表佛教特有的关于世界"实相"的义理，而"俗谛"则代表早期佛教所要出离的世俗见解。三谛圆融，从义理上允许佛教的世俗化，法智大师所代表的天台宗正统主要是通过修忏来进行世俗化。作为忏仪组成部分的梵呗自然就具有了方便世俗理解从而扩大佛教社会影响的重要价值。从法智大师等人的修忏活动的影响而言，这种世俗化方式极为成功，不仅吸引了统治者的注意力而由此获得支持，也有助于佛教在社会民众中传播。

宋代之前的世俗诗文中很少出现梵呗。这一方面是由于书籍的传播到宋代才兴盛起来，但另一方面也反映出梵呗的社会影响力有限。唐代的诗文中实际上有大量佛教元素，但梵呗却极为少见，说明梵呗在世俗认知中并不是显著的佛教符号，这应当是世俗较少听闻梵呗所致。而宋代的世俗诗文中大量出现了关于梵呗的内容，在反映佛教甚至社会生活的作品中占据了一定比例，说明梵呗的社会影响扩大了。诗歌因为字数限制、所用意象精审，尤其具有代表性。

首先，关于世俗对佛教的诗歌描述中，梵呗较多出现，成为社会认知中佛教的一种代表性意象。北宋范纯仁的《同王弱翁宿广化寺》描述与友人夜宿佛寺之事，诗云："能知真乐唯吾曹，声利外物诚无侥。深山穷谷苟遂性，肤体不厌常枯焦。况如佳景擅天巧，会与仁友相追邀。龙门伊洛古今胜，苍岩翠壁双岩峣。疏凿宛见神禹迹，怀襄既乂熙尧朝。千龛万宇变佛室，钟磬梵呗何喧嚣。唐僧无畏号神隽，当时声势尤翘翘。开山拨壤尽奇秀，楼殿势若风中飘。高甍垂空插云翼，连阁跨路驰星桥。深沉神物潜拥护，显敞燕雀如矜骄。搜奇选胜幸迟日，禅堂解榻眠清宵。滩声萧萧杂群籁，天真不啻闻咸韶。凌晨携策度翠巘，竹溪深处从僧招。融融朝晖射岩谷，杂花烂熳红欲烧。令人即欲置万累，百年尽向游中消。乃知神仙有窟室，

我意已欲陵烟霄。"① 此诗较为细致地描述了佛寺景象，其中出现梵呗，说明梵呗在儒家士大夫观察寺院生活时能够引起注意。梵呗不断为人们所认知。南宋末年的董嗣杲有《和韵》诗，云："昔闻康乐访祇林，玩水登山豁性灵。乐道遍穷三教旨，与僧同译几函经。旧台犹在云常护，行径无踪草自青。想见当年鸣梵呗，老猿应向月中听。"② 该诗涉及三教，在描述佛教时，所选用的主要意象仅"译经"与"梵呗"。可见，在宋代的社会认知中，梵呗已经在佛教中十分突出了。

其次，在关于世俗社会景象的诗歌描述中，也较多出现了梵呗，说明梵呗本身在宋代的社会生活中常见而具有代表性。北宋程俱作有《天久不雨高田皆坼乡人祈祷阅月乃雨远近告足有足喜者》，其诗云："长夏久不雨，良苗失欣荣。尘生畎浍闲，小大空营营。麻粟半干死，所忧负春耕。嗷嗷走香火，灵湫汲寒清。梵呗喧里社，油云被嘉生。俄然下甘泽，骊声接柴荆。年年镐京宴，及此万宝成。偷生得一饱，感慨难为情。顾念龙在野，悲歌泪纵横。"③ 祈雨是中国古代民间的常见活动，祈雨对象与祈雨方式多种多样，此诗可证梵呗在宋代已运用于祈雨活动。"梵呗喧里社"的诗句也描述了梵呗充盈里社的民间景象。南宋陈著的《次韵前人祈雨未应·其一》诗云："交秋苦旱走疲农，惟合投忧地府龙。里社相师凭梵呗，山川无语笑盲聋。忍教地宝罹枯渴，安得天机捷应春。联日定劳君眼力，雨晴只隔望春峰。"④ 描述了相类的景象，可知宋代梵呗在祈雨这样的常见社会活动中的重要性。因为祈雨同农业关系密切，梵呗意象甚至还被用于描述太平景象。北宋陈师道《寄滕县李奉议》诗云："滕大夫伯阳父孙，烹小鲜治大国原。一得何用五千言，弛灾决狱人不冤。盛气走讼畏讨论，终岁敛吏不到门。子弟无赖皆西奔，外吏畏惧过乃尊。踵门父老如云屯，拊髀跳踉走儿孙。绛幡翠节歌呗喧，画盆戴顶烟如焚。绣褾彩轴箱帕繁，曲躬叉手前致言。畜眼未见耳不闻，暮年何以答此恩，请诵华严寿我君。"⑤ 此诗中的梵呗是作为社会太平的一种表征而被使用，足见当时社会认知中梵呗的影响力与正面价值。

另一方面，梵呗从属于修忏而获得反对佛教过度世俗化的重要价值。天台宗以修忏为主要的世俗化方式，从而对佛教的世俗化加以了限定，反对超过此限度的禅宗的世俗化。对禅宗提倡的将禅广泛蕴于日常生活的主张，天台宗大加反对，

---

① （北宋）范纯仁：《范忠宣公文集》卷1《同王弱翁宿广化寺》，元刻明修本。
② （南宋）董嗣杲：《西湖百咏》卷下《和韵》，文渊阁《四库全书》本。
③ （南宋）陈著：《本堂集》卷94，《四部丛刊续编》景宋写本。
④ 陈著：《本堂集》卷94《次韵前人祈雨》，文渊阁《四库全书》本。
⑤ （北宋）陈师道：《后山诗注》卷11《寄滕县李奉议》，《四部丛刊》景高丽活字本。

谓："教变则禅，禅弊为魔，魔炽为贼"①，天台宗重视教义，认为变乱教义就偏废为禅，而修禅流弊就走火入魔，走火入魔到一定程度就会残贼社会，因此其世俗化方式以更有经典依据和宗教特征的修忏为主，反对将佛教的修行日常生活化。如此一来，在与禅宗的世俗化形式的对比中，梵呗所属的修忏就具有保持佛教正统性而拒斥"禅弊"的社会价值。这种社会价值首先是宗教内部的价值，作用在于反对佛教过度世俗化；其次又有对宗教外部的示范作用，以"佛教正统"的形象与意识向世俗社会宣示佛教的修行方式。显然，宋朝的统治者虽不排斥禅宗，但对天台宗的修忏也高度重视。天台宗在一度衰颓的局面下中兴，与其对自身佛教正统形象的树立有一定关系。梵呗在此过程中也受到政治和佛教两方面的重视。

赞宁法师被吴越王赐号"明义示文大师"，署为两浙僧统，后又被宋太宗赐紫衣及"通慧大师"号，先后任"右街僧录""左街僧录"，是当时官方认定的佛教代表。其撰《大宋僧史略》高度重视梵呗。《大宋僧史略》所定"行香导唱"流程，据《大遗教经》之"比丘欲食，先烧香呗赞之"而规定了梵呗的使用，②又追溯梵呗之由并规定其正声。③赞宁法师的官方地位使得其作品具有一定的佛教"正统"性质。可见，在北宋时，梵呗作为官方认可的佛教重要组成部分而受到重视。

之后随着天台宗的中兴，梵呗具备了更为重要的佛教价值，即要作为天台宗所规定的"佛教正统"的组成部分与其不认可的其他宗派划清界限。天台宗开创了中国古代佛教史学的一个高峰，即将儒家史学的纪传体引入佛教史学中。纪传体史书作为"正史"，是中国古代儒家最重要的史书体裁，不仅具有史学功能，还具有标明政权正统的重要社会功能。宗鉴作《释门正统》，其中记载了世俗作品之句："余波秖存瑜伽法，市井歌呗悦盲聋。"④《释门正统》是为了确立天台宗为佛教正统和山家派为天台宗正统，而这一记载是为了颂扬佛教，因此有意无意间将梵呗纳入了这种正统性论证。宋代佛教正史的集大成者《佛祖统纪》更直接创设了与梵呗高度相关的《法门光显志》。其作者志磐解释该志的创设，云："香镫供养之具，礼诵歌呗之容，是盖缘因加行之正辙，为但理之人，成就佛事，作法门光显志一卷。"⑤可见梵呗因为之前法智大师等人的提倡，被天台宗以"正史"的这一中国化形式确立为佛教正统的重要组成部分。

---

① （北宋）宗鉴：《释门正统》卷3《斥伪志》，《卍续藏》，第75册，第316页上。
② 赞宁：《大宋僧史略》卷中《行香导唱》，《大正藏》第54册，第241页下。
③ 赞宁：《大宋僧史略》卷中《赞呗之由》，《大正藏》第54册，第242页中。
④ 宗鉴：《释门正统》卷8《密教思复载记》，《卍续藏》，第75册，第364页上。
⑤ （南宋）志磐：《佛祖统纪》卷首《释志》，《大正藏》第49册，第130页下。

总而言之，梵呗在宋代的社会价值具有二重性，既具有扩大佛教社会影响的重要价值，又具有界定佛教正统而反对过度世俗化的价值。当然，这里的"过度"是天台宗所界定的。天台宗将梵呗正式置于忏仪之中，又在内外正统之争中将梵呗所属之修忏作为最重要的世俗化手段，对宋代梵呗的社会价值定位与走向有重要影响。

佛教梵呗的意义及其传统

中央音乐学院 傅暮蓉

佛教传入后无论是自我修持还是弘扬、传播其思想内容时，都涉及一系列的仪式性活动。这些仪式性活动被统称为法会、或法事（亦称佛事），包括佛教的庆典、传法、诵经、供养、施僧、拜忏、祈福、荐亡等。中国所有佛教法会的仪式程序都伴随着音声，而音声中最核心的部分是梵呗，它在佛教仪式的宗教活动中，担任着最重要的角色。佛教仪式梵呗幽深寂然，独特的音调超凡脱俗，让无数的佛教徒和俗家众生为之倾倒。

一、佛教音声与梵呗

通常音声是任何一个宗教系统的核心因素之一，佛教更是如此。音声在佛教的弘法、感化人心与大众沟通中担任着重要的角色。因此，佛教的音声含义比起其他的概念，内涵更加的丰富和独特。佛教活动中就包含了自然界、人为及梵音的各种声音都可以称之为音声，但在佛教传入中国后，其"音声"随着历史发展本文中佛教的音声有了特定的含义梵呗。佛教音声广义上指佛教仪式及其活动中所涉及一切声音。佛教在传入中国后与中国文化相互冲撞、相互交融后形成了特有的汉传佛教音声，即佛教中重要的修行方式"口密"亦称"声密""咒语"，与中国音声与传统音乐相结合形成了中国汉传佛教音乐的音声观，同时也形成了表现汉传佛教音声观的修行法门《朝暮课诵》，其是汉传佛教寺庙每天必须修行的功课，也是汉传佛教佛事活动中最基本、最普遍的法事仪轨。

梵呗是佛教法事音乐的代名词。梵的原义为颂，来自婆罗门文化的核心，真言，或咒义之义，后引申为做礼仪和唱赞歌而获神力的人；后来梵的概念愈来愈广，愈来愈复杂。梵为世界之源，人类生命之根本，世界的本质，天地的运行；梵为虚空，遍布一切，等等。而梵音之含义是："其有音声五种清净，乃名梵声。何等五？一者其音正直，二者其音和雅，三者其音清彻，四者其音深满，五者周遍远闻。

具此五者,乃名梵音。"① "梵音声者有其二种:一约教义明其音声,二约佛德以辨音声。约教义者,如《十住经》说,如来有八种音声,一谓见苦,二谓向苦,三谓见习,四谓向习,五谓见尽,六谓向尽,七谓见道,八谓向道。此约教解名曰声也;二约佛德辨音声义,音者响也,声者对根辨质,故二不同。音者有其八种,如《十住经》说,所谓梵音,一不男音,二不女音,三不强音,四不软音,五不清音,六不浊音,七不雄音,八不雌音。"②

又梵音者:"言种种梵音者,即八种梵音:一、最好声,其音和雅,如迦陵鸟;二、易了声,言辞辩了;三、和调;四、柔软;五、不误;六、不女;七、尊慧;八、深远。③言俱枳罗者,亦云都吒迦,此云众音和合,微妙最胜,皆爱语之具。随心说法,应在后偈,随世所宜,应在前偈。"④

梵呗之呗是梵语 Pathaka(婆陟)之音译,意译为赞叹、止息、止断、圆满、皎正等。古印度统称歌咏十二部经,不管长行、偈颂都称为呗。《高僧传》云:

> 然东国之歌也,则结韵已成咏;西方之赞也,则作偈以和声。虽复歌赞为殊,而并以协谐钟律,符靡宫商,方乃奥妙。故奏歌于金石,则谓之以为乐;设赞于管弦,则称之以为呗。夫圣人圣人制乐,其德四焉:感天地,通神明,安万民,成性类。如听呗,亦其利有五:身体不疲,不忘所忆,心不懈倦,音声不坏,诸天欢喜……然天竺方俗,凡是歌咏法言,皆称为呗。至于此土,咏经则称为转读,歌赞则号为梵呗。昔诸天赞呗,皆以韵入弦管。五众既与俗违,故宜以声曲为妙。原夫梵呗之起,亦兆自陈思始著《太子颂》及《睒颂》等,因为之制声。吐纳抑扬,并法神授。⑤

《法苑珠林》云:"寻西方之有呗,犹东国之有赞。赞者,从文以结音;呗者,短偈以流颂。比其事义,各异实同。是故经言:'以微妙音声歌赞于福德',斯之谓也。"⑥《法华经科注》云:"呗者,或云呗匿,此云赞颂。"⑦梵音是清净之音,微妙之音,是天然的音声;呗是古印度的专用名词指赞叹之音声,是古

---

① [罽宾]佛陀耶舍等译:《长阿含经》卷5,《大正藏》第1册,第35页中。
② (隋)智俨纂:《华严经内章门等杂孔目章》卷2,《大正藏》第45册,第549页中。
③ (唐)澄观著:《大方广佛华严经疏》卷18,《大正藏》第35册,第622页中。
④ 佛陀耶舍等译:《长阿含经》卷5,第35页中。
⑤ (南朝梁)慧皎著:《高僧传》卷13,《大正藏》第50册,第414页下–415页上。
⑥ (唐)道世著:《法苑珠林》卷36,《大正藏》第53册,第574页上。
⑦ (宋)守伦注,(明)法济参订:《法华经科注》卷2,《续正藏》第30册,第682页上。

印度自古相传的一种方式。古代婆罗门祭祀的中心是用歌声赞叹所祭祀的各种神，佛教亦是以音声赞叹为仪式核心，整个仪式过程都是用清净微妙之音赞叹佛德宏大而深远，赞叹佛以及各位菩萨的功德为内容。这种用音声来赞叹咏唱其各种对象的赞咏歌唱方式称呗，中国历史中有记载的梵呗是：月氏的侨民支谦作于江南的"赞菩萨连句梵呗"，康居国僧人康僧会传于三国时吴国的"泥洹梵呗"，西晋末年西域僧帛尸梨蜜多罗在建康传授西域的"高声梵呗"等，据此凡西域僧侣所唱、所传、所作的梵文呗及中国历史中称之为用梵语演唱的呗都称之为梵呗。随着佛教在中土的传播越来越广，越来越普遍，人们已经不在满足原来的佛教音乐形式。为了更好地传播弘扬佛法，来自西域和印度及中国的僧人、文人佛教信仰者都参与到"改梵为秦"的事业中。首先，人们根据印度的曲调特点，结合佛教中呗的要求，用中国语言制作符合佛教中呗初期是梵呗的曲调是印度的，后发展成为用中国音乐素材，模仿印度曲调特点的中国式梵呗，历史中称之为梵呗，或鱼山梵呗。

因此，梵呗不是通常意义上的歌唱与赞叹，除去其声音必须是清净之音、微妙之音、天然的音声音声外，还要有一个必须的条件，如唐代道宣在《四分律删繁补阙行事钞》中所言："外缘已止已断，尔时寂静，任为法事"。[①] 只有具备了这种佛教修证的功夫才能发出"梵呗"音声所具备的条件，即禅定、三昧状态下所唱出的赞咏声是梵呗，与此同时，只有在禅定状态下唱出的音声，才能达到：其音和雅、清彻深满、周遍远闻等效果，才能符合戒律，合与法。禅定是佛教信仰者的基本修行方式，它是要求有很高的佛教修持实践，能够让修持者远离散乱昏沉，将心停于一个境界，将心止于一种境界，息灭了妄念和烦恼邪见，将自心拂拭干净，如明镜样观察分析宇宙人类的一切真相，引发真实智慧，无我、无贪、无嗔、无恨，身心净化后，所唱出的赞叹之音是梵呗，只有这种境界中所出的声音，才能被称为梵呗。

二、佛教音声渊源及传统意义

中国佛教的音声梵呗渊源于古代印度，在许多佛教的经典中多有描述佛教音乐在印度非常的盛行，如慧皎《高僧传·鸠摩罗什》载："天竺国俗，甚重文制，其宫商体韵，以入弦为善。凡觐国王，必有赞德，见佛之仪，以歌叹为贵，经中偈颂，

[①] （唐）道宣：《四分律删繁补阙行事钞》卷1，《大正藏》第40册，第1页上。

皆其式也。①"这段话反映了古印度的传统是非常看重礼仪的，礼仪中的辞文韵律，都要能够用伴随着音声。国王接见人民时，被接见人必须用歌声赞颂国王的品德；礼拜佛时的一切活动，都是用歌声赞叹佛德。佛经中的偈颂，就是继承了这种传统方式。

关于梵呗、咒语、声密这些名称，从本质上来讲是大同小异的，功能上也是相同的，只是运用的场合和目的各不相同。从古至今，各国历史发展中都存在与梵呗、咒语、声密相类似的名词和事实。咒字在中国古代写为"祝"或"呪"②，中国的历史上民间宗教礼仪中最核心的内容就是祝（咒）。自帝尧之前巫师在腊祭时祝（咒）语："土反其宅，水归其壑，昆虫勿作，草木归其泽"③，到中国最早的乐歌集《诗经》中，颂的部分就"史巫尸祝之词"④。咒语发展至汉代更加盛行。中国本土的宗教道教经典《太平经》卷50《神祝文诀·第七十五》中载有很多咒语并作以解释："天上有常圣要语，时下授人以言，用使神吏应气而往来也。"人民得之，谓之神咒。祝也，"祝百中百，祝十中十，祝是天上神本文传经辞也。"据此可知，祝就是咒，是天神传给人类的语言，可以用来役使鬼神，治病祈福，实现人类所追求的愿望，国家丰盛，人民安乐。音声的奥秘是人类历史中迄今没有探明白的一个领域，是一个声音之谜。但是，随着人类语言的发展尤其是文字产生之后，对声音的各种研究与运用，除了用在文字语言结构之中外，将声音神秘难解的方面，一概将其置于巫术或宗教的观念中。实际上人类咒语系统被佛教比较完整的保留在密教里。

（一）佛教音声渊源

佛陀诞生之前，印度就是一个重视声音奥秘的文明古国。与中国远古同样，祭祀是国家和人民的头等大事。印度人也都认定雅利安文化是印度最古老的文化，雅利安文化主要形式为祭祀。他们认为，祭祀能够沟通人与神的作用，后来进一步发展成祭祀不仅可以沟通人与神的关系，还可以支配万物，达到自己的一切目的。因此，一套极其烦琐复杂的祭祀仪式就这么发展完善起来，主要有天启祭和家庭祭。这些仪式所依靠的经典即《吠陀经》，因此，后人对这一时期对《吠陀经》崇拜和信仰却没有明确称呼的宗教，称"吠陀教"。《吠陀经》中大量的敬神、颂神、祈祷和咒语的歌咏都在《吠陀经》中，这些赞诗、赞歌都是在宗教仪式中使用的。

---

① 慧皎著：《高僧传》卷4，第414页中–415页上。
② 王力著：《同源字典》，商务印书馆，1982年，第309页。
③ 《十三经注疏》下，上海古籍出版社，1997年，第1454页。
④ 陈子虚撰：《诗经直解》，复旦大学出版社，1995年，第107页。

吠陀文献包括四种不同的经典，即《梨俱吠陀》《娑摩吠陀》《耶柔吠陀》《阿闼婆吠陀》。

通常吠陀祭天等仪式由四位祭司或祭官主持，劝请官（Hoiṛ）念诵《梨俱吠陀》召请祭祀的主神及其眷属或侍从驾临坛场；咏唱祭官（Udgātṛ）咏唱《娑摩吠陀》对到场的所有神明进行歌功颂德；祈祷祭官（Brahmana）念诵《梨俱吠陀》对祭祀的曲礼程序进行监督；执行祭官（Adhvaryu）既有咏唱又有念白并且具体地执行祭祀的整个程序，安排一切有关事项。四种祭官中的首度祭官是劝请祭司。这四个被称为吠陀本集的吠陀文献被当今的学者考证为吠陀文献中最古老的部分，其中的内容及祭祀的各种仪式，直至今日仍在使用。印度教徒的出生、婚姻、死亡等所有仪式，还是按照古老的吠陀仪式进行。后来又出现的《梵书》与《森林书》是对献祭仪式的注疏。除此以外，还有反应印度深奥哲学的《奥义书》。以下从《奥义书》中对歌唱的意义来认识音声，在释尊时代的意义以及"歌唱"教中最初的概念和意义。

（二）佛教音声传统的意义

《奥义书》中"歌者奥义书"①。

第一章

1. 应该崇拜歌唱为"唵"这个音节，因为随着唵，开始歌唱。现在对此加以说明。（1）[注：在吠陀中，《梨俱吠陀》用于吟诵，《娑摩吠陀》用于歌唱。唵（om）是吟诵或歌唱吠陀颂诗时，开头使用的感叹词。这里的"崇拜"（upās）一词兼有尊敬、敬拜和沉思的意义。]

万物的精华是地。地的精华是水。水的精华是植物。植物的精华是人。人的精华是语言。语言的精华是梨俱。梨惧的精华是娑摩。娑摩的精华是歌唱。（2）

这歌唱是精华中的精华，至高者，经极者，第八者。（3）

什么是梨俱？什么是娑摩？什么是歌唱？这是人们思索的问题。（4）

语言是梨俱，气息是娑摩。唵这个音节是歌唱。这里成双配对，语言和气息，梨俱和娑摩。（5）

它们在唵这个音节中配对结合。一旦配对结合，两者便互相满足欲望。（6）

---

① 黄宝生译：《奥义书》"歌者奥义书"第1章，北京：商务印书馆。引文略有删节。

知道这样，崇拜歌唱为这个音节，他肯定成为愿望满足者。（7）

确实，这个音节意味允许。因为某人允许某事，就会说："唵！"允许也就意味成功。知道这样，崇拜歌唱为这个音节，他肯定成为愿望成功者。（8）

依靠它，三种知识运作。随着唵，开始召唤；随着唵，开始赞颂；随着唵，开始歌唱。这表示对这个崇高伟大和蕴涵精华的音节的崇敬。（9）

知道这样和不知道这样的两种人都依靠它运作。但有知识和无知识两者不同，凭借知识、信仰和奥义运作，才更有力量。这是对这个音节的说明。（10）

第二章

天神和阿修罗互相争斗，双方都是生主的后代。天神掌握歌唱，心想："依靠这个，我们会战胜他们。"（1）

他们崇拜歌唱为鼻中气息。而阿修罗用罪恶侵袭它。结果，人们嗅到香，也嗅到臭。因为它已受到罪恶侵袭。（2）

然后，他们崇拜歌唱为语言。而阿修罗用罪恶侵袭它。结果，人们说真话，也说假话。因为它已受到罪恶侵袭。（3）

然后，他们崇拜歌唱为眼睛。而阿修罗用罪恶侵袭它。结果，人们看到值得看的，也看到不值得看的。因为它已受到罪恶侵袭。（4）

然后，他们崇拜歌唱为耳朵。而阿修罗用罪恶侵袭它。结果，人们听到值得听的，也听到不值得听的。因为它已受到罪恶侵袭。（5）

然后，他们崇拜歌唱为思想。而阿修罗用罪恶侵袭它。结果，人们想念应该想念者，也想念不应该想念者。因为它已受到罪恶侵袭。（6）

然后，他们崇拜歌唱为口中气息。而阿修罗打击它，结果他们自己粉碎，如同打击坚硬的石头，自己粉碎。（7）

如同打击坚硬的石头，想要加罪和打击知道这样的人，自己粉碎。他是坚硬的石头。（8）

依靠它，不知道香和臭，因为它不受罪恶伤害。依靠它，吃和喝，从而保护其他气息。最终不再发现它，人便去世。确实，人最终张着嘴巴。（9）

安吉罗崇拜歌唱为口中气息。人们认为它就是安吉罗（aṅgiras），因为它是肢体（aṅga）的精华（rasa）。（10）[注：安吉罗是拜火祭司。这里将"安吉罗"这个名称解读为"肢体的精华"。]

毗诃波提崇拜歌唱为口中气息。人们认为它就是毗诃波提（Brhaspati），因为语言伟大（brhat），它是语言之主（Pati）。（11）

阿亚希耶崇拜歌唱为口中气息。人们认为它就是阿亚希耶（ayāsya），因为它从口（asya）中呼出（ayate）。（12）

钵迦·达尔毗耶知道它。他成为飘忽林中人们的歌者。他为他们歌唱愿望。（13）

任何人知道这样，崇拜歌唱为这个音节，他就成为实现愿望的歌者。以上是关于自我。（14）

第三章

下面是关于天神。应该崇拜歌唱为这个发热者。它升起，为众生歌唱。它升起，驱除黑暗和恐惧。确实，知道这样，他就成为黑暗和恐惧的驱除者。（1）

这个和那个相同。这个温暖，那个也温暖。人们称这个为音，称那个为音、回音。因此，应该崇拜歌唱为这个和那个。（2）

然后，应该崇拜歌唱为行气。吸气者是元气。呼气者是下气。这样，元气和下气的结合是行气。行气是语言。因此，说话时不吸气，也不呼气。（3）

语言是梨俱。因此，吟诵梨俱，不吸气，也不呼气。梨俱是娑摩，因此，歌唱娑摩时，不吸气，也不呼气。（4）

还有，那些需要用力的行为，如摩擦取火、赛跑、挽开硬弓、行动时，不吸气，也不呼气。因此，应该崇拜歌唱为行气。（5）

然后，应该崇拜歌唱（udgītha）为 ud、gī 和 tha 这些音节。ud 是气息，因为人们依靠气息站立（uttiṣṭhati）。gī 是语言，因为人们称语言为 gir。tha 是食物，因为一切依靠食物存在（sthita）。（6）

ud 是天空，gī 是空中，tha 是大地。ud 是太阳，gī 是风，tha 是火。ud 是《娑摩吠陀》，gī 是《夜柔吠陀》，tha 是《梨俱吠陀》。知道这样，崇拜歌唱为 ud、gī 和 tha 这些音节，语言就为他产生牛奶，因为语言是牛奶。他就成为有食物者，吃食物者。（7）

然后，愿望确实成功。应该崇拜这些庇护所。应该追求娑摩，用娑摩赞颂。（8）

应该追求梨俱，颂诗存在它们之中。应该追求仙人，颂诗由他们创作。应该追求天神，赞颂天神。（9）

应该追求诗律，按照诗律赞颂。应该追求颂诗格式，按照颂诗格式赞颂。（10）

应该追求方位，赞颂方位。（11）

最后，应该追求自我，赞颂自我，专心沉思愿望。他的愿望会迅速成功。怀有愿望者应该赞颂，怀有愿望者应该赞颂。（12）

《奥义书》中讨论世界的本源和人的本原，以及人和世界、宇宙之间的关系等。其中的强调"语言"能够战胜一切罪恶、粉碎死亡、超越死亡。其中将语言比喻成"梵""波罗诃摩那波提"。"梵"（Brahman）在《奥义书》中指最高的存在和人的自我本性或宇宙的自我，而"波罗诃摩那波提"（Brahmaṇaspati）的本意指天国的祭司或祈祷主。语言和生命的气息一旦结合就成为歌唱，因此，歌唱是婆罗门最神圣行为的象征。而比歌唱更值得的赞颂的是呼吸即生命，生命的气息是立足于语言而歌唱，赞颂的歌唱可以获得永生，可以实现任何愿望，可以从黑暗走向光明，可以求取任何食物。歌者可以通过歌唱为自己或所祭祀者实现任何愿望，可以通过歌唱的方式征服世界。而衡量一个歌者的优劣与否是歌唱中的音调和音色，优美的歌声和丰富的音色是歌唱者的财富，歌唱者拥有的优美的声音和丰富的音色，就等于获得了黄金等财富。古代印度的祭祀仪式中主要的内容就是用咒语和歌唱与进行神灵沟通，用歌唱来歌颂神灵，赞叹神灵，祈求神灵，祷告神灵，其用意进行人与神之间达成共识而达到永生。

婆罗门在印度是至高无上的种姓，他们称自己是将《梨俱吠陀》的赞歌从神那里得到启示而传诵于世"七圣"的后代，是掌管宗教主持祈祷的人神。婆罗门一词在《梨俱吠陀》是祈祷之义，后为神圣的力量和神圣之义，因此，婆罗门实际上是一个祭师阶层他们占有了最高的世俗地位，成为君王及贵族一切政治事务和个人私事的精神指导者，成为政治和宗教上的统治者。但是，要成为一名婆罗门的祭师不是一件简单的事情。作为一名婆罗门祭师，先要嗓音好，相貌端正，有智慧与学识且道德坚固，还要完成传统的修业课程，背诵由导师口传心授一字一句教授的吠陀圣曲和其中一切仪式的程序。婆罗门用祭祀仪式及其咒语为自己的工具，以此实现自己的愿望，甚至可以支配万物，征服世界。因此，婆罗门阶层被人们公认为活着的神，是神与人沟通的使者。由于婆罗门自始之终将歌唱等同于生命气息，歌唱赞美神灵可以获得永生，能够实现一切愿望，也能够扭转命运和前途，更能够获得想要的食物，总而言之，歌唱者不仅可以通过歌唱为自己或者所祭祀者实现任何愿望，也可以通过歌唱的方式去征服世界，由此发展出了印度特有的"声明"学和弥漫差哲学派别。

佛教重视音声的传统来源于婆罗门，但是，由于佛教和婆罗门所追求的不同目标，因此佛教和婆罗门的音声观又有所区别。这两种法门都可以用种种无尽的音声来传达。婆罗门的音声歌唱是为各种祭祀仪式的规则，一切为祭祀服务。他们将歌唱与生命、呼吸等同，婆罗门认为通过赞颂的歌唱可以获得永生，可以实现任何愿望，征服世界。优美的歌声和丰富的音色是歌唱者的财富，拥有了优美的声音和丰富的音色，就可以获得了黄金等财富。佛教的音声歌唱在继承了婆罗门歌唱传统的基础上，又有了进一步的发展。佛教音声所唱"微密秘奥法门诸音"，是用唱持即佛教中的"唱念"修得口业纯善尽美，直至"如来一切清语净"，证悟"缘起性空"的甚深微妙之法。其中的梵呗音声蕴含着微密美妙的佛教修证法门，是一种柔软温和的修持方法，这种法门如果修持成功，即能"一言具众音声海，随诸众生意乐音，一一流佛辩才海。三世一切诸如来，于彼无尽语言海。"①这其中奥秘就是声音与人体气脉的关系，与人的呼吸、生命、思想相关联。音声中的每个字配上音符，能够震发我们体内的三脉七轮，调动人体中的自性。因为，音声是念，随呼吸而念动、声动。释迦牟尼创立佛教时，继承了沙门的文化传统，吸收了婆罗门的歌唱方法，将其发展成为佛教空有哲学思想和禅观之道。换言之，佛教音声梵呗的演唱，实际上是继承了古印度的一种"闻声而入道，转念而达梵"的禅修法门。由此展现推动生命的真象，引导大家走入佛法的正知正见，修口业转口密，对佛的语言功德发愿修学，在音声海中，不管念诵也好，持咒也好，随时都要坚持梵行——持戒、修定、证慧，培养自己般若智慧的成就，开发自性无可限量的潜力以深入佛法。

---

① （唐）般若译：《大方广佛华严经》卷40，《大正藏》第10册，第847页下。

论佛教音乐的"方便"与"真实"

湖北经济学院艺术学院　许清原

一、佛法中的"异方便"

《瑜伽师地论》指出:"问如世尊言,是诸缘起,非我所作,亦非余作。所以者何？若佛出世,若不出世,安住法性、法住、法界。"[1] 释迦牟尼佛悟出宇宙人生的"真实"之理,缘起法是世间万象的真谛,法界常住,但佛法应机设教,开展各种随缘而变的方便,方便可以分为"正方便"与"异方便",佛教音乐通常属于"异方便",也就是特殊的方便及殊胜的方便。音乐容易引起贪欲心,要成为"异方便"必须是有条件的,原始佛教时代,佛陀呵责伎乐歌舞的种种过失,《十诵律》卷37谈道:

  佛语诸比丘："从今不应歌。歌者,突吉罗。歌有五过失：自心贪着,令他起贪着,独处多起觉观,常为贪欲覆心……诸年少比丘闻亦随学,随学已常起贪欲心便反戒。"[2]

比丘若歌,则犯了突吉罗罪,从这点来说,佛陀是主张"非乐"的。其实在原始佛教时代,佛陀是有条件的同意佛教音乐的。"梵呗"为梵语 pāthaka（呗匿）音译之略,如果梵呗可以为修行者带来"身体不疲、不忘所忆"等众多利益,在有助于修行的前提下,佛陀还是许可赞叹三宝功德的梵呗音乐,如《十诵律》中称赞跋提比丘"声好",成为诸比丘中梵呗第一：

  有比丘名跋提,于呗中第一,是比丘声好,白佛言："世尊！愿听我作声呗。"佛言："听汝作声呗。呗有五利益：身体不疲、不忘所忆、心不疲劳、声音不坏、语言易解。复有五利：身不疲极、不忘所忆、心不懈倦、声音不坏、诸天闻呗声心则欢喜。"[3]

---

[1] （唐）玄奘译：《瑜伽师地论》卷10,《大正藏》第30册,第327页。
[2] （后秦）弗若多罗共罗什译：《十诵律》卷37,《大正藏》第23册,第269页。
[3] 《十诵律》卷37,第269页。

随着大乘佛法的开展，造佛舍利塔、造佛雕像、彩画佛像、歌赞佛功德、以音乐供养佛塔与佛像等等，都是成佛的异方便了，故《妙法莲华经》说："更以异方便，助显第一义。"① 佛教音乐的"方便"应该助显第一义的"真实"，令众生从方便而至究竟。《维摩诘所说经》说："智度菩萨母，方便以为父，一切众导师，无不由是生。"② 由此来看，方便与智慧对于成佛来说，都是一样重要的。

《瑜伽师地论》中说："诸菩萨于五明处善修'方便'。"③ 五明处正是菩萨修学"方便"法之处，这里的"明"有学问、学科的意思，五明就是五门学科，概括了工巧明、声明、医方明、因明和内明，佛教音乐可以视为佛教五明中的"声明"，也通于"工巧明"。工巧明与声明是大乘佛弟子应该修学的五明之二。谈到声明，是指与文字学，音韵学，文法学有关的学问，其中的音韵学可通于佛教音乐。谈到工巧明，可分为二，即：（一）身工巧，凡细工、书画、舞蹈、刻镂等艺能皆是。（二）语工巧，指文词赞咏、吟唱等艺能，凡是写诗造辞赞咏，作曲填词吟唱，都属这一类的语工巧，佛教音乐可属于语工巧的范畴。

佛教音乐至少可以区分为"修行佛事类"与"弘传流行类"两大类，这两大分类并不完全是截然二分，④ 本文取其偏重的面向。

二、"修行佛事类"的佛教音乐

"修行佛事类"的佛教音乐主要是指梵呗，常见于中国佛教早晚课中的赞偈，赞偈发展历史可以追溯到《增壹阿含经》的记载："能造偈颂，叹如来德，鹏耆舍比丘是。言论辩了而无疑滞，亦是鹏耆舍比丘。"⑤ 鹏耆舍比丘常以诗偈赞叹佛陀及其弟子，是最早的佛教诗歌之一。《大般若波罗蜜多经般若理趣分述赞》中云："娑婆世界以音声为佛事。"⑥《五灯会元》也说："娑婆世界以音声为佛事。"⑦ 不少佛教经典一再描述音声佛事是娑婆世界的佛教特色，特别适合众生的根基，就如同《大方广佛华严经》所言："以音声作佛事，为成熟众生故。"⑧《四

---

① （姚秦）鸠摩罗什译：《妙法莲华经》卷1，《大正藏》第9册，第262页。
② 鸠摩罗什译：《维摩诘所说经》卷2，《大正藏》第14册，第549页。
③ 玄奘译：《瑜伽师地论》卷72，第696页。
④ 例如：不少修行佛事类的佛教音乐，具有弘传流行的通俗悦耳效果；反之，不少弘传流行类的佛教音乐也具有修行佛事类庄严摄心的效果。
⑤ [印]僧伽提婆译：《增壹阿含经》卷3，《大正藏》第2册，第557页。
⑥ （唐）窥基撰：《大般若波罗蜜多经般若理趣分述赞》卷1，收于《大正藏》第33册，第28页。
⑦ （宋）普济集：《五灯会元》卷12，《卍新纂续藏经》，第80册，第225页。
⑧ （唐）实叉难陀译：《大方广佛华严经》卷41，收于《大正藏》第10册，第218页。

分律行事钞》卷1引《出要律仪》云："如此郁鞞国语。翻为止断也。又云止息。由是外缘已止已断。尔时寂静任为法事也。"① 这说明了梵呗能让修行人止断外缘，达到静心的境界，具有定学特质，修行人可以藉梵呗音声静定身心，做到身体端肃、口出清音、意随文观，通过梵呗音声的歌颂、赞叹，使人体悟到三宝真实功德，了解苦、空、无常、无我的道理，进而坚定菩提心，因此梵呗是佛门修行功课的一部分。

释迦牟尼佛入涅槃之后，佛经的结集及流传都十分重视"口传"，在口传的过程中形成的音乐性朗诵及唱诵方式可谓是佛教早期的梵呗形式，同时也是一种修行。鸠摩罗什说：

> 天竺国俗，甚重文制，其宫商体韵，以入弦为善，凡觐国王，必有赞德，见佛之仪，以歌叹为贵，经中偈颂，皆其式也。但改梵为秦，失其藻蔚，虽得大意，殊隔文体，有似嚼饭与人，非徒失味，乃令呕哕也。②

天竺是中国古代对印度的称谓之一，佛事与佛经皆融入了音乐，并形成印度佛教传统。印度佛经的用字遣词很重视"宫商体韵"，并且"以入弦为善"，但是古代汉文却很难找到相应的翻译方式，所以印度佛教传来中国的初期，虽然有经典的翻译，却无梵呗的传授，慧皎的《高僧传》云：

> 自大教东流，乃译文者众，而传声盖寡，良由梵音重复，汉语单奇。若用梵音以咏汉语，则声繁而偈迫；若用汉曲以咏梵文，则韵短而辞长。是故金言有译，梵响无授。始有魏陈思王曹植，深爱声律，属意经音。既通般遮之瑞响，又感鱼山之神制。于是删治《瑞应本起》，以为学者之宗。传声则三千有余，在契则四十有二。③

梵语是印欧语系最古老的语言之一，梵语在文法及音韵结构上与汉语有着极大差异，使得印度的"梵呗"很难被中国佛教所继承及传承，因此在佛法的传播方面产生了"金言有译，梵响无授"的现象，使得梵呗的中国本土化成为势在必行的一条道路，根据《佛祖统纪》等诸多佛教文献记载，中国本土化梵呗是陈思王曹植所创造，因此被称为"中国佛教梵呗之祖"。陈思王曹植擅长于诗歌、乐曲，曹植于太和三年被封为东阿王，《佛祖统纪》云："陈思王曹植每读佛经。

---

① （唐）道宣撰：《四分律删繁补阙行事钞》，《大正藏》第40册，第36页。
② （南朝梁）慧皎撰：《高僧传》卷2，《大正藏》第50册，第332页。
③ 慧皎撰：《高僧传》卷13，第415页。

辄留连嗟翫以为至道之宗极。甞游渔山闻空中梵天之响。乃摹其声节写为梵呗。"①曹植将《太子瑞应本起经》改编谱曲，创制了中国所独有的梵呗唱法，后人因曲调产生于鱼山，故称之为"鱼山梵呗"，后来鱼山呗流传整个中华神州大地，唐代时，更流传到了日本和朝鲜。

道安法师创始"法集三科"，"安既德为物宗学兼三藏，所制僧尼轨范佛法宪章，条为三例。一曰行香定座上讲经上讲之法，二曰常日六时行道饮食唱时法，三曰布萨差使悔过等法。天下寺舍，遂则而从之。"②三科仪轨均有梵呗唱诵，中国各地寺舍也遵循此法集三科。萧子良请高僧造经呗新声，确定"哀婉"为南方梵呗主要风格，形成了经呗新声。梁武帝创立了《梁皇宝忏》《盂兰盆会》等重要佛教梵呗唱仪，将梵呗唱颂应用于法会忏仪中，为中国佛教音声佛事的兴盛打下基础，因此历代的《高僧传》当中，几乎皆立有"诵经"或"呗唱"一科。善导擅长讲唱佛法，著有"转经行道法事赞""往生礼赞""般舟赞"等，成为四众善信演唱的通俗诗赞，兼具有修行及化俗之成效。

义净的《南海寄归内法传》认为学习赞呗有许多修行功德："一能知佛德之深远，二体制文之次第，三令舌根清净，四得胸藏开通，五则处众不惶，六乃长命无病。"③梵音微妙，宣畅最上无上正法，令人乐闻。唐代莲宗四祖法照大师以《无量寿经》上的"清风时发，出五音声。微妙宫商，自然相和"之经文，分念佛调音为五番，成为著名的五会念佛，其所述的《净土五会念佛略法事仪赞》卷1谈道："第一，会时平声入；第二，极妙演清音；第三，盘旋如奏乐；第四，要期用力吟；第五，高声唯速念。"④五会念佛的清净梵音使修行者厌离娑婆欣慕极乐之心恳切，可谓是佛教音乐与修行结合的极佳案例。在中国传统佛教里，梵呗几乎是中国僧伽日常生活中的一部分，在寺院道场里，除了早、晚五堂功课，举凡开讲经大座、打七、节日法会、信徒应酬、修忏用功、半月诵戒等等，几乎都用得到梵呗，太虚大师称赞人间梵呗之音的"神力"，令人俗念顿消，令诗人歌咏出绝妙之诗词：

中国古时虽有极好之音乐，但佛教来中国后，更有新调参入，使中国之旧调，百尺竿头再进一步，亦有特别之发展。如"鱼山梵呗"，是摹佛教中极好之梵音。又如寺院中之磬椎鼓等，皆是与僧众起居相应之

---

① （南宋）志磐撰：《佛祖统纪》卷35，《大正藏》第49册，第331页。
② 慧皎撰：《高僧传》卷5，《大正藏》第50册，第353页。
③ （南宋）义净撰：《南海寄归内法传》卷4，《大正藏》第54册，第227页。
④ （南宋）法照述：《净土五会念佛略法事仪赞》卷1，《大正藏》第47册，第477页。

礼乐，使人闻之，俗念顿消。故中国之诗人，喜闻寺中之晨钟、暮鼓，而歌咏出绝妙之诗词，此亦可见佛教音乐神力之大也！①

在曹植以后的一千多年的梵呗，以寺院为传统佛教音乐的保存与发扬中心，以佛教僧侣为主要传承人，所以纯正的梵呗得以保存下来，在传承中有丰富变化。现实人间的梵呗追求清净梵音的理想境界，若以境界层次来分，梵音基本上可以区分为两类：

第一类是"超人间之音"，是指超越人间的神圣清净声音，没有世俗声音的爱染，例如：佛三十二相中的第二十八相即为"梵声相"，据《大智度论》所言："梵声相：如梵天王五种声从口出：其一深如雷；二清彻远闻，闻者悦乐；三入心敬爱；四谛了易解；五听者无厌。"②佛的音声是清净微妙之音声，如大梵天王所出之声，具有这五种清净功德力，所以梵音除了可以是指梵呗的音声佛事之音，也可以是指佛陀之音或大梵天王之音，但并不是一般凡人可以听闻得到的，太虚在《评无乐器之音乐》一文中谈道：

> 经说：佛之圆音，无有边际，目犍连尝以神足飞行，至若干世界之外，犹闻佛音平等无减；可知凡物皆动，动皆有音，一音众音皆展转无尽，唯佛之闻觉，无不圆闻。是故佛音皆是圆音，各人各为"异熟耳根识"所限，只在大小、高低、远近之一定范围内能闻音，出范围外，以不能闻，遂谓其音已消灭！③

第二类是"人间之音"，是佛教在人间的清净之声音，主要是指梵呗，梵呗虽然比不上佛菩萨的梵音，但仍然能追求超越人间的神圣清净声音品质。《长阿含经》曰："时梵童子告忉利天曰：其有音声，五种清净，乃名梵声。何等五？一者其音正直，二者其音和雅，三者其音清彻，四者其音深满，五者其音周遍远闻。具此五者，乃名梵音。"④人间梵呗唱诵也应追求正直、和雅、清彻、深满、周遍远闻等五种性质，力求舒缓、收敛、凝摄和深沉。

---

① 太虚：《佛教对于中国文化之影响》，《太虚大师全书》，第20册，台北善导寺佛经流通处，1980年，第94页。
② [印]龙树造，鸠摩罗什译：《大智度论》卷4，《大正藏》第25册，第91页。
③ 太虚：《评无乐器之音乐》，《太虚大师全书》，第25册，第403页。
④ [罽宾]佛陀耶舍译：《长阿含经》卷5，《大正藏》第1册，第35页。

三、"弘传流行类"的佛教音乐

佛经与音乐结合形成了印度佛教的传统特色及习俗之一,并成为通俗教化的曲目。印度孔雀王朝阿育王,曾以用铜锣、皮鼓、横笛、螺贝、弓形竖琴等作为乐器,来推广佛教音乐,教化百姓;印度佛教音乐最有名例子之一,就是马鸣菩萨在华氏城所做的《赖咤啝罗伎》,在《付法藏因缘传》记载马鸣菩萨"作妙伎乐,名赖咤啝罗。其音清雅哀婉调畅,宣说苦空无我之法。……令作乐者演畅斯音。时诸伎人,不能解了曲调音节,皆悉乖错。尔时,马鸣着白氎衣,入众伎中,自击钟鼓,调和琴瑟,音节哀雅,曲调成就。"① 马鸣菩萨不但能填词、作曲,还能亲自去演奏,而且"在高度的文学修养中,充满了归依的虔诚,为法的热忱。融合了宗教的严肃与文艺的兴味,鼓舞千千万万民众的内心,向上向解脱,而成为佛化的新人。"② 菩萨严土熟生的志业,也是需要求得"好声音"以教化众生,《大智度论》云:"是菩萨欲净佛土故,求好音声,欲使国土中众生闻好音声,其心柔软,心柔软故,易可受化。是故以音声因缘而供养佛。"③

"弘传流行类"的佛教音乐在中国也有长久历史发展,像是东晋慧远大师在江西庐山创造新的佛教音乐制度,即"唱导",唱导用于宣讲佛经。梁武帝萧衍积极倡导佛教音乐,成立了演唱佛曲的少年乐伎组织"法乐童子伎"。"唱导"到了唐代演变为"俗讲",开创了中国佛教音乐民歌化的风气,唐人赵璘《因话录》记载:"愚夫冶妇,乐闻其说,听者填咽寺舍,瞻礼崇奉,呼为和尚,教坊效其声调以为歌曲。"④ 文淑法师的讲唱声调被效仿为流行民歌,《资治通鉴》记载唐敬宗"上幸兴福寺,观沙门文淑俗讲"⑤。《太平广记》卷204引《卢氏杂说》:"文宗善吹小管。时法师文淑为入内大德,一日得罪流之。弟子入内,收拾院中籍入家具辈,犹作法师讲声。上采其声为曲子,号《文淑子》"。⑥ 可见唐敬宗、唐文宗是相当喜爱文淑法师的讲唱声调,佛教音乐感人的力量上至天子下及愚民,实在不容小觑。到了宋代及元代的时期,佛教音乐影响了中国文学及音乐的发展,例如:词牌中的《菩萨蛮》、曲牌中的《双调五供养》等。到了明代,明成祖便

---

① (北魏)吉迦夜共昙曜译:《付法藏因缘传》卷5,《大正藏》第50册,第315页。
② 印顺:《说一切有部为主的论书与论师之研究》,第337页。
③ 龙树造,鸠摩罗什译:《大智度论》卷93,第710页。
④ (唐)赵璘:《因话录》,上海古籍出版社,1957年,第94页。
⑤ (北宋)司马光:《资治通鉴》,中华书局,1995年,第7851页。
⑥ (宋)李昉:《太平广记》卷204。

于永乐十五年颁布御制《诸佛世尊如来、菩萨、尊者名称歌曲》，而其中亦有不少当时流行的南北民间曲调在内。到了清代，佛教音乐持续与民间融合，进而走向衰微。

到了20世纪，最有名的佛教歌曲当属由弘一作曲、太虚作词的《三宝歌》。两位大师均为民国时期中国佛教的高僧，一位是持戒第一人，一位则是人生佛教的先行者，两人共同创作的《三宝歌》一直被后人传为美谈，《三宝歌》的词曲皆是一流水平的作品，太虚具有深度的现代白话歌词，加上弘一大师融入西洋音乐的元素，使得《三宝歌》具有现代感与流行感，雅俗共赏。当代"弘传流行类"佛教音乐的崛起，与当代人生佛教、人间佛教的入世情怀也不无关系！佛光山星云大师说："在课诵本上，有很多可以歌唱的佛赞和偈颂。在寺院中，放着很多铛铃鼓的乐器。可是，遗憾的也就在此，因为佛教从此把音乐用来作为自己的修行，而在向外宣传的时候，忽视了音乐。"[①] 随着时代演进，佛教音乐"化俗"的理想，也逐渐面临"俗化"的更大挑战了，入世度众生本是大乘菩萨的本怀，在"化俗"与"俗化"之间，关键还是在于把握"方便"与"真实"的中道。当今佛教音乐若真能"化俗"，自然是"方便为门"的无比殊胜，但古德"方便出下流"的警语言犹在耳，不可不慎。

四、佛教音乐的方便趋向真实

从正面来看，佛教音乐可以使人陶冶性情，修身养性，发挥弘法利生的功能，引导众生生起对佛法的正信，成为使信增上的方便；从反面来看，音乐往往是感官的满足，容易使人追逐欲望，佛教音乐终究也算是音乐的范畴，难免悦耳之贪爱，所以佛教音乐应取音乐之长，避音乐之短。龙树说："诸佛依二谛，为众生说法"，依于俗谛的佛教音乐，终究要引领众生趋向第一义谛，由方便而趣入究竟真实。以"慈悲为本，方便为门"，佛教音乐偏重于"契机"的层面，但也要求"契理"的真实，佛教音乐至少应该相应以下两种真实：

（一）法的真实

《金刚经》说："若以色见我．以音声求我．是人行邪道．不能见如来"，音声之相终究是虚妄，应知"诸相非相"才是诸法的真实，印顺说：

> 要知色、声、香、味、触、法，都如幻如化，没有真实的自性可得。

[①] 星云：《佛教圣歌集》，台北：佛光出版社，1970年，序页。

如取执色等有相可得，这即是三毒的根源，从此起贪、起瞋、起痴，即会幻起种种的苦痛和罪恶。所以，应不住（着相）一切法，不住而住的住于空性，于无可住的法性而生净心。①

佛教音乐可说是"声相"，如幻如化，应不住而住的住于空性，能相应于空性的佛教音乐，才是较为严格意义的"声教"，金刚经说："应无所住，而生其心。"佛教音乐应帮助众生升起清净心，太虚大师说："佛法之文艺美，乃出于佛智相应之最清净法界等流者，应从佛教之文艺流，而探索其源，勿逐流而忘源，方合于佛法表现诸美之宗旨。"②佛法的文艺美，应该以佛智为前导，以佛智为源头，才能流淌处真正的佛教文艺流，太虚说：

  色声等即为识心之所显境，境含现量、比量一切所知事义，将所显为能显，故唯以"识"为体。或曰：穷究其本，诸识分别及所分别，皆以无分别之"现量实相"为依，故皆应以现实——真如——为体。③

佛教音乐的声音为识心之所显境，其呈现的诸种分别终究以无分别之"现量实相"为依，以令众生契入诸法实相为目标。清净梵音以真实为依，令人生起清净心，呈现出庄严的音乐品质，令听者生起敬畏之心，具有精神上的崇高，而佛曲的演唱者对歌曲的赞叹应有深刻的了解与体会，务求真实，才能感动听众，使众生听闻后，趋向于皈依三宝，净化内心，印顺说：

  譬如赞佛的功德，就要深刻地知道佛是怎样的伟大、尊贵、慈悲，而后才能将佛的境界完整地表达。如说人生是无常的，有种种的悲哀，那么对于生、老、病、死的变易苦，乃至现前的种种境象，是怎么虚幻？都要有亲切的体会，始能引发旁人对无常生起有同样的感觉。再说赞叹净土，当然对极乐世界，是如何的微妙，如何的快乐，自己一定要去，像非去不可。歌唱要具备这种心境，使听众生起共鸣、同情。④

佛教音乐要能赞叹三宝功德以及表达佛法的真理，能相应于经典所说的"苦、空、无常、无我"的真实佛法，如同《佛说观无量寿佛经》所说："无量乐器，

---

① 印顺：《般若经讲记》，第69页。
② 太虚：《佛法与美》，《太虚大师全书》第23册，第1510页。
③ 太虚：《真现实论宗依论》（上），《太虚大师全书》第18册，第98页。
④ 印顺：《佛法是救世之光》，第396页。

以为庄严，八种清风从光明出，鼓此乐器，演说苦、空、无常、无我之音。"①众生的根机千差万别，并不一定都适合"第一义悉檀"的真实法门，结合音声的异方便法门，大多属于"为人生善悉檀"，能方便接引众生，以有为法的音乐，来助显无为法的真实道理，菩萨道的精神就在这音乐里开展出来。

楼宇烈先生站在"由艺臻道、以道统艺"的立场说："文艺应当用以'正情'，而非让人'动情'，因为文艺对人的引导作用比干涩的理论更有成效，也更加深入。"②中国古人认为音乐应该是"正情"的，而不是"动情"的，而"正情"与"动情"的差别就在于是否有"道"，所以离开了"道"，音乐就失去核心灵魂。同理，佛教也使用"道"的字词来称呼正法，例如八正道，佛教音乐不应离正见，不同于世俗感官俗情，故可称为"正情"的音乐。《隋书·音乐志》记载梁武帝萧衍制"正乐"。③《宋高僧传》谓："一言蔽之，但有感动龙神能生物善者，为读诵之'正音'也。"④如同八正道的"正"字表明修行以正见为导，佛教音乐称为"正乐"与"正音"，其"正"字应是来自"法的真实"，来自正见的觉性。

庄严梵呗可以启发修道人的真诚道心，高僧慧皎法师在《高僧传·经师篇》提出唱诵"声文两得"的要求："但转读之为懿，贵在声文两得。若唯声而不文，则道心无以得生；若唯文而不声，则俗情无以得入。"⑤声音的庄严悦耳，固然是梵呗的必要条件，但经文内容是正法所依处，令人聆听佛语而开襟，"声文两得"是传统梵呗的准则与特色。梵呗不离经文，在"依言待言"的音声中，逐渐体悟"绝言离言"的解脱境界，发起宏大誓愿与道心。《荀子·乐论篇》主张："乐者，乐也。君子乐得其道，小人乐得其欲。以道制欲，则乐而不乱；以欲忘道，则惑而不乐。"⑥君子的音"乐"之"乐"，来自"道"，而小人的音"乐"之"乐"，却来自"欲"，关键在于君子深得"以道制欲"的道理，体会"乐而不乱"的快乐安定。同理，佛教音乐的精神也是"以道制欲"，与中国音乐精神相通，更确切说是"修道离欲"，彰显佛法中道，体会离欲清净的境界。

净土宗是非常善用异方便的佛教宗派。例如明代僧人智达编写的昆曲传统剧目《归元镜》直接以"异方便"作为剧目名称的一部分，剧本里写道："吾今曲

---

① （刘宋）畺良耶舍译：《佛说观无量寿佛经》，《大正藏》第12册，第342页。
② 楼宇烈：《中国文化中的道与艺：由艺臻道以道统艺》，收于《学术交流》2014年10月，第46页。
③ 《隋书·音乐志》云："制《善哉》《大乐》《大欢》《天道》《仙道》《神王》《龙王》《灭过恶》《除爱水》《断苦轮》等十篇，名为正乐。"
④ （宋）赞宁等撰：《宋高僧传》卷25，《大正藏》第50册，第872页。
⑤ 慧皎撰：《高僧传》卷13，第415页。
⑥ 《荀子乐论篇浅解》，《音乐研究》1958年第3期，第57页。

而典之。正是先以欲钩牵。次令入佛智。方便中之巧施也。"① 剧本明确表达出以方便法入佛智的思想，而剧目名称的"实录"二字，既是强调净土宗祖师存在的历史事实，也蕴含净土宗的佛法真实义。全剧内容以东晋庐山慧远大师、五代永明延寿禅师、明代莲池大师三位净土宗高僧的身世故事为核心。剧中的对白也反映了该戏曲的"化俗"立场，主张戏曲可听可观，但是"切莫随情逐妄。笑谑壶觞。恣作欢娱柄。"② 又说："假使以出世间正法。化导有情。观亦何害。"③不但戏如人生，人生亦如戏，修行人应灭戏论得解脱，故曰："役役浮生，都是一场戏局。若能感悟，即戏成真。"④ 全书剧本共四十二分，理念源于《华严经》四十二字母，可见智达在戏曲中不忘华严境界的真实义。

（二）情的真实

《贤愚经》记载了佛教音乐的摄众力量。佛陀时代的呗比丘吟诵梵呗的声音拥有极大的穿透力，可以感动人心，波斯匿王率领大军征讨鸯伽摩罗时，路经祇洹精舍，适逢呗比丘歌咏梵呗，军马军象皆被摄受而停止不前，顿时波斯匿王也被梵呗声抚平杀气，一场战祸竟被庄严优美的梵呗声给消弭了。呗比丘又谓之"铃声比丘""妙声尊者"，波斯匿王称呗比丘声音是"清妙和畅""其音深远声彻乃尔"⑤。呗比丘的梵呗声具有真挚而清净的情感穿透力，正是佛教音乐所需的真实情感，呗比丘的声音比起对波斯匿王说一堆大道理更加有用。

南朝的竟陵王萧子良确立"哀婉"为梵呗风格之后，庄严哀婉之声逐渐成了中国梵呗的特色，例如常州天宁禅寺至今还保持哀婉沉稳的传统，庄严哀婉之声使得修行人对自身罪障的忏悔、对众生慈悲心的真实情感油然而生，进而感发内在的觉性。在佛号的唱诵方面，同样可以听到庄严哀婉之声，例如法照大师的"净土五会赞"云："第一会时除乱意，第二高声遍有缘，第三响扬能哀雅，第四和鸣真可怜，第五震动天魔散，能令念者入深禅。"⑥ 其中的"第三响扬能哀雅，第四和鸣真可怜。"可谓相通于哀婉之声。《佛说无量寿经》里，佛告阿难：

> 世间帝王有百千音乐，自转轮圣王乃至第六天上，伎乐音声，展转

---

① （明）释智达：《异方便净土传灯归元镜三祖实录》，《大藏经补编》第18册，第291页。
② 释智达：《异方便净土传灯归元镜三祖实录》，第291页。
③ 释智达：《异方便净土传灯归元镜三祖实录》，第291页。
④ 释智达：《异方便净土传灯归元镜三祖实录》，第291页。
⑤ （明）慧觉等译：《贤愚经》卷11，《大正藏》第14册，第424页。
⑥ （唐）法照撰：《净土五会念佛诵经观行代卷中·下》卷3，《大正藏》第85册，第1257页。

相胜千亿万倍。第六天上万种乐音，不如无量寿国诸七宝树一种音声千亿倍也！亦有自然万种伎乐。又其乐声无非法音。清、畅、哀、亮、微、妙、和、雅，十方世界音声之中最为第一。①

因此中国梵呗之音也追求 "清、畅、哀、亮、微、妙、和、雅"的极乐世界梵音品质，因为这八种音质可是十方世界音声之中最为第一，其中的"哀"的梵音品质也相通于哀婉之声。其实在印度佛教时期，印度祖师已有追求"哀婉"的声音美学品质的先例，例如印顺法师赞叹马鸣菩萨的《嚫吒啝罗伎》能"应用音乐的哀婉，以激发人生的厌离情绪。"② 在净土宗流传甚广的《思乡佛号》六字洪名，音调优雅、哀切而舒缓，形成感人至深的独特宗教氛围，以"思乡"为名，令人想到印光大师的偈语："应当发愿愿往生，客路溪山任彼恋。自是不归归便得，故乡风月有谁争。"③

"弘传流行类"的佛教音乐，偏重于信仰上及弘法上的真实情感，具有信仰的真诚与弘法的热忱，此类音乐的通俗化成分较高，但在追求"情的真实"的同时也不应离开"法的真实"，例如佛教流行的《三宝歌》就是一个很好的典范，如今已有交响乐、合唱团或童声等各种版本了，走出传统梵呗的音乐形式，令人耳目一新。而陈建名作词、王建勋作曲的一首《燃灯之歌》，在各国的佛教冬夏令营、禅修营、传灯法会广为传唱。《燃灯之歌》激起真实深切的情感，让无数的人在营队与法会中欢喜与感动。众生具有"知、意、情"三种心理特质，追求"真、善、美"的三种境界，佛教音乐善用有情众生的"情"感特性，提升"美"满人生境界。佛教音乐的"美"应不离"真"，与觉性相应，能以"智"导"情"，故不同于世俗音乐。传统"修行佛事类"的佛教音乐是以出家人为中心加以传承下来，到了现代"弘传流行类"的佛教音乐逐渐转变为以在家人为中心，创作不少新曲，出家人的比重相对减少。"弘传流行类"的佛教音乐更加强调信仰上的欢喜与感动，《大智度论》卷1中"序品"记载世尊说："我今开甘露味门，若有信者得欢喜。"④

《礼记·乐记》写道："是故情深而文明，气盛而化神，和顺积中而英华发外，唯乐不可以为伪。"中国佛教音乐重视真实而不虚伪的内在信仰情感，继承了"唯乐不可以为伪"的传统音乐命题。不同于传统佛教音乐偏重于修行解脱的出世信仰，当代入世的佛教音乐，更偏向"先以欲钩牵，后令入佛智"的动机，适悦众

---

① （三国）康僧铠译：《佛说无量寿经》卷1，《大正藏》第12册，第271页。
② 印顺：《说一切有部为主的论书与论师之研究》，第337页。
③ 印光：《思归集发刊序》，《印光法师文钞三编》卷三。
④ 鸠摩罗什译：《大智度论》卷1，第63页。

生心意，有些音乐甚至是学佛心情的抒发，较为抒情。"情"感上的美满，是"有情"众生的特性之一，当代佛教音乐在知、意、情三种心理特质里，更加发挥"情"的接引，将众生深心所欲系念于追求正法实相，上求佛道，下化众生。

般若智慧是究竟真实，《维摩诘所说经》曰："无方便慧缚，有方便慧解；无慧方便缚，有慧方便解。"①方便仍然要以般若的真实为前导，才能成就善巧的异方便，方便与般若两者相辅相成，才能成就不可思议解脱法门，《大智度论》说："般若及方便。般若波罗蜜能灭诸邪见、烦恼、戏论，将至毕竟空中。方便将出毕竟空。"②这是佛教音乐应具有的弘法本质。佛教音乐若不能与佛法的"真实"相应，或变质了，出现"方便出下流"的弊端时，修行者也要有"正直舍方便，但说无上道"③的担当与决心。

五、结 论

佛教音乐是佛教修行中的方便，佛法的传播既要"契理"，也讲究"契机"，佛教音乐更多是偏重于"契机"的层面，佛教音乐主要是指由梵呗发展而来的音乐，通于菩萨五明学中的声明，广义来说，也包括当代人创作的新类型佛曲。

"修行佛事类"的梵呗唱诵，在寺院的香烟缭绕之中，听者往往能被这种超然出世的唱诵所感动，世间百般音乐，唯此清明之声，声声直叩心门，努力唤醒众生那无明的清梦，让人身心感受到清净与寂静。一千多年来的中国佛教梵呗发展，是以佛教寺院为传统音乐的保存与发扬中心，并以佛教僧侣为主要传承人。"弘传流行类"的佛教音乐，洋溢着弘法的热情，把佛法亲近地带入民间，不同于"修行佛事类"的佛教音乐所呈现的宗教神圣性，"弘传流行类"的佛教音乐呈现出入世悦听性，在家居士逐渐呈现更大的影响力。

佛教音乐具有"法的真实"与"情的真实"两种真实，佛法以"慈悲为本，方便为门"结合了音乐，佛教音乐成了适应"信增上"众生的方便，"方便而至究竟"应是佛教音乐的基本精神，而"正直舍方便，但说无上道"的担当与决心也同样重要。《法华经》云："或以欢喜心，歌呗颂佛德，乃至一小音，皆已成佛道！"④愿一小音的佛教音乐，也能引导信众迈向菩萨道的深义大行，开启圆满成佛的真实之路。

---

① 鸠摩罗什译：《维摩诘所说经》卷2，《大正藏》第14册，第545页。
② 鸠摩罗什译：《大智度论》卷71，第556页。
③ 鸠摩罗什译：《妙法莲华经》卷1，第10页。
④ 鸠摩罗什译：《妙法莲华经》卷1，第9页。

梵音海潮音，胜彼世间音

——在赵朴初重视与支持下的新中国佛教音乐建设

安徽省赵朴初研究会　余世磊

著名佛学家、社会活动家、爱国宗教领袖、民进党成员赵朴初以其卓越的智慧和知见，高度重视和支持佛教文化建设，积极推动对佛教音乐艺术的整理和弘扬，对中国佛教音乐传承与发展做出了极大的贡献。

一、赵朴初精通音律，对梵呗具有一定的研究

赵朴初（1907-2000），安徽省太湖县人，出生于一个世代簪缨之家，祖上"四代翰林"，父母文学修养极高，很小就沉浸于音律的乐土。在东吴大学读书时，他的课余爱好就是去听昆曲。他一生喜欢中国传统音乐，会吟唱古诗词曲，现在还保留了若干他生前吟唱古曲的视频。赵朴初对"曲"这一文艺形式具有较深的研究。在其著作《片石集》前言中，就有大篇幅的文字论述古曲的特点及其发展过程。他认为：

> "曲"也有其特殊的限制，那就是所谓"曲律"，有一些"律"甚至严过诗与词。首先，南曲与北曲（这是乐理上两个截然不同系统）的牌子，不能混用，混用了就如京韵大鼓中插入一段苏州评弹。同一南曲或北曲中的不同"宫调"（相当于现时乐谱中的ABC……等调）的牌子不能混用，混用了就如二簧中夹几句西皮（有所谓借宫，但非行家不办）。假如要求更高、更细一点的话，麻烦就更多了。例如在关键地方字音的升降急徐（即平仄）必须与唱腔的高低转折相适应，于是同一平声还要分"阴"与"阳"，同一仄声还要分"上"与"去"（北曲无入声），如此等等。[①]

[①] 赵朴初：《片石集》前言，人民文学出版社，1978年，第8页。

赵朴初喜欢写曲，充分利用曲"最能容纳那种嬉笑怒骂、痛快淋漓、泼辣尖锐的风格"，而创作了大量反映时代精神、抒发爱国情怀的曲子，其中最著名的有《某公三哭》。作为佛学专家的赵朴初，年轻时就开始研究佛教，熟谙佛教经典。从20世纪30年代开始，他参与佛教界的慈善工作，历经抗日战争、解放战争，新中国成立后，负责中国佛教事业，担负着大量的社会工作，难得有时间来做佛教学问。有人说，如果给赵朴初充沛的时间，其在佛学、国学、文学、书法等某一方面都可成为著述等身的大家，这话是不无道理。

佛教梵呗与曲牌关系密切，其中就含有大量的曲牌。赵朴初对此是有过研究的，会唱梵呗。其所著《佛教常识答问》，是一本普及性读物，其中就对梵呗表示关注：

> 再说音乐，公元二世纪时，中国已有梵呗的流行。七世纪初，在今缅甸境内的骠国赠送给中国佛曲十种，并派来乐工三十二人。中国唐代的音乐中吸收了天竺乐、龟慈乐、安国乐、骠国乐、林邑乐等来自佛教国家的音乐，唐代音乐至今还有少部分保存在某些佛教寺庙中。①

佛教音乐专家田青回忆听朴老唱梵呗的情景：

> 朴老自己也非常喜欢唱梵呗和吟唱古体诗词，可能因为我是搞音乐的，每次见到朴老又都谈的是佛教音乐的事。所以，几乎每次见到朴老，他都会在谈兴正高的时候自己唱起来。他不仅会唱所有佛门常用的梵呗，还会唱一些目前已很少人会唱的东西，比如《华严字母》等等。每逢这样的时候，我都会后悔地说："下次我一定带个录音机来"，可总是忘记。终于我有一次我专门带了一个数码录音机去看朴老，专门请他唱。我开始有点担心正式摆上录音机后让朴老为唱而唱会不会不自然，没想到，朴老就像一个训练有素的专业歌手，对着话筒开口便唱，一连唱了好几首，直到我担心他太劳累而劝他休息为止。②

二、新中国成立后，赵朴初对佛教文化的重视，带动了新中国佛教音乐的整理、传承工作

中国佛教发展到明代，开始呈衰败之态。而至近代，西方列强的侵略，外来

---

① 赵朴初：《佛教常识答问》，《赵朴初文集》，华文出版社，2007年，第672页。
② 田青：《梵呗声声永，哀思阵阵长》，《赵朴初纪念文集》，中国佛教协会，2001年，第294页。

文化地占据，社会的动荡不安，更使中国佛教进一步走向没落。以五台山为例，近代五台山佛教僧尼数量减少，其中还不乏有混入佛门谋生者，使其整体素质严重下滑。抗战后，日寇侵占五台山，奴役僧众，遂使僧人逃匿，佛教急遽败落，佛乐几近无响。据民国二十四年（1935）永安堂抄本《禅门五音歌曲（全部）》统计，时有曲谱79首，比清宣统年间调查使用的曲目数量少了，传统词曲牌也少了182首。

新中国成立后，赵朴初等人联合中国高僧大德，筹备成立中国佛教协会，实现了中国三大语系佛教的大团结，佛教教理、文化研究和保护受到重视，特别是对佛教文物的保护。赵朴初在中国佛协成立大会的工作报告中指出："汉藏经论的翻译和弘扬，与佛教文物的调查与保护，都是我们所应当致力的事业。"[①] 周叔迦居士在发言中，也特别指出："印度及西域的艺术，如雕刻、绘画、建筑和音乐等都经过佛教的媒介而对于我国固有的艺术做了很大的贡献。因此我国历代劳动人民结集了他们的智慧为佛教创造了许多极其可贵的艺术作品……我们佛教徒应当尽我们的责任，协助政府保护文物，何况我国的文物多半与佛教有关。"

中国佛教协会成立后，整合三时学会、菩提学会、金陵刻经处等佛教文化机构资源，积极开展佛教文化事业。1952年，佛教界公推赵朴初为三时学会董事长，周叔迦为董事兼总务主任，相继成立了总务组、研究室和编辑室。三时学会编译了许多书籍，如将法显《佛国记》和《大唐慈恩寺三藏法师传》译为英文，编印了《中国佛教画集》等，还委托中央新闻纪录电影制片摄制了《佛教在中国》的电影，全面展示包括梵呗在内的中国佛教文化。

以北京智化寺为代表的佛教梵呗得到中国佛协的关注。在赵朴初、巨赞的支持下，乐僧法广和古琴专家、中国音乐家协会副主席查阜西找到了擅长北京佛乐的乐僧18人，后法广法师又发现清代康熙三十三年（1694）永乾抄本古谱，引起了佛教界、音乐界众多学者的关注，潘怀素、查阜西、杨荫浏、杨大钧等先后撰文介绍和研究智化寺京音乐。1952年11月，中央音乐学院民族音乐研究所为智化寺乐僧录制了《清江引》《小华严》2曲。1953年春在查阜西的推荐下又录制了中堂曲《昼锦堂》《锦堂月》《山荆子》与套曲《料峭》等，使20世纪50年代智化寺乐僧们的实际演奏音响得以存留至今。1953年2月10日，在北京文联主席老舍主持的"燕乐晚会"上，查阜西第一次向文艺界介绍了智化寺京音乐的发掘过程与艺术特点，并演奏了3首智化寺京音乐乐曲。1954年在文艺界与宗教

---

① 赵朴初：《关于中国佛教协会发起经过和筹备工作报告》，《历届全国佛教代表会议文献汇编》，中国佛教协会编，金陵刻经处，2005年，第27页。

界的联合倡议下，当年成立了"北京音乐筹备会"，随即又成立了"北京智化寺京音乐研究会"。

我国的文艺事业也在新中国获得前所未有的生命力，文艺工作者积极整理包括佛教文艺在内的中国传统文艺。正是在这种氛围之下，佛教梵呗受到重视。音乐家亚欣，历任八路军三纵队火线剧社宣传员、120师战斗剧社乐队队、峨眉电影制片厂艺术室副主任等职。从20世纪40年代末至60年代，对山西五台山佛教音乐进行了初步的整理搜集工作，写成《寺院音乐》一书。

由于佛教文化工作千头万绪，佛教音乐在新中国成立后还未得到佛教界足够的重视。20世纪50年代末开始，智化寺京音乐研究活动没有继续开展下去。1980年，在中国佛协四届全国代表大会上，赵朴初当选会长，他在工作报告中再次重申今后中国佛教协会将对佛教文化工作的重视："佛教哲学、文学、音乐、绘画、雕塑、医药学、佛教所谓'五明'之学等，在中国文化领域中占有重要的位置，应当得到大力保护、继承、研究和发扬。"①

1982年12月，在中国佛教协会三十年成立大会上，赵朴初正式提出把人间佛教作为今后中国佛教发展的指导思想，提倡发扬三个传统：第一是农禅并重的传统，第二是注重学术研究的传统，第三是国际友好交流的传统，其中学术研究就是对佛教文化的建设。在1987年2月，中国佛教协会第五届全国代表会议上，赵朴初在工作报告中，结合当时的两个文明建设，提出佛教徒要爱国守法，拥护党和政府的领导，积极为社会主义物质文明和精神文明建设服务。赵朴初特别提到了佛教音乐的建设："佛教音乐的内容也很丰富，是我国古代音乐的一个组成部分。有一位著名的音乐家认为，佛教音乐具有'远、虚、淡、静'四个特点，达到了很高的意境……佛教文化遗产极其丰富，发掘、整理、研究这些遗产是社会主义文化建设的一个重要内容。"②

20世纪80年代初，说起佛教，有人动辄就斥之"佛教是迷信"，赵朴初有针对性地提出"佛教是文化"这一响亮的口号。赵朴初在许多场合反复强调"佛教是文化"，相继发表《佛教和中国文化》《关于佛教与社会主义精神文明建设的关系》《要研究佛教对中国文化的影响》《佛教与中国文化的关系》等文章、讲话。赵朴初不仅这么说，更是努力落实于行动，极力推动佛教文化建设，包括佛教梵呗的传承与发展。

---

① 赵朴初：《中国佛教协会第三届理事会工作报告》，《历届全国佛教代表会议文献汇编》，第180页。
② 赵朴初：《团结起来，发扬佛教优良传统，为庄严国土利乐有情作贡献——在中国佛教协会第五届全国代表会议上的报告》，《历届全国佛教代表会议文献汇编》，第326页。

三、20世纪80年代后期以来,在赵朴初的重视和支持下,佛教梵呗传承与发展取得巨大的成绩

在赵朴初的亲自过问下,中国佛教协会以中国佛教文化研究所为抓手,积极支持田青、袁静芳等佛教音乐专家,组织相关机构和梵呗艺术团,开展佛教梵呗的整理、研究和演唱,从而推动佛教梵呗的传承和发展。

(一)支持田青完成《中国音像大百科佛教音乐体系列》

田青,1948年生,著名音乐学家、非物质文化遗产保护专家。天津音乐学院作曲系毕业,后到中国艺术研究院随中国音乐泰斗杨荫浏读研究生,期间对佛教音乐产生兴趣,由王昆引荐给赵朴初。赵朴初让教务部王新支持他开展佛教音乐研究,所以从20世纪80年代开始,在赵朴初的指引帮助下,田青拜五台,谒峨眉,涉敦煌,觐西藏,造访了许多高僧大德,记录了数十盘梵呗及各种佛事活动音乐。一如田青所说:"当我单独一人蹒跚在深山古刹间的时候,当我和不论是大丛林的名僧还是乡村小庙的沙弥交谈的时候,我都强烈地感受到了朴老在中国佛教界无所不在的影响和崇高的威望。那时,十年浩劫刚刚结束,几乎全国所有寺庙的收归和恢复重建工作,都是靠他的关心才得以进行的。"[①]

1987年,上海音像公司准备出版《中国音像大百科·佛教音乐系列》,赵朴初亲自确定由田青担任主编,自己任顾问。从这一年开始,田青在多年田野工作的基础上,对《中国音像大百科·佛教音乐系列》的编采工作制定了详尽的计划,希望将中国佛教不同宗派、地区、传承的主要唱诵和法事音乐全部录制下来出版发行。第一期工作从1988年到1989年,录制并出版了《津沽梵音》《五台山佛乐》《潮州佛乐》。第二期工作从1992年至1998年,陆续出版了《天宁寺唱诵》《重庆罗汉寺焰口》《九华山水陆》《云南佛乐》《北京佛乐》《三湘佛乐》《三皈依》《喜马拉雅神韵》。田青等人用了前后共10年的时间,把中国大陆上最有代表性的佛教梵呗用专业设备录制了下来。当这套共11种30盒的传统佛教音乐磁带摆在赵朴初面前的时候,赵朴初高兴地对田青说:"功德无量,功德无量!"欣然题下了"中国佛乐宝典"六个大字,对这套音带的录音、出版给了很高的评价。

2000年5月19日,《中国佛乐宝典·佛教音乐系列》正式发行的新闻发布会在北京广化寺举行。赵朴初特派夫人陈邦织出席,陈邦织颇动感情地说:"田

---

① 田青:《梵呗声声长,哀思阵阵长》,第291页。

青同志做的事,是替朴老做的。"想不到的是,两天后,赵朴初永远离开了这个世界。

(二)完成了《汉传佛教常用唱诵规范谱本·朝暮课诵规范谱本》的整理、编辑和出版

1983年,赵朴初提议在中国佛教协会下设中国佛教文化研究所,经过4年的酝酿,于1987年4月21日在北京广济寺正式成立,由赵朴初任名誉所长,周绍良任所所长,邀请梁漱溟、启功、常任侠等著名学者为特约研究员。在成立大会上,赵朴初指出:"在新的历史时期,总结和继承中国佛教文化的精华,丰富社会主义文化的内容,重振中国佛学研究的国际地位,是今天摆在炎黄子孙面前的一项重要课题……"

佛教梵呗皆由师徒口口相传,无乐谱可依。而中国地方辽阔,方言众多,在口口相传中,难免出现节奏、音调的错误。制订规范谱本,对其进行准确的记谱,传之于后,对于佛教梵呗传承是首要大事。赵朴初希望中国佛教文化研究所能担起这个任务。

1990年6月,中国佛教文化研究所、中国民族音乐研究所在北京共同召开了一个佛教音乐的座谈会,就佛教音乐的渊源、流派、风格等各类问题进行了探讨。会议邀请了国内十几个佛教音乐团的工作者以及中国音乐学院、山西音乐舞蹈研究所等专业音乐工作者。会上,各佛乐团体介绍了各自整理乐谱,组织演奏的情况。与会者在观看鞍山千山佛乐团演奏的录相片后,还对南北两派佛乐的异同做了比较,部分专业工作者就乐谱的鉴别、记谱、整理、分类等具体业务问题进行了发言与探讨。与会者一致认为:佛教音乐吸收了群众喜闻乐见的形式,结合佛教仪式及吟诵经文的需要,形成了自己独特的音乐风格,它包含了我国历代音乐文化成果的部分精华,是传统文化宝库中一个重要组成部分。为了弘扬我国优秀的文化传统,对佛乐进行研究、整理是刻不容缓、很有意义的事。

为满足佛教信徒宗教信仰的需要,规范早晚课的仪轨和内容,早在1979年,在赵朴初指示下,上海市佛教协会经多方寻觅旧本,反复修订内容,编定《佛教念诵集》,由赵朴初题签,交中华印刷厂印刷。《佛教念诵集》初版2万册,成为各地寺院作为早晚课的规范用本。

但《佛教唱诵集》没有音乐,由于各地传承各异、方言有别,往往南腔北调,繁简、迟速、质文各随一方,以致每有外来僧人挂单或外地居士随喜佛事唱诵,随板行腔颇有困难。随着佛教事业的发展,不少年青僧人及居士团体、个人在学习唱念时,深感缺少一个既如法又当机的适合现代人视谱学唱的规范谱本。

1992年初，中国佛教文化研究所第二任所长吴立民在"全国汉语系佛教教育工作座谈会"上提出统一佛教常用唱诵曲谱的问题，并建议将《佛教唱诵课程》列为汉语系佛学院特别是初级佛学院的必修课。这一建议，得到与会代表的一致赞同，赵朴初给予积极支持。在赵朴初的关心下，由中国佛教文化研究所在全国范围内选聘了若干对佛教音乐有研究的佛教界、音乐界人士组成了《汉传佛教仪规唱诵规范谱本》编辑委员会，由赵朴初、周绍良、启功、吴立民、吕骥等担任名誉顾问，明旸、真禅、净慧、佛源、慧原、宏勋、巫白慧、王新、黄翔鹏、乔建中、王民基等担任顾问，田青担任主编，李家振、杨秀明、凌海成、胡耀、孙燊、钟光全、肖梅、林培安、张生録等担任编委。编委会成立后，决定先编辑《朝暮课诵规范谱本》。之后，编委们分别对北京、上海、天津、江苏、四川等地区著名寺院的朝暮课诵进行了录音、记谱和调查研究，并向精通唱诵的长老宿德请教。经数月的工作，在集中并比较研究了大量录音、乐谱和资料的基础上，根据佛教界的现状和诸多高僧大德的意见，决定以江浙一带通行的唱诵风格为基础，以近代丛林公认的江苏常州天宁寺的唱腔为底本，吸取其它各派唱腔之长，用现代世界通用的五线谱为正谱，并附简谱及佛教传统法器符号，编辑谱本交佛教界征求意见并试用。为此，编委会成员两下江南，谒普陀、拜九华，遍访沪、杭、苏、宁、浙、皖、闽等地的名僧古刹，行程数千里，录音数十小时。

1993年9月，编委会拿着整理好的规范谱本来到九华山佛学院，在那里进行了一个多月的训练，并录了音带。1995年，《朝暮课诵规范谱本》由中国佛教文化研究所编辑，开明文教音像出版社正式出版发行。

赵朴初对编这个规范谱本十分重视，经常和编委会田青、李家振、凌海成等人商谈这项工作。关于佛教音乐的基调，赵朴初多次说："我看，佛教音乐还是要吸取各地丛林唱腔，及日本、韩国、斯里兰卡等佛教诵念腔调，总之令人听起来有肃穆、安静之感。"

赵朴初很注意佛乐的溯源。1994年，季羡林教授曾请他参加一次会议，座上有位韩国比丘尼，深谙佛教唱诵，当场吟唱梵呗。赵朴初听后感到很有古印度梵乐韵味。问及出处，女尼称此腔系唐代传至韩国保留至今的。赵朴初深有感慨，事后即将此事告李家振，并嘱他们组织人学习研究这类佛乐音调，以寻求今后佛乐发展之途。对唱吟的声腔，赵朴初一再强调用"雷音"，即发自丹田之音。赵朴初常和李家振他们提及藏传佛教及日本佛教的唱念都是用雷音的，平和而深远，不像中国现在有些寺院的唱念那样扯着嗓子拔高音。

赵朴初很喜欢王安石的《三皈依》，因为是按《望江南》曲牌填词，总希望得到古谱。有一天，他看到田青的一篇文章中提到"保存在寺院中的《望江南》曲牌，有可能是唐代的原曲",他喜出望外,立即让田青他们是否可用现存寺内的曲牌将王安石的《三皈依》谱出来,唱唱看。田青特请天津歌舞剧院的女高音歌唱家演唱了《望江南·三皈依》并录了音,拿着录音带去医院放给病中的赵朴初听。赵朴初听后很高兴,与田青他们谈了许久,意犹未尽。那天,他还亲自唱诵了两段佛曲。虽然已是88岁高龄,竟完全用的是雷音,很富感染力。

中国佛教文化研究所成立后,赵朴初创办了《佛教文化》刊物。在赵朴初的具体指导下,由编辑李家振在《佛教文化》中开设了"梵呗清歌",介绍和研究佛教梵呗。

（三）支持袁静芳等对京音乐的研究、展演活动

袁静芳,1936年生,湖南岳阳县人,音乐学家、教授、博士生导师。"文革"后,欧洲民俗艺术协会想邀请一个中国比较古老的传统音乐品种到西方演出。有人来找袁静芳出主意,当时袁静芳想到两个音乐品种:一个是北方弦索十三套,一个就是智化寺京音乐。考虑到国外对中国宗教可能比较好奇,最好决定带京音乐去。

袁静芳来到中国佛教协会了解情况,才知道智化寺乐队的乐僧已凑不齐了。在赵朴初的重视下,在王国潼、凌海城等努力下,一些老乐僧被请回寺里。当时共找到8名,分别是明声、秀全、增远、兆禅、绪增、福广、学礼、本兴。其中增远和福广是智化寺第二十七代和第二十八代僧,一个吹笛,一个捧笙,加上吹管的绪增,成为主要演奏者。中央音乐学院也派出几位老师参加,使乐队得以组建。

为了发掘整理佛教音乐,由北京市佛教协会和中央音乐学院共同组建北京佛教音乐团于1986年3月30日在北京广化寺召开成立大会,音乐界、佛教界200多人参加。音乐团聘请北京佛教协会会长正果法师和中央音乐学院院长吴祖强为名誉顾问,北京市佛教协会副秘书长陈洁伟担任团长。赵朴初和十世班禅大师、吕骥等参加成立大会,并在会上发言,强调佛教音乐的发展同建设精神文明的关系。这天,北京佛教音乐团为观众演唱了《赞佛偈》,演奏了《垂丝钓》等。赵朴初亲自题写了团名。

1987年1月28日至2月27日,北京佛教音乐团由王国潼任团长,袁静芳任艺术指导,赴法国、瑞士、联邦德国的8个城市演出智化寺京音乐,获得圆满成功。1989年又再度赴欧洲演出,又引起极大反响。

"在巴黎,听众兴奋地说:'这才是纯粹的中国音乐,它是扎根于中国土壤中成长起来的。它比日本和韩国的佛教乐曲更美。'巴黎花园戏剧学院院长梅多丽教授赞赏道:'中国音乐与西方音乐相比,具有更大的空间感,你们的演奏不仅古朴典雅,而且浩瀚辽阔,使人感到忽而在云端,忽而在地面,忽而在高山,

忽而又在峡谷……它给人们极大的艺术享受。'"①

袁静芳自己也被京音乐的神韵征服了，而这也成为袁静芳转向佛教音乐研究的因缘。后来她担任佛教音乐文化研究中心主任，出版《中国佛教音乐研究》、《中国汉传佛教音乐文化》等专著，承担了史无前例的《中国佛教音乐文化文库》研究论著的编辑出版工作，并于2003年起与韩国"韩乐学会""东北亚音乐研究会"等单位联合组织召开了多届佛教音乐学术研讨会。

30多年来，北京佛教音乐团做了大量扎实细致的工作，在北京佛教音乐的挖掘、整理、演奏、人才培养等方面，取得了可喜的成果。经过多年的培养，北京灵光寺已有十多人组成的僧伽梵贝乐队，成为北京佛教音乐团的重要成员。北京佛教音乐团坚持常年排练，目前，有乐僧及演奏居士二十多人。特别可喜的是一批中青年佛乐演奏员已经成长起来，成为北京佛教音乐团的中坚力量。音乐团在2009年完成了《京城佛乐古曲百首》及《地藏十王宝灯》工尺曲谱转译简谱的编纂工作，并于2016年完成了《京城佛乐古曲百首》的音像录制工作。

（四）积极支持组建佛教梵呗乐团及开展梵呗演出等活动。

改革开放以来，佛教得以迅速恢复。在赵朴初和中国佛教协会的重视支持下，佛教梵呗受到佛教界的高度重视，有条件的佛教和寺院纷纷组建梵呗演唱团。

1987年，经山西省文化厅批准，山西省音乐舞蹈研究所成立了"中国五台山佛教音乐团"。之后，又有五台山研究会理事李宏如在赵朴初的支持下，组建了"佛乐班"，学习五台山佛教音乐。为此，赵朴初还为"佛乐班"个人捐助1万元。此外，国内先后成立了天津佛教音乐团、五台山佛教音乐团、常州天宁寺佛乐团、江西能仁寺佛乐团、甘肃拉卜楞寺佛乐团、鞍山千山佛乐团等。

从1993年开始，田青几乎每年都要带一个佛教音乐团出国访问演出和参加国际音乐节，宣传中国佛教音乐。其中五台山佛乐团、天津佛乐团、北京佛乐团、甘肃拉卜楞寺佛乐团、五台山小沙弥乐团等团体先后出访了英、法、德、荷、比、捷等国家和地区。每次出国之前或归国之后，田青都要去向赵朴初辞行或者汇报。赵朴初听着汇报，翻看着佛乐团的演出照片，尤其是得知通过佛乐团的访问，让许多对中国有偏见的外国人士看到并了解了我国政府在保护宗教信仰自由和发展传统文化方面所做的努力时，更是欣喜、兴奋。

当赵朴初得知拉卜楞寺的喇嘛们不但一直在使用着汉传佛教的乐器——笙、管、笛、云锣，而且其乐谱居然是用藏文记录的汉族传统的"工尺谱"的时候，

---

① 袁静芳：《北京佛教音乐团访欧演出随感》，《人民音乐》1987年第11期，第32页。

如获至宝，连声说："这是一个大发现，要好好宣传，好好宣传。"赵朴初还热心支持田青提出的在 2001 年举办题为"为 21 世纪祈祷和平"的"国际宗教音乐节"的设想，认为这是一个很有意义的事情，不但能够以事实澄清一些人对我们国家宗教政策的误解，还能团结世界宗教界人士。赵朴初认为，以乐结缘，是开展对外交流，增进各国人民友谊，团结一切有利于国家统一大业的各方朋友的"方便之门"。研究、发展宗教文化，被赵朴初看成是促进宗教与社会主义社会相适应的一条好途径。在中国佛学院，专门开设了佛教梵呗课程，聘请田青、刘顺、熊俊杰等担任教师，并举行佛教音乐讲座。

赵朴初也非常赞同佛教音乐的创新。1992 年，天津歌舞剧院联合作曲家姚盛昌、田青等京津两地音乐界人士打造的具有东方文化特色的交响音乐史诗《东方慧光》。1993 年 10 月 15 日晚，为庆祝中国佛教协会成立四十周年和中国佛教协会第六届全国代表会议的召开，在友谊宾馆友谊宫演出了佛教音乐史诗——《东方慧光》，赵朴初和会议主席团领导成员以及会议代表 300 多人观看了演出。演出非常成功，赵朴初发表了即席讲话："这是东方的智慧之光。我原以为是虔静的声音，听到的却是发扬的声音，这声音使我振聋发聩。你们的演出使我们得到享受，受到了教育。"他还应请题写了剧名《东方慧光》。

2000 年 5 月，赵朴初离开了这个世界，但在他的领导下，新中国佛教音乐建设已经奠定了坚实的基础，造就了一支专业队伍。而今，又过去了 20 年，在党的宗教、文艺政策指引下，在佛教界、音乐界的共同努力下，中国佛教音乐建设获得了更大的进步，在中国佛教和文艺事业中绽放出更加耀眼的光芒。

台湾地区的梵呗对俗乐的吸收、融合与创新

闽南师范大学　周景春

台湾地区的梵呗源自祖国大陆，按照渊源不同，一般分为"鼓山调"和"海潮音"。"鼓山调"自明末由福建传入，"海潮音"则于1949年前后主要由江浙传入。相关佛乐和俗乐的研究中，国内有部分学者对民歌《茉莉花》和佛教音乐的关系进行了探讨。张恩有一篇100余字的小短文《〈茉莉花〉原来是佛教音乐》[①]，文章提出民歌《茉莉花》源自佛教音乐。但文章仅提出观点和推断，未有可信服的论证。冯光钰在《〈茉莉花〉花开何处？》（2006）中指出，《茉莉花》源自山西五台山说，证据不够充分。袁静芳《中国汉传佛教音乐》《诸佛世尊如来菩萨尊者名称歌曲研究》都涉及到佛教音乐和俗曲曲牌之间的关系，尤其是后者，系统梳理了歌曲集中收录的元朝南北曲、明永乐时期发展起来的昆曲及部分僧人创编的歌曲。杨荫浏、田青等其他学者也有研究涉及到佛教音乐和俗乐的关系。台湾地区的学者林谷芳、高雅俐等探讨了台湾地区的佛教音乐的世俗化和修行的关系，认为现代化的佛教音乐展演无法真正反映佛教传统的音乐文化。相关台湾地区的梵呗和俗乐的关系，尚有较大的研究空间。本文在前人研究的基础上，从音乐本体等方面对此问题进行梳理。

一、中国化的佛乐与俗乐的关系

中国的佛教音乐是自印度传入以后中国化的产物，始终与中国传统音乐等俗乐，尤其是民歌具有十分密切的关系。佛教音乐在中国发展的过程就是一个中国化的过程，是吸收与融合中国中国民族音乐等俗乐的过程。在其历史发展的长河中，吸收俗乐的传统始终被各时代的高僧大德所重视。民歌、戏曲等诸多具有时代特征的俗乐，都渗透在佛教音乐之中。

据《景德传灯录》（北宋·道原纂）卷十六载：福州雪峰义存禅师泉州南安人也。姓曾氏，家世奉佛。……僧问："三乘十二分教，为凡夫开演？不为凡夫开演？

---

①　张恩：《〈茉莉花〉原来是佛教音乐》，《北方音乐》2005年第5期，第33页。

师曰："不消一曲《杨柳枝》。"① 《五灯会元》（南宋·普济著）卷十三载：澧州钦山文遂禅师，福州人也。……上堂，横按拄杖，顾视大众曰："有么有么？如无，钦山唱《菩萨蛮》去也，啰啰哩哩。"② 上述两则宋朝的史料都提到高僧与唱诵相关的事宜，而"杨柳枝"和"菩萨蛮"都是宋朝时期流行的曲牌名称。

明朝颁布的《诸佛世尊如来菩萨尊者名称歌曲》（《永乐北藏》版）是明成祖朱棣于永乐十五年（1417）颁布的一部佛教歌曲集，对佛教音乐的发展产生了非常重要的影响。据袁静芳研究："《诸佛世尊如来菩萨尊者名称歌曲》五十一卷……是明成祖朱棣在位期间……主持编辑的一部佛教音乐歌曲集。这部歌曲集，是在继承中国传统音乐文化精粹的基础上，吸收了当时社会流通之世俗乐曲，特别是元代达到鼎盛时期的南北曲、明永乐时期发展起来的昆曲及部分僧人创编的歌曲等等钦订而成的，旨意推广在佛教寺院举行的各种法事仪规中演唱。"③ 袁静芳指出，"《名称歌曲集》中所载的322首曲牌，衍变成了4400多首佛教歌曲。"④ 由上述研究可知，明成祖有意识地将当时的诸多俗乐种类编订成佛教歌曲集，将之运用于佛教寺院的法事仪规中。所以，元代南北曲、明朝昆曲中的曲牌及当时僧人创编的歌曲等俗乐都融入佛教音乐之中。由于该歌曲集是以钦定的方式推广，故全国寺院皆有普及，并形成传承的脉络。

杨荫浏也曾指出："旧时代，在一定程度上，寺院常常成为民间音乐的集中者、保存者和传授者的所在地。由于中国佛教音乐一开始就取材于民间音乐，不断利用民间音乐做素材、进行再创造。所以我们说，佛教音乐基本上是中国民间音乐的一个组成部分，它不同于印度的佛教音乐，它有着强烈的民族属性。"⑤

总之，佛教音乐传入中国就开始了中国化的过程，在2000余年的发展过程中，吸收并融合了各个时代中国民族音乐的精华。但由于唱诵场合和唱诵功能的特殊性，佛教音乐具有特殊的美学特征。其他类型的音乐被其吸收后，即被融合并形成佛教音乐的美学特征。作为中国佛教音乐的重要组成部分，台湾地区的梵呗唱诵同样是吸收并融合了诸多俗乐，并形成自己的风格特征。

二、台湾地区梵呗对俗乐的吸收

台湾地区汉传佛教梵呗"鼓山调"主要流传于苗栗、台南等闽派寺院，其传

---

① 王昆吾、何剑平：《汉文佛经中的音乐史料》，巴蜀书社，2002年，第690页。
② 《汉文佛经中的音乐史料》，第712页。
③ 袁静芳著：《诸佛世尊如来菩萨尊者名称歌曲研究》，宗教文化出版社，2018年，第3页。
④ 袁静芳著：《诸佛世尊如来菩萨尊者名称歌曲研究》，第46页。
⑤ 杨荫浏口述，萧兴华整理：《佛教音乐》，《中国音乐》1990年第1期，第15页。

承者主要有台北临济寺的真光法师、台南大仙寺的天宏法师、台北艋舺龙山寺的心悟法师等。"海潮音"主要流传于台北等"外省人"集中的地方，代表性的唱诵者有台北吉祥寺的续祥法师、台北妙法寺的戒德法师、新竹关西广慈法师、新竹关西潮音禅寺的悟禅法师等。

台湾地区汉传佛教梵呗是中国佛教音乐的一部分，同样与俗乐，尤其是与中国的民族音乐具有不可分割的联系。自福州鼓山赴台的释妙莲编著的《禅林道场赞颂集》[①]中明确标注了部分曲牌名称，如"柳含烟""浪淘沙""寄生草"等，这些曲牌都是明清以来常用的俗乐曲牌。当下流传的台湾地区的梵呗依然体现出中国民歌、戏曲等民族音乐的元素，《茉莉花》《孟姜女》《斑鸠调》等民歌，闽剧中的一些曲牌，均与台湾地区的梵呗有着密切的亲缘关系。

（一）对民歌《茉莉花》的吸收

民歌《茉莉花》在中国各地都有流传，也被诸多姊妹艺术所吸收。台湾地区的梵呗中，无论是源自福建的"鼓山调"，还是源自江浙的"海潮音"，都有不少运用了《茉莉花》的旋律音调。有的采用了全曲，有的只摘录了部分旋律。

悟禅法师所唱诵的"海潮音"，如《吉祥偈》《娑婆界》等。

谱例1："海潮音"《吉祥偈》[②]和江苏民歌《茉莉花》[③]部分旋律比较。

心悟法师所唱诵的"鼓山调"《唵斯麻啰》[④]与民歌《茉莉花》也有很密切

---

① 释妙莲：《禅林道场赞颂集》，瑞成书局，2005年。
② 悟禅法师唱诵，周景春记谱。
③ 冯光钰：《中国同宗民歌》，中国文联出版公司，1998年，第21页。
④ 心悟法师唱诵，周景春记谱。

的关系。

谱例2：

[乐谱：「鼓山调」《唵斯麻啰》与民歌《茉莉花》节奏拉长对比]

（二）对民歌《孟姜女》的吸收

民歌《孟姜女》在中国佛教音乐中也被普遍运用。例如在台湾地区的梵呗唱诵中，也被称为"四句腔"。很多四句的赞子或偈都可以借用起承转合的四句结构来唱诵，有的佛号则是吸收其部分旋律音调。

谱例3：佛号《四八端严微妙相》和民歌《孟姜女》比较。

[乐谱：佛号与孟姜女对比]

（三）对民歌《斑鸠调》《银柳丝》的吸收

台湾地区梵呗中的《启会偈》的旋律吸收了江西民歌《斑鸠调》(《杜鹃花儿开》)[1]和小调《银纽丝》(《银绞丝》)[2]的部分曲调，具有"集曲"的特征。第一乐句为《斑鸠调》前两个重复乐句的变化，第二乐句则和《银纽丝》第二句的旋律曲调基本相同。

与民歌《斑鸠调》和《银纽丝》对应的乐句相比较，梵呗《启会偈》和《清净法身佛》所运用的旋律骨干音基本没变，但节拍由原来的2/4拍变为4/4拍。节奏型由原来的八分音符和十六分音符组合变为四分音符或八分音符的组合，由原来的密集型节奏变为宽松型节奏，相当于把原来的节奏拉宽了一倍。见下面的谱例对照，仅以《吉祥会启甘露门开》(《启会偈》)为例。民歌《银纽丝》的结束音是do，《吉祥会启甘露门开》和《清净法身佛》乐句中间相对应的落音也是do，但结束句落音为la，结束句的旋律也改用梵呗中常用的结束句旋律。如此改变后，更符合梵呗的风格特征。

谱例4：《启会偈》第一个乐句 与《启会偈》曲调相类似的台湾地区的梵呗还有《清净法身佛》等。

【谱例5】：《启会偈》第二乐句与民歌《银纽丝》第一句比较

（四）对闽剧曲牌的吸收

台湾地区的梵呗中"鼓山调"源自福建，与福建民间音乐具有较多的关联性，与福州戏曲闽剧的曲牌也有诸多相似性。如"焰口"中的《以此振铃伸召请》和

---

[1] 乔建中编著：《中国经典民歌鉴赏指南》，上海音乐出版社，2002年，第184页。
[2] 《中国同宗民歌》，第256、257页。

闽剧曲牌"铁断桥"。

谱例6：

[乐谱：上方标注"鼓山调"以此振铃伸召请，下方标注闽剧曲牌《铁断桥》。歌词："以此捃铃伸召请 与浦郎初把鸳鸯结 亡魂闻召愿来临。晨起梳妆粉黛胭脂列。"]

再如"焰口"中的《千华台上》和闽剧曲牌《四季花》。

谱例7：

[乐谱：上方《千华台上》，下方《四季花》。歌词："千华台上 卢舍那佛 秋天观看黄菊花 冬天观看红梅花 哎以哎"]

台湾地区的梵呗中吸收了诸多民歌及闽剧等曲牌的旋律元素，但皆将吸收的俗乐化为台湾地区的梵呗的风格特征。除了吸收俗乐的旋律等音乐要素外，台湾地区的梵呗也受时代性的影响，与当下的流行音乐之间也有内容、形式等其他方面的融合与创新。

三、台湾地区梵呗与俗乐的融合与创新

20世纪五六十年代，随着台湾地区社会经济的逐步发展，佛教也随之兴盛发达，梵呗亦复如此。星云大师等也大力发展人间佛教思想，非常注重接引大众的音声法门。新的佛教音乐发展理念与俗乐相融合，出现各种颇受大众欢迎的新的

佛教音乐，有佛教歌曲、器乐曲等。相应地，也产生了相关佛教音乐表演团体及佛教音乐创作者。如佛光山、慈济功德会等都有自己的专业创作团队，专门创作佛教音乐，甚至有自己的梵呗赞颂团及音响出版公司。另外也有知名歌手或艺术家，将梵呗或佛教经典与自己的艺术风格相结合，也产生新的佛教艺术形式。

台湾地区的梵呗与俗乐的融合与创新，产生了新的佛教音乐。其融合与创新主要体现在以下几个方面：

（一）唱诵内容

目前广为流传的是具有新内容的佛教歌曲。有些词曲都是新创作的；有些是旧词创新曲，即沿用了传统经典的偈和赞作为唱词，而谱上新的曲子。还有些是旧曲填新词，用原有的佛教音乐曲调加上新创作的歌词。这些佛曲其实属于在传统梵呗影响下的、带有梵呗风格或佛教思想的新俗乐。

星云大师倡导人间佛教的理念，提倡佛教音乐为人服务，在运用音乐弘法方面做出了较早的探索。早在1953年，就在台湾宜兰成立青年歌咏队，以现代化的佛教歌曲作为弘法的舟楫。并在电台布教弘法，录制了台湾地区的第一张佛教唱片。星云大师创作的很多歌词都被谱上现代化的曲调并出版专辑，不仅在台湾地区的社会上产生很大的影响，在祖国大陆及全球的华人圈也备受欢迎。如《心灯》《云湖之歌》等等，此理念也被佛光山发扬光大，从2003年开始，多次举办"人间音缘——星云大师佛教歌曲音乐发表会"征曲活动。2017年和2018年，佛光山祖庭宜兴大觉寺连续两年举办了"佛光菜根谭歌曲征集活动"。面向社会征集佛教歌曲，以达到弘法利生、净化人心的作用。

慈济功德会、中台禅寺等其他寺院也有新内容的佛教歌曲创作活动，更有些专业音乐创作团队，将佛经和流行音乐或传统音乐（如南音）相融合，借助大众熟悉的知名歌手或艺术家的演唱推出一系列专辑，佛教经典《心经》《大悲咒》等尤其受到青睐。通过这些具有符合现代社会需求的新内容的佛教歌曲等艺术形式的推广，佛教更容易走进大众的生活。

（二）唱诵群体

具有新内容的佛曲，经过知名歌手演绎后，在社会上产生了非常大的影响力。多位歌手甚至艺术家都加入了演唱佛曲的行列中，如齐豫、孟庭苇及南曲名家王心心等。她们演唱的《大悲咒》《心经》等不仅在台湾地区引起很大的反响，在整个中国甚至世界各地的华人群体中都有一定的影响力。2001年至2013年，知名歌手孟庭苇先后出版 5 张佛教歌曲专辑，包括《阿弥陀佛》《心经》等。著名歌手齐豫从 2004 年始告别了流行乐坛，陆续录制了三张佛教音乐专辑："齐豫唱经给你听"，分别是《因此更美丽》《发现了勇气》《所以变快乐》。其中，包括《忏悔文》《大吉祥天女咒》《般若波罗蜜多心经》等佛经音乐。王心心用南音演唱的佛经。2015 年，著名的南音表演艺术家王心心的南管心经专辑《此岸彼岸》由风潮音乐发行，包括《心经》《白衣大士神咒》《六字大明咒》等等，也备受瞩目。经过这些知名艺术家的演绎，新型佛教歌曲或南音等艺术形式在台湾地区甚至整个华语乐坛吸引了大量的听众。

（三）展演形式

传统的梵呗展演形式也有了更新，融入现代化的伴奏方式和音响，向观众呈现出一种崭新的展演形式。如佛光山梵呗团不仅在台湾地区展演，而且还赴上海、北京进行佛教文化交流，甚至远赴美国、德国等国家进行展演。演出团所到之处，均引起强烈的反响。这些梵呗团唱诵的内容，包括传统的梵呗，也包括现代新创作的佛教歌曲。而展演形式发生了较大的变化，非传统的在庙堂的佛像前、法事活动中进行唱诵。而是搬到舞台上，有乐器伴奏和特定的灯光、现代化的音响设备甚至舞美，其唱诵也不是寺庙里僧人间即兴的配合，而是统一规范化的、较为整齐的合唱形式。

这些歌曲或南音除了在舞台上表演，也被编辑成专辑。众多梵呗高僧也出版了专辑，如新竹关西潮音禅寺悟禅法师、佛光山依培法师、台南大仙寺天宏法师等都出版了自己的专辑。新型的佛教音乐在新的演唱群体的传播下，尤其是知名艺术家的演唱，传播的范围和受众群体更加扩大。

鉴于以上台湾地区的梵呗向世俗化发展的情况，学者林谷芳和高雅俐都从修行的角度进行了思考。认为就佛教的发展而言，这种展演式的唱诵从传播和弘扬的角度具有更可观的效果。但是，从唱诵者和听（观）众的角度而言，却无法体现出佛教的真实的思想。从佛陀弘法之初就注重方俗，倡导佛教弘法方式应该跟地域文化结合起来。所以，佛教音乐自传入中国开始发展以来，就面临着中国化的问题，吸收融合了各地的音乐形式。同时，在其发展的历史中，也融合了各个时代盛行的音乐形式。如此，才可以因时因地弘扬佛法，接引更多的大众。这也符合诸多高僧所倡导的人间佛教的理念，佛教音乐更应该面向大众。从时代性而言，当下流传的新型的佛教音乐是与传统的佛教音乐相对而言的。而相对于前一时代，每一时代传统的佛教音乐也可能融合了当时所流行的音乐形式，只是历史上流传

的佛教音乐甚至传统音乐都没有注明曲作者。当今时代，各种音乐的创作者都有清楚的署名，也有音频、视频等现代化的传播方式。

  总之，音乐在发展的过程中，会不可避免地打上时代的烙印，佛教音乐亦然。随着时代的发展，新的佛教音乐也一直在产生，在演唱内容、展演方式甚至演唱群体等各方面都有更新。对弘法而言，新的佛教音乐由于更具有时代特征，更倾向于俗乐的特征，更容易符合普罗大众的需求和欣赏品味，但是在庙堂内大殿中唱给佛菩萨的赞子等传统的梵呗具有厚重的历史积淀和历史价值，二者都不可偏废。

"佛曲"与"梵呗"的社会综合价值略论

中国音乐学院　谢瑞琪

前　言

佛教传入中国已有两千余年。魏晋南北朝时期，中国传统文化形态已是儒释道三家汇合而成。自魏晋南北朝起，佛教在中国大地安家落户，入乡随俗，演化出与中国传统文化完美融合的文化形态，并作为中华传统文化的重要组成部分之一，在中华文化发展的历史进程中潜移默化的影响渗透中华文化诸多方面，如中华文化中传统哲学、文学、艺术等方面都深受佛教影响。艺术活动作为宗教传播的得力手段，长期受到佛教文化深刻而广泛的渗透影响，在我国留下的众多文化艺术瑰宝中，绘画艺术和雕塑艺术因其存世量居多而尤为明显地体现出受佛教文化的渗透影响，其中的典型例如敦煌石窟莫高窟。它以人类文化殿堂的美誉吸引着全世界众多的学者慕名而来，为其臣服并进行孜孜不倦地研究。然在此胜景的另一边，佛教音乐由于其艺术形态的不同，传播方式为口传心授，资料甚少，在学术研究方面尤为冷清，虽近年来有明显好转，但与绘画与雕塑艺术的受重视程度仍有相当一段距离。由于资料相对有限，对佛教音乐的研究大多浅尝辄止，并未深入挖掘其价值，既不利于我们对于佛教文化进行整体全面的理解与研究，也不能更全面地发挥其社会价值，使瑰宝蒙尘，因此，佛教音乐的相关研究工作极具迫切性。

一、关于梵呗

《维摩诘所说经》卷2"佛通品第八"中云："歌咏诵法言，以此为音乐。"《金光明经玄义》卷上云："此娑婆国土，音声为佛事。"《乐璎珞庄严方便品经》云："若有众生乐向鼓贝、簧篌、横吹、箫笛、歌舞音乐等乐，大德须菩提，我随如是诸众生等所有希望，所求所乐，一切给与，然后劝发无上道心。"佛经典籍中有诸多关于音乐的描写，佛教对于音乐的重视不言而喻。实际上，原始佛教

的主要传播手段便是口耳相传,口传心授。佛教早期的传播过程中,口传在当时是比文本更具感染力的传教方式,音声更是作为一种殊胜的修行法门在诸多佛经中被肯定和赞叹。在佛的"三十二相"之中,便有"梵音"一相。佛陀以梵音宣说了无量殊胜法门,以度化无量无数众生。佛陀"应病与药",根据所化众生根性、意乐的不同而以不同法门度化,音声法门正是度化娑婆世界众生的无上妙法,而梵呗正是音声传教的最佳代表。

《萨婆多部毗尼摩得勒伽》卷6云:"听诸比丘八日、十四日、十五日,集一处呗诵说法"。我们可以见到,在较早期的佛教活动中,梵呗已经受到了极高的重视。

(一)梵呗的由来及标准

《法苑珠林》卷36引《十诵律》云:"为诸天闻呗心喜,故开呗声也。"佛陀开设呗声说法的初衷是为诸天闻呗生欢喜心。关于梵呗的由来,《毗尼母经》卷6中亦有明确的记载:

> 佛告诸比丘:"听汝等呗。"呗者,言说之辞……"若欲次第说文,众大文多,恐生疲厌。若略撰集好辞直示现义,不知如何?"……佛即听,诸比丘引经中要言妙辞直显其义。

《妙法莲华经》卷1"方便品第二"中有云:"或以欢喜心,歌呗颂佛德,乃至一小音,皆已成佛道"。歌呗颂佛德可成佛道,梵呗的不可思议功德不言而喻。然而,翻阅佛教典籍我们可以清晰的发现,并不是所有的"歌咏法言之声"都具有如此殊胜的功德。古时婆罗门亦有歌咏法言之声,由于婆罗门法之声有不如法之处,在佛教是被严厉禁止的。《根本婆多部律摄》卷9"与未近圆人同读诵学处第六"中云:"若作吟咏之声而授法者,得恶作罪。"又云:"若作婆罗门诵书节段音韵,而读诵者,得越法罪。"以不如法之声作吟讽声授法得恶作罪,然有一种情况则并不触犯。所以经中又云:"若说法时,或为赞叹,于隐屏处作吟讽声诵经,非犯"。首先佛教非常注重"发心",起清净心而作吟讽声诵经是被允许的,仅仅是有咏唱赞叹佛法的清净发心,却不能以正确的方式咏唱赞叹,容易引发诸多过患,《毗尼母经》卷6载:

> 尔时会中复有一比丘,去佛不远立高声作歌音诵经。佛闻即制不听,用此音诵经,有五事过如上文说,用外道歌音说法,复有五种过患,一者不名自持,二不称听众,三诸天不悦,四语不正难解,五语不巧故义

亦难解，是名五种过患。

以外道歌音说法是不被提倡的，"依俗歌咏说法"更是被明文禁止的，如《佛本行集经》卷50"说法议式品下"云：

> 佛告诸比丘："若有比丘，依世歌咏而说法者，而有五失。何等为五？一者自染歌声，二者他闻生染而不受义，三者以声出没便失文句，四者俗人闻时毁呰讥论，五者将来世人闻此事已，即依俗行以为恒式。若有比丘，依附俗歌，而说法者，有此五失，是故不得依俗歌咏而说法也。

什么是被佛陀所提倡的具有殊胜功德的赞颂方式呢？《华严经》卷19云："如来无量功德清净梵音，皆悉具足"。"梵"意为清净，"呗"，意为止断，止息，赞叹；梵呗是"清净的讽诵"的意思，重在清净，以清净之音讽诵赞叹佛事便是具有殊胜功德的。《法华玄论》卷7云："此是八种音中清净最妙音名为梵音，非梵天音也。故《释论》云：佛生人中受人法故是人音，又若是梵天音者人则不闻。故知非也。"

《成唯识论了义灯》云：

> 问：若尔何故《毗婆沙》云一音者，梵音。……答：不以小乘而为定量，既如如意随求雨宝，故随生感各各现声，或声清净，名为梵音；非必唯同一梵音声。

《华严经内章门等杂孔目章》卷2"八种梵音声章"云："梵音声者，有其二种：一约教义明其音声、二约佛德以辨音声"。《长阿含经》卷5"佛说长阿含第一分阇尼沙经第四"："时，梵童子说此偈已，告忉利天曰：其有音声五种清净，乃名梵声，何等五，一者其音正直，二者其音和雅，三者其音清彻，四者其音深满，五者其音遍周远闻，具此五者，乃名梵音"。梵音指佛的声音，"梵音"一相为佛三十二相之一。"梵音，清净之音，或说为大梵天王所出清净音声，有正直、和雅、清彻、深满、遍周远闻五种清净相。佛的音声亦具如是清净相，故称梵音。观音等菩萨之声，及赞颂佛德的佛曲梵呗，亦称梵音"[①]。以符合"清净相"的"梵音"来歌呗佛法，诸天自是闻呗欢喜，功德殊胜。在讽诵梵叹的时候音声若是符合这些梵音的"清净相"，其清净业障、度化众生的作用自然能达到最佳，使听者无不心生欢喜，对三宝生大信心。

---

① 陈兵：《新编佛教词典（增订本）》，中国世界语出版社，1994年，第485页。

关于如法演唱梵呗，以下体现其诸多利益。《十诵律》卷37云：

> 佛言："听汝作声呗，呗有五利益：身体不疲，不忘所忆，心不疲劳，声音不坏，语言易解。"复有五利："身不疲极，不忘所忆，心不懈倦，声音不坏，诸天闻呗声心则欢喜。"

《南海寄归内法传》卷4"三十二赞咏之礼"云："一能知佛德之深远，二体制文之次第，三令舌根清净，四得胸藏开通，五则处众不惶，六则长命无病。"自佛陀集众，定时呗诵说法开始，梵呗已成为当时僧人的重要修习方式。在鸠摩罗什大师的时代，讽诵梵呗就在佛法、佛事中具备极高的地位。歌叹赞佛、赞法，在当时是僧人的重要佛事之一。《高僧传》卷2记，鸠摩罗什法师云："天竺国俗甚重文制，其宫商体韵，以入弦为善。凡觐国王，必有赞德，见佛之仪，以歌叹为贵，经中揭颂皆其式也。"在佛教的持续发展中，梵呗逐渐成为出家佛子修行的必修课。《南海寄归内法传》卷4"三十二赞咏之礼"云：

> 西方造赞颂者，莫不咸同祖习，无著、世亲菩萨，悉昔仰趾。故五天之地初出家者，亦既诵得五戒十戒，即须先教诵斯二赞。无问大乘小乘咸同遵此。

由于有这样的严格要求，在释迦牟尼佛灭度之后很长时期内，印度佛教僧团仍保持着良好的梵呗传统。在《南海寄归内法传》卷4"三十二赞咏之礼"中，详细记述了唐朝高僧义净法师到印度时所见闻的盛大梵呗场面：

> 至如那烂陀寺，人众殷繁，僧徒数出三千，造次难为详集，寺有八院，房有三百，但可随时当处自为礼诵。然此寺法，差一能唱导师……每礼拜时高声赞叹，三颂五颂响皆遍彻，迄乎日暮方始言周。

《破邪论》卷上讲述了不可思议的梵音功德：

> 于时，大众围绕兰法师数百余重，法师复出梵音叹佛功德……时司空阳城侯刘善峻、官人、民庶及妇女等发心出家，四岳诸山道士吕惠通等六百二十人出家，五品已上九十三人出家，九品已上镇远将军姜苟儿等一百七十五人出家，京都治下民张子尚等二百七十人出家，明帝后宫阴夫人、王婕妤等一百九十人出家，京都妇女阿潘等一百二十一人出家，十六日帝共大臣文武数百人与出家者剃发，日日设供，夜夜燃灯。作种种伎乐比至三十日，法衣瓶钵悉皆施讫，即立十寺城外七寺，城内三寺，七寺安僧，三寺安尼，汉之佛法，从此兴焉。

《根本说一切有部毗奈耶杂事》卷4云：

> 是时善和比丘，作吟讽声赞诵经法，其音清亮上彻梵天。时有无数众生闻其声者，悉皆种植解脱分善根，乃至傍生禀识之类，闻彼声者无不摄耳听其妙音。尔时世尊因大众集，普告之曰："汝等比丘，于我法中，所有声闻弟子音声美妙，善和比丘最为第一。"由其演畅音韵和雅，能令闻者发欢喜心。

《萨婆多毗尼毗婆沙》卷8云："菩萨修行时，于口四业多修二业：一不恶口，得梵音声；二修不非时语，得凡所言说，人皆信受。"总的来说，梵呗修习过程中注重"梵音"特征的重要性不言而喻。修习梵呗的清净心只是呗唱的基础，还要具备其种种特征，才能更有帮助得定生慧、清净业障、福慧增长。

（二）脉轮与音声法门

1. 佛陀的音声最为殊胜。如《佛说大乘菩萨藏正法经》卷7"如来不思议品第四之一"云："如来最上妙音声，是声深广无边量"；《菩萨念佛三昧经》卷3："世尊梵王音，阎浮提第一"，"如来诸音声，具足益世间"。2. 梵音具有无量功德。如《华严经》卷19"金刚幢菩萨十回向品第二十一之六"云："令一切众生，得八种声，百千妙声而庄严之。如来无量功德，清净梵音，皆悉具足。令一切众生，十力庄严，成就无碍平等之心"。3. 佛声有八啭八德。《注大乘入楞伽经》卷6云：

> "佛声有八啭，谓体、业、俱、为、从、属、于、呼。是八啭声各具八德，所谓调和声、柔软声、谛了声、易解声、无错谬声、无雌小声、广大声、深远声，八八即成六十四种。非唯释迦佛，一切诸佛皆如是"，

迦陵频伽即鸟名，其声清雅超于众鸟，故引为喻。

如此高明的音声，实让人想一探究竟，对于发声位置，八德中有一处做出了具体的说明，经文中给出了"脐轮"发深远声的描述。《法界次第初门》卷3"八音初门第五十九"载："七深远音：佛智照穷，如如实际之底，行位高极，故所出音声，从脐而起，彻至十方，令近闻非大，远闻不小，皆悟甚深之理，梵行高远。故名深远音也"。《华严经演义钞》卷50云："八深远者，脐轮发生故"。《无量寿经义疏》卷下云："八深远声，其声深远，犹如雷震"。"脐轮"一词属于"三脉七轮"范畴，在密宗的理论体系中多有记载。

"三脉七轮"中，脐轮是情绪的中心，心轮作用于开发心智灵性，在三摩地禅定中尤有助益，喉轮位于身体脉轮的中枢位置，是心轮与眉心轮的能量焦点，

负责沟通表达，喉轮开通能量均衡则能诚实，神智清明的表达自我，不出误音。眉心轮则负责洞察，直觉与独立思考自我调和的能量，顶轮能够帮助悟性、灵性的开发以及更高层次的觉知，海底轮是所有轮能量的基础及来源。

寓教于乐只是梵呗功能的浅相，梵呗音声法门通过舌根音声念经藏而清净口业，发清净心纳气入色身，反闻闻自性，气息通达三脉七轮使之相续运作，清净身业，身口意相续运作转换为身心意的相续运作，以身口意功德"三密"为禅观境，通过三密相应之观修，承诸佛菩萨加持，唱诵者通过色身脉轮震动与意识相结合达金刚三昧，才能算作真正切入了音声修习法门。脉轮和音声修行中的很多奥妙，愿在未来进一步深入探究。

（三）梵呗与声乐技法

《入楞伽经》卷5"佛心品第四"云："佛告大慧：何者为声？谓依无始熏习言语名字，和合分别，因于喉、鼻、齿、颊、唇、舌和合动转，出彼言语分别诸法。是名为声"。《十住毗婆沙论》卷9"四法品第十九"云："佛悉瞻见……音深不散，柔软悦耳。从脐而出，咽喉、舌根、鼻颡、上龈、齿唇，气激变成音句，柔软悦耳。如大密云，雷声隐震；如大海中，猛风激浪；如大梵天音声，引导可度众生。离眉、眼、唇、可呵语法"。《大乘密严经》卷下"我识境界品第七"云："从眉额及顶，鼻端肩与膝，犹如于变化，自然出妙音。普为诸大众，开示于法眼"。

佛经中对佛陀音声的描述和声乐技法中共鸣腔体的位置完全吻合，从脐而出在声乐语言中为气息的对抗点。舌根在声乐技法中的作用极其重要，不仅关系到喉位的稳定，也可以表现一些特殊音，如地方戏曲四川清音中的哈哈音就需要舌根的弹动。鼻颡、颊则是共鸣腔体，鼻咽腔是通往脑门哼鸣位置以及头腔的关键通道。眉额及顶是哼鸣与头腔的位置。颊则是面罩共鸣的位置。上龈、齿唇、舌均是声乐技法中咬字、吐字需要灵活运用的器官。而所有的共鸣腔体经由气息贯通，自是音深不散，柔软悦耳。乐器摆端正，经气息贯通且由于共鸣腔体的灵活运用，声音风格多变，所以《十住毗婆沙论》卷9"念佛品第二十"云："如大密云，雷声隐震；如大海中，猛风激浪；如大梵天音声，引导可度众生。离眉、眼、唇、可呵语法。"

六十四种梵音声，这些方法由华严宗引入中土，今已不存；但根据《法苑珠林》卷九占相部的描述：如来梵声相，谓佛于喉藏中有妙大种，能发悦意和雅梵音，如羯罗频伽鸟，及发深远雷震之声，如帝释鼓。如是音声具八功德：一者深远，二者和雅，三者分明，四者悦耳，五者入心，六者发喜，七者易了，八者无厌。可以判断它们是把不同发音技法用于不同发音部位，进而对其效果所作的分类。①

声乐技法在常年实践之中，有多种美好音声的范例接近佛经当中对"梵音"特征的描述，比如"正直""和雅""清彻""深满""远播"。这些特征在声乐技巧上的体现，则是要求运用身体极深的气息和极高的位置，即共鸣腔体——头腔，并配之全身各个腔体的协调运作，以达到"清彻""深满""远播"的发音要求。声乐中运用的位置与人体三脉七轮一一对应，如掌握头腔共鸣的声乐演员，能在容纳几千人的歌剧院不借助音响设备穿透剧场，这种高超的声乐技巧在多位歌唱家的体感形容中，即为在展现高音之时，声音在体外形成共鸣焦点。如和梵天轮相对应，即歌唱语言，声音在前乐器在后；头腔共鸣则与顶轮相对应；眉间轮则与哼鸣位置相对应；喉咽腔共鸣对应喉轮；即声乐技法所说的开喉吸气，胸腔共鸣则与心轮相对应，横膈膜位置则与脐轮对应；气息的对抗点则与海底轮相对应。至于中脉、左脉、右脉的行进，则与声乐技法中的"穿针引线，上下垂直"相对应。

梵呗传至中土，"金言有译，梵响无授"（《高僧传》卷13"经师第九"）的难题在南朝时期得以解决，梵呗"转梵为秦"逐渐完成了本土化。在语言问题上，梵呗的演唱本土化转换解决方式类似于西洋唱法民族化。以民族唱法即中国声乐技法的吐字咬字，以字行腔能够很好的把握梵呗本土化后的演唱风格。

《法苑珠林》卷36"赞叹部第三"云：

> 然关内关外，吴蜀呗词，各随所好，呗赞多种，但汉梵既殊，音韵不可互用。至于宋朝，有康僧会法师，本康居国人，博学辩才，译出经典。又善梵音，传泥洹呗，声制哀雅，擅美于世。音声之学，咸取则焉。

吴地蜀地古时便已有具有独特的本土语言风格的梵呗，例如蜀地"川腔梵呗"，至今亦以其中独特的方言韵味感化了大量本地信众。《四分律》第52卷"杂犍度之二"云："听随国俗言音所解诵习佛经"；《度世品经》卷1云："入道场，音能随方俗演出言辞，不可思议"，诸如此类关于佛陀及弟子用方言传教的记载多不胜数，佛陀甚至主张佛家弟子以自己的方言来记忆教义和佛家学说。如此接纳方言俗语以达到广施教化的作用，而具有独特地方语言风味的呗赞更是在传教载道的过程中颇受欢迎。民族声乐中的咬字吐字方式不仅清晰地传达了呗赞且很

---

① 王昆吾、何剑平：《汉语佛经中的音乐史料》，巴蜀书社，2001年，第12页。

好地把握了地方语言的风格,使各地梵呗独具一格。

梵呗的气息运用方式,吸气助吸和出息,与声乐技法的吸气、保持的过程类似。声乐演员为表现音乐艺术之美,使歌者和听众得到情感的共鸣,更好地抒发情感,常年演唱大量不同风格的练习曲,以共鸣腔部位与比例的调和,适应多种风格,以此为音乐服务。梵呗要求我们三轮七脉同时震动达"三昧"以回向,以掌握极高的发声技巧为前提,同时注重声文两得,才能发挥梵呗殊胜音声法门善巧方便、清净业障、倍速于平日念诵功德的奇妙作用。没有极高的发声技法和长年累月的禅定功夫,显然不能更好地发挥梵呗的功效。

以清净心讽诵梵呗是梵呗唱诵的基础,要想唱好梵呗还需要科学的发声技巧。出家人六时行道,在所有的仪轨中,都需要梵呗的介入,可以说整日都在用嗓,如果具备基本的科学发声方法,不仅可以有效地保护嗓子,而且可以唱诵出更好的音声效果来供养诸佛菩萨。

经书中有关如来梵音的描写,如《大方等大集经菩萨念佛三昧分》卷5云:"转行十方无边界,所至无碍皆悉闻,如来出声甚圆备,世间未能障其声。"可见梵音有"深满""远播"的特征,梵音的这种高亢穿透力,在声乐中,发声时只有用"全身歌唱"深气息及共鸣腔的综合运用、极高的头腔位置,才能达到穿透力极强的效果。《法华玄论》卷7"信解品譬喻义"云:"此是八种音中清净最妙音名为梵音,非梵天音也。故《释论》云:'佛生人中,受人法故是人音,又若是梵天音者人则不闻。'故知非也。""次言一音者,不必但局梵音,如来随吐一音能令异类各闻。"佛陀在长期的修行中身体四大已经转化,加之宗教独有音声法门,故能令闻者感觉到音声遍播三千大千世界。修习者以色身修习梵呗的过程,对人的声学艺术而言,是思想境界的提升,亦是在探索人类发声的无限可能。

(四)修习中梵呗的价值功效

梵呗是法事中的重要组成部分,佛教仪式中的各部分都起着互动的作用,当仪式开始时,大众进入殿堂,庄严的佛像、精心摆放的花果、洁净的坛场,立即让人生欢喜心、好乐心,为梵呗做了良好的心理铺垫。佛教仪式中,配合梵叹所用的木鱼、大磬、钟、鼓等,引领节奏,使得大众更加专注和恭敬,生起清净心。梵呗的唱诵过程本身,既是情感提纯的过程,也是对人精神的滋养。在寺庙唱诵梵呗时,一方面通过仪轨的仪式感、肃穆感能增强唱颂者与听众对佛法的虔诚、敬畏、清净之心;另一方面,通过仪轨也能增强其得定生慧,清除业障的功效。梵呗修习中的法器乐器亦是梵呗仪轨中的重要组成部分,也叫作呗器。目前汉传佛教寺庙中梵呗所用的一般都为打击乐器,如钟、鼓、磬、木鱼、板、铙、镲、铛、铃等。

而丝乐、竹乐、匏乐等则使用得很少。呗器由于材质的不同，与人体脉轮存在一定的对应关系，其演奏的方法必须遵照传承。唱诵梵呗时，法器对于梵叹在仪轨中的开启、过渡、结束都有重要的提示作用，同时也增加了梵呗的趣味性。在梵呗过程中，法器的演奏能够烘托庄肃氛围，既让僧众得到适当的休息，也能让听众集中注意力，促进助其入定。

人们常说"相由心生"，其实个人的内心世界也可以通过其音声而得到展示。音声的清净当然不同于普通意义上的"嗓子好"，而是一种个人修养、精神内涵的自然流露。末法时代，众生浮躁，清凉的梵呗音声，不但使修习者身心清净，也能让听闻者心生欢喜，对三宝肃然起敬。

二、关于佛曲

音乐的弘法功能非常深广，其表现形式亦多种多样。《乐璎珞庄严方便品经》云："若有众生乐向鼓、贝、箜篌、簧吹、箫、笛、歌舞音乐等乐，大德须菩提，我随如是诸众生等所有希望，所求所乐，一切给与，然后劝发无上道心"。如《大宝积经》卷62记述："一一车后作诸音乐……"《佛说无量寿经》卷上这样称赞极乐世界的美景："清风时发，出五音声，微妙宫商，自然相和"。《中天竺舍卫国祇洹寺图经》卷下亦述："如来闻音病即除愈。若病不除乐音便奏六度神足等曲声遍三千"。强调以佛教音乐弘扬佛法的重要性，娑婆世界音声以为佛事，《华严经》卷36载："为利益众生故，世间技艺，靡不该习……文笔赞咏，歌舞伎乐"。音乐能令人发欢喜心，加以文笔赞咏佛教经典，其功效更甚，《华严经》卷15云："又放光明名妙音，此光开悟诸菩萨，能令三界所有声闻者，皆是如来音，以大音声称赞佛及施铃铎诸音乐，普使世间闻佛音，是故得成此光明"。

（一）佛曲的由来

佛曲统称梵呗之外的佛教歌唱，舞蹈与器乐演奏等艺术形式，是创作用于寺会供养、礼赞佛陀、供养三宝、感召信众的歌舞音乐，始于齐代，也称为佛乐、法乐、法曲。北魏太武帝时期，有大量用于寺会供养的西域乐舞经龟兹、于阗传入中原。至于齐代，中原本土的寺会供养音乐开始自成体系，在南朝齐代开始创制的佛乐包括了梵呗之外的歌唱、舞蹈、器乐演奏等，南朝梁代梁武帝热衷于创制佛教乐舞作品，甚至直接用于宫廷祭祀，上升到了国家正声的层面，当时便有《齐文皇帝制法乐梵舞记》《齐文皇帝令舍人王融制法乐歌辞记》等。

在佛教传入我国之前，便有佛教音乐传入的记载。《晋书·乐志》中曾提到，《摩

诃兜勒》一曲自张骞出使西域携归，由协声律都尉李延年加以改造，"为变新声"使之久唱不衰，后期演变为横吹乐大为流行。《隋书·音乐志》记载《于阗佛曲》魏晋南北朝时期通过战争输入中原，这是佛教音乐第一次有了自己的专名——佛曲。伴随佛教东渐，佛曲在众多国家和地区得以传播、流布和发展，并对这些国家和地区的文化影响深远。《旧唐书·音乐志》记载贞元年间骠国（今缅甸）献国乐，乐曲内容全部来自佛教经典之辞。佛曲在当时已经成为佛教弘扬佛法，传播意识形态的有力工具。佛曲弘法功能力度之强，辐射面之广，生命力之顽强旺盛，令人称叹。

（二）佛教典籍与现代佛曲创作

佛曲在新时代的发展扎根在佛教经典的沃土中。古经中对佛曲形式有诸多记载，如在艺术形式和内容上，有以歌伴瑟颂法门的记载，《妙法莲华经文句》卷2下云："佛时说法，诸天弦歌、般遮于瑟而颂法门"。有以琴伴奏载歌载舞传教的记载，《经律异相》卷2"天女闻鹿牛弹琴下悉歌舞十一"云："行息中野，有六广大天宫。天女来语鹿牛言：阿舅阿舅，为我弹琴，我当歌舞。鹿牛鼓琴，六天歌舞"。有以歌宣法、教理的记载。《妙法莲华经玄赞》卷2云："'四紧那罗（至）眷属俱。'赞曰：梵云紧捺洛，此云歌神。'紧那罗'，讹也。初歌四谛，次歌缘起，次歌六度，后歌一乘；或初三种歌三乘之教行，后一歌一乘之理果，故名持法；或歌一乘教、理、行、果，如次配之，随佛所说一会之法所宜歌故，如世乐音歌君德故。"也有乐队伴随歌舞说法传教等形式。在佛曲的表演群体上，不仅仅有天女、龙女、僧众，亦有天童。《证契大乘经》卷上："诸菩萨前各有俱胝那由他七宝之轮。诸轮之上，各有千天童坐，作诸天乐。"孩童的心灵纯净无污，以童子作为供养音乐的表演群体，自然能演出清净妙音。

佛世界的诸天伎乐音声多有自然之声，在诸天作乐供养表演之时亦注重与自然的结合，《大宝积经》卷63"龙女授记品第六"云：

> 复有宝铃悬殿四厢，化作七宝鸽鹄白鸽，以次飞行绕殿四面。又复化作九亿六千万种诸龙音乐。时诸龙女乘彼青马，各掷宝盖，于虚空中自然游行，是诸龙女各取乐器奏诸音声，绕佛三匝，以天旃檀末、天沈水末、多摩罗叶末、天真金末及诸龙花，并复化作种种之花而散佛上。

《大宝积经》卷64"乾闼波授记品第九"亦云：

> 彼乾闼婆等各乘其象，鼓天音乐，于虚空中旋绕如来三十六匝。……

奏音乐时，其诸音声遍满三千大千世界。其中众生闻此声者，亦得不退阿耨多罗三藐三菩提。如是一一诸乾闼婆，各于三亿六千万象王头上，设其供养，令诸玉女有作乐者，有作歌者，有作舞者。彼诸玉女作歌舞时，令诸大众一心观望。

在象王上歌舞，何其美哉，何其壮观，自然万物和谐相处，载歌载舞供养三宝，如此感召信众，怎不令人叹服心生敬仰！《正法念处经》卷21"畜生品第五之四"载：

时天帝释即以忆念化此宝象令有百头，面貌清净离诸尘垢。其一一头皆有十牙，皆悉鲜白，一一牙端有十华池，一一池中有千莲华，一一莲华有十华台，一一华台有百华叶，一一叶中有百玉女，以五音乐歌舞嬉戏出美妙音，无以为比。

诸天的佛乐供养形式运用于当代的佛乐创作大有可取之处。在我们现当代的佛乐创作中，这些多样化的艺术形式应该大胆的组合，创作，经书给我们新时代的佛曲创作提供了丰富的灵感，甚至非常详尽地描述了舞美场景光色等等，佛曲表演的创作不是全都以朴素为基调的，经书中记载的不仅仅有让人叹为观止的象王上的天女歌舞，象王拉车遍布曼珠沙华的修罗歌舞，还有宫殿楼阁上的天人伎乐等，这为我们在新时代创作壮观的"大型沉浸式实景供养佛曲"等新时代佛乐艺术形式提供了思路，值得我们探索研究，借鉴发扬。

（三）佛曲与修行

《乐璎珞庄严方便品经》有云："若有众生乐向鼓、贝、箜篌、簧吹、箫、笛、歌舞、音乐等乐，大德须菩提，我随如是诸众生等，所有希望、所求所乐一切给与，然后劝发无上道心"。佛曲不仅是用于感召信众的传教工具，熏习佛曲和创作佛曲的过程，亦蕴含无上正法，奥妙哲思。《注四十二章经》云："既对弹琴，故佛因以琴声急缓喻之。夫修行之人必使妄念不生，身心虚寂，则自然调适，可得道果矣"。《释禅波罗蜜次第法门》卷2"分别禅波罗蜜前方便第六之一"云："亦如弹琴，先应调弦，令宽急得所，方可入哢，出诸妙曲。行者修心亦复如是"。在经书中多有以乐器的修习来体悟佛法的引导，如《放光般若经》卷20"摩诃般若波罗密法上品第八十九"云："善男子，譬如箜篌以因缘故有弦有柱，有人鼓之音声来往，声音断时亦无来往；是声出时亦无从来，灭亦无所至，欲知佛身亦复如是"。

音乐修习过程对佛法的体悟是佛乐的实践方面，佛乐本身就有不可思议的殊胜功德。《大宝积经》卷63云"龙女授记品第六"："九亿六千万龙女作音乐时，以佛神力，其声遍满三千大千佛之世界。其中众生闻是声者，于阿耨多罗三藐三菩提，得不退转。"卷64"乾闼婆授记品第九"亦云："彼乾闼婆等各乘其象，鼓天音乐，于虚空中旋绕如来三十六匝。……奏音乐时，其诸音声遍满三千大千世界。其中众生闻此声者，亦得不退阿耨多罗三藐三菩提"。

《大树紧那罗王所问经》卷2：

> 若在王宫，现妙女身，为化悭着淫欲众生。于大众中多人集处，现众伎术，或现箫、笛、琴、瑟、鼓、贝，常为第一。于是众中歌舞戏笑，皆出法音现众伎术，随诸众生所喜乐者，为教化故而示现之。现神通力，施众生财，然后说法。

《华严经疏》卷3云："香积世界，餐香饭而三昧显，极乐佛国，听风柯而正念成。丝竹可以传心，目击以之存道"。《增壹阿含经》卷6"利养品第十三"云："汝今觉善业，乐禅三昧定，柔和清净音，今使从禅坐。"在佛陀的智慧引导下体悟音声，信众应该会收获颇丰。

三、佛曲与梵呗的关联及区别

音乐是情感的艺术，故音乐有多种情感术语、力度术语、表情术语等，风格多种组合多样的音乐语言表达方式。不同的曲式、和声、织体、配器组合会出现不同的音乐。世俗音乐所表达的是生活中各种复杂情感。梵呗与佛曲虽然都属于宗教音乐，但佛曲并不等同于梵呗。梵呗与佛曲都是清净庄严的，二者的艺术特征完全区别于世俗音乐。

佛曲和梵呗都属于佛教音乐范畴。佛曲特指佛教仪轨之外的佛教类音乐，佛曲相较于梵呗，佛曲在创作上更具有自主性，其风格多样，感情基调纯粹朴素，通过多种多样的音乐方式弘扬礼赞佛法，功用则侧重于对听觉感受的满足。其在表达形式上用音乐语言美化，具有多样性复杂性，而内容为宗教题材，情感上较普通音乐层次更纯粹，多为悲悯众生，赞扬佛法的虔诚单纯的宗教感情，表演形式不设仪轨的限制，服务对象多为观众，目的是弘法及感召信众的方便，是对传统文化的创新发展。

梵呗相较于佛曲，梵呗的范围更有针对性，主做修行之用。梵呗的使用场合多在寺庙高墙之内，梵呗的旋律及文体，多由祖师大德所定，传唱依靠口传心授，不可随意更改创作。虽然各地传教过程中演化出了各地独具地方特色的梵呗，但梵呗的情感基调纯粹朴素，庄严虔诚，通过发清净心唱诵礼赞诸佛菩萨，震动身体脉轮使气意结合以达到定的境界。虔诚赞叹的清净情绪只是梵呗的基础，其唱诵过程重在对身心的调和，对复杂情感的提纯。梵呗的旋律、曲式结构，相对简单，大多只在逻辑重音处标注节奏，这些音乐语言的运用也都体现出化繁为简。梵呗的内容多为经文偈语，配器简单，其作用为帮助入定故为法器。表现形式为仪轨加法器，风格端庄肃穆虔诚仁爱，多为独唱，一领众和或合唱。其所有表现方式目的均为引导入定，弘扬佛法，传教渡化及功德回向，是对复杂情感的化繁为简，是对传统文化的传承发扬。

四、佛曲与梵呗的现当代养生价值

音声本身具有治疗的作用。佛曲与梵呗的养生治疗功能在多处典籍均有记载，《南海寄归内法传》"三十二赞咏之礼"卷4云："三令舌根清净，四得胸藏开通，五则处众不惶，六乃长命无病"。

《分别善恶报应经》卷下载：

> 若复有人，以妙音乐供养佛塔，获于十种胜妙功德，何等为十……五肢体适悦，六离瞋恚，七庆喜多闻，八崇贵自在，九命终生天，十速证圆寂。如是功德，以妙音乐供养佛塔，获如斯报。

《中天竺舍卫国祇洹寺图经》卷下亦述：

《悉昙三密钞》卷上

五音	角	徵	宫	商	羽
五处	牙	齿	喉	颚	唇
五时	春	夏	土用	秋	冬
五方	东	南	中	西	北
五行十干	甲乙木	丙丁火	己土	庚辛金	壬癸水
五味	酸	苦	甘	辛	咸
五色	青	赤	黄	白	黑
五藏	肝	心	脾	肺	肾
五根	眼	舌	身	鼻	耳
五气	嘳	嘘	呬	呵	吹呼
五声	唤	语	歌	哭	吟
五受	捨	喜	樂	苦	愛
五常	仁	禮	信	義	智
五戒	不殺	不淫	不妄	不盜	不飲
九識	第八阿賴耶識	第七末那識	第九菴摩羅識	第六意識	前五識
五智	大圓鏡智	平等性智	法界體性智	妙觀察智	成所作智
五大	空(不空)地(無礙)	火(不空)火(無礙)	地(不空)空(無礙)	風(不空)水(無礙)	水(不空)風(無礙)
五佛五尊	阿閦、發心	寶生、修行	大日、方便	彌陀、菩提	釋迦、涅槃
五形	圓(不空)	三角	方(不空)	半月(不空)	圓(不空)
	方(無礙)		圓(無礙)	圓(無礙)	半月(無礙)
五句(略)					

图1

> 大梵天王施八部乐，一一乐器有十六种，皆以金银七宝所成，佛为众生示疾。凡此诸乐出音以娱乐佛。如来闻音病即除愈。若病不除乐音便奏六度神足等曲声遍三千。

佛曲与梵呗的养身功效主要体现在以下两个方面：

（一）生理治疗

"五音疗疾"的记载我国古已有之，梵呗与佛曲跟"五音疗疾"体系更是异曲同工，《佛说阿弥陀经》中云："是诸众鸟，昼夜六时，出和雅音。其音演畅五根、五力、七菩提分、八圣道分，如是等法。其土众生，闻是音已，皆悉念佛、念法、念僧……是诸众鸟，皆是阿弥陀佛欲令法音宣流，变化所作。"佛经对梵呗的生理治疗作用早有"肢体舒适""长命无病""胸脏开通"等诸多描述，目前日本僧侣根据所记录的唐朝时期传至日本的诸多佛乐、梵呗曲谱，已整理出梵呗佛曲与五音、五行、五方及五大关系的一套体系。其实梵呗传至中土后，至南朝时期，音律勘定"清商"为"雅乐"，此时"更用此土宫商，饰以成制"（《高僧传》卷三"译经下"）。梵呗"转梵为秦"正式完成后，梵呗的音律方面本土化再结合佛教文体的过程，已然使梵呗和本土文化底蕴相融合。梵呗与中国传统"五音疗疾"理论体系二者之间微妙的关系在中国传统雅乐体系中"五音疗疾"部分得以更好地佐证。梵呗在本土化的过程中，与中国传统雅乐互相影响，这一点下述历史演化部分有详细的论述，中国传统雅乐体系发展的理论基础之一便是"五音疗疾"，雅乐主张"按月用律"把五音对应人体五脏、五味、五行、五色、五臭、五虫，讲究"人与天调"。我们也可以这样理解，当一个人精神与心理都舒畅健康，那么机理部分自然是受到滋养的。

歌唱本来就是一种运动。在梵呗的修习过程中，首先就需要良好的气息支撑，修习者通过扎马步、打桩等强身健体方式，来加强身体机能，以满足梵呗演唱过程需触发人体三脉七轮、灵活运用共鸣腔体的气息支撑。再结合佛教的文体、佛陀的智慧，修习者长期熏习佛法，精情舒畅平静，身体机能亦能更快得以提升。

《悉昙祕传记》
以五音、五行、五大配五句声字事[①]：

五句	ka(喉音) 東	ca(颚音) 西	ta(舌音) 南	ta(齿音) 中	pa(唇音) 北
五音	角東	商西	徵南	宮中	羽北
五行	火南	水北	土中	金西	木東
五大	火南	水西	地中	空東	風北

图 2

《聲明口傳》甲乙反音圖和五音五臟配當圖：

图 3

（二）心理方面

梵呗的表现形式多为一领众和，长此以往必处众不惶。由于仪轨法器及佛经典籍的加持，使人耳根清净，心胸舒畅，歌唱本身就能起到调和心理的作用，又有佛经的加持，其功能更是加倍，能够很好地舒缓压力，带来积极向上正能量的心理作用，这一点梵呗及佛曲都有体现。

殊胜的梵呗，号"音声佛事"，能够感通万物、利益人天，与世间音声有着极大的不同。丛林寺院里传出的钟声、念佛声、歌咏声、梵呗声，庄严、肃穆、柔和、深远，能激发起人们对佛法坚固真实的信仰。"梵音海潮音，胜彼世间音"，梵呗能使我们当下清净，当下觉悟，当下喜悦，当下自在。能使众生通向智慧的彼岸，证得菩提。《妙法莲华经》卷1"序品第一"云："或以欢喜心，歌呗颂佛功德，乃至一小音，皆已成佛道"。这就是梵呗给众生带来的不思议成就。

佛法通过梵呗带给人的情感调和、心理疏导只是梵呗在心理方面对于听众的作用。梵呗的修习过程结合了声乐技、文体、三脉七轮，修习的过程本身就是心灵放松享受的过程。三脉七轮在人体能量的调和上有其独特的功能，不同的脉轮负责的情绪也不同，一些拓展的资料甚至显示，三脉七轮可以通过不同的矿物质、颜色等等辅助人体能量的增长与平衡。梵呗修习的过程正是对三脉七轮的开发探索与调和，用于心理治疗，音乐治疗方面应有其独特的收效。

音乐艺术在它所有的特征中，最为重要的还是在于它的艺术感染力对人类精神世界的丰富，这是音乐艺术与宗教的共通之处。虔诚、清净、庄严、悠远的梵呗音声具有极强的感化力量，能够在法事仪轨的进行当中培养佛教徒对于诸佛菩萨的信心与恭敬心，以及对于众生无量的悲心与慈念，并由此而引发佛教徒内心的至真、至诚、至善与觉悟，潜移默化地促使人们通过自身不断的努力修行，去追求道德的完美和精神的崇高。梵呗与佛曲作为音乐与宗教的交融成果，修习梵呗佛曲不但能够培养修习者的耐心毅力，其滋养丰富精神、强健精神的功效更是尤为明显，能够使修习者更好地服务社会创造价值。

佛曲还可以帮助人们远离暴力、吸毒等。柏林爱乐乐团前首席指挥西蒙·拉特尔致力"音乐救助体系"成立了委内瑞拉国家儿童交响乐团，儿童成员大多来自贫民窟。该音乐救助体系旨在通过音乐传递真、善、美使得贫民窟的孩子们远离犯罪。目前该体系已经成功的帮助了数以千计的贫民窟孩子远离了犯罪，甚至帮助大量的进入过拘留中心的人通过音乐滋养精神，改变了他们人生。现代佛曲在继承传统的基础上，加入现代多元文化元素的创新，适应不同的观众的群体，传播、欣赏、演唱种种现代优秀佛曲，传播善与爱。其音乐形式简单，蕴含丰富哲思，是对现代社会普遍浮躁功利问题的良药甘露。

五、佛曲与梵呗的演变过程及其文化价值

东汉明帝永平年（58-75）间，来自中印度的高僧竺法兰在洛阳白马寺"大梵音叹佛功德，称扬三宝"，这应该是史料记载中梵音第一次响彻中土。《破邪论》上详细记载了竺法兰翻译佛经，讽诵经论，一应大众，围绕竺法兰数百余重，聆听法师出梵音赞叹诸佛菩萨功德的盛况。汉末恒帝时，安息国高僧安世高也曾公开讽诵梵呗。三国时期，西域高僧康僧会来华弘传佛法，他不仅精通佛典，天文图纬，而且曾制《菩萨连句梵呗》三契，所传"泥洹呗声，清靡哀亮，一代模式"。后来，赞宁所著《宋高僧传》中，则奉竺法兰、康僧会分别为北、南两派赞呗的祖师。因为梵语和汉语两套不同的文字语言体系差异较大，梵呗传入中土后，因天竺音律和我们有很大差距。以致"译文者众，传声者寡"。三国时期，在佛教的推广、音韵学的成熟等等条件下，梵语和汉语的音律、曲调、唱辞逐渐相融合。南朝萧梁僧人慧皎《高僧传》卷13"经师"一门记载，"建安文学"代表人物与集大成者，著名文学家曹魏陈思王曹植创作了第一首汉传佛教梵呗——《鱼山梵呗》。

西晋末年，龟兹国高僧帛尸梨蜜在建康建初寺创制传授《高声梵呗》，对于咒法和赞呗在江南的传播发展做出了贡献。东晋时，月支国僧支昙龠善梵呗转读，曾制六言梵呗新声，梵响清靡。造有《六言梵呗》，并成为后世《禅门课诵》所采录。这一时期是汉传佛教的初创时期，除曹植之外，这些早期梵呗的创制者、传授者均为来自西域和印度的僧侣。梵呗的传授还处于"梵响无授"的局面，不过，佛陀音声法门——梵呗，以其独特的魅力逐渐得到广大信众与士大夫阶层认可与喜爱。《高僧传》为诸多擅长梵呗的高僧立传，多次盛赞经师们咏经，赞呗"响调优游，和雅哀亮"。道宣《续高僧传》卷30"杂科声德篇第十"记载："东川诸梵，声唱尤多。其中高者，则新声助哀，般遮掘势之类也"。以忉利天乐神"般遮"比喻梵呗，是很高的赞誉。

《高僧传》卷15"经师第九"载："逮宋齐之间，有昙迁、僧辩、太傅、文宣等，并殷勤嗟咏，曲意音律，撰集异同，斟酌科例，存仿旧法，可正三百余声。"萧齐诗人竟陵郡王萧子良聚集当世文人士大夫与善声沙门一起，创制梵呗新声，成为当时梵呗的基本模式，萧子良主持整理、校勘、创制梵呗，并撰写了《梵呗序》《转读法并释滞》《赞梵呗偈文》《帝释乐人般遮琴歌呗》等，对后世梵呗传承做出了极大贡献。这一时期，南朝译经高僧们用"更用此土宫商，饰以成制"的方法解决了"金言有译，梵响无授"的难题，梵呗"转梵为秦"逐渐完成了本土化。

隋唐时期是中国历史上空前的盛世，唐朝对外文治武功的输出、疆土与外交的拓展、文化上的高度开放包容百花齐放、统治阶层对佛教的皈依与信仰、佛教的深度中国化等背景下，中国汉传佛教得到了极大的发展。在此时期，佛事仪轨进一步发展完善，百丈清规的设立、水陆法会的浩大、焰口佛事的创制、盂兰盆节的兴盛以及八关斋戒、忏悔仪轨，浴佛行像、讲经仪等佛事活动与民俗文化高度融合的空前繁荣，无不贯穿着梵呗。

隋唐时期，在民间，从佛法兴盛到佛事仪轨，从佛事仪轨到民俗文化，佛教创制了种种信众喜闻乐见的形式来弘扬佛法，随着音律的发展，二十八调和八十四调的订立，中国传统音乐和印度、西域的音乐基本完成华梵合流。这一时期，梵呗极度繁荣，广布流传。《续高僧传》卷30"杂科声德篇第十"载："释慧常，京兆人，以梵呗之工，住日严寺，尤能却啭，哢响飞扬，长引滔滔，清流不竭，然其声发喉中，唇口不动，与人并立，推检莫知，自非素识，方明其作"，生动详细地描述了其高超的梵呗发声技巧。隋唐时期，梵呗的标准和要求也规范统一，"梵呗"甚至成为佛教文化管理机构——译经馆的九种常设职位之一。在译经馆的梵呗曲调和唱诵方式规范指导下，梵呗高僧数不胜数。开元年间，唐密由天竺高僧善无畏、金刚智、不空传入中土，在中华大地兴盛弘扬。密乘诸多咒语成为密宗仪轨的梵呗内容。806年，由空海大师将唐密传入日本。随后，唐密于唐会昌年间（841-846）遭遇了中国历史上最为严重的一次灭佛，随之在中国大陆逐渐消亡。与此同时，唐密梵呗及其悉昙声明，也随之失传。东传密法中的梵呗与悉昙声明，在传入日本之后得到了完整得保存和发展，并成为一门成熟的宗教艺术。宋元时期，印度佛教已经衰落，中国佛教文化虽开始由极盛而中衰，但与中国文化紧密融合通俗化而深入人心。这一时期，梵呗也进一步深入民间，继续继承发扬，原属唐密的音乐咒进一步发展，并由高僧普庵禅师创制了《普庵咒》，不仅是著名的佛教咒语同时也是中国古琴著名曲目，对后世民族音乐带来了重要的影响。明清时期，中国汉传佛教持续衰落，这一时期梵呗定型完成并进一步世俗化，并形成了多种唱腔和曲调。近代民国，弘一法师与太虚大师一起创作的《三宝歌》，是对梵呗的一次划时代的革新，也是中国历史上第一首现代梵呗，该歌已经成为中国佛教的教歌。

《魚山私鈔》十二律名

十二律	大簇	夾鐘	姑洗	中呂	蕤賓	林鐘	夷則	南呂	無射	應鐘	黃鐘	大呂
十二調	平調	勝絕	下無	雙調	鳧鐘	黃鐘	鸞鏡	盤涉	神仙	上無①	一越	斷金
十二月	正月	二月	三月	四月	五月	六月	七月	八月	九月	十月	十一月	十二月

（《大正藏》84:842）

图4

（一）悉昙声明

悉昙意译作成就、成就吉祥，是用以记录梵语的梵字字母。《南海寄归内法传》卷4"三十四西方学法"曰："一则创学悉谈章，亦名悉地罗窣睹，斯乃小学标章之称，俱以成就吉祥为目，本有四十九字，共相乘转成一十八章。"《涅槃经疏三德指归》卷9"文字品"曰："此案西域悉昙章，本是婆罗贺磨天所作，自古迄今更无异书，但点画之间微有不同耳。"声明学是古印度语学的理论，古印度五明之一。声明是梵文的基本理论和语言特征，研究梵语的名、句、文、等如何构成的学问，涵盖了语言的声韵、语言、语法。东汉灵帝期间，梵文在开始被传授，并以"反切"法注音，悉昙正式传入；在东汉末年和三国时期，悉昙声明开始初步应用于佛经的翻译；晋朝开始，随着佛经的翻译研究，悉昙声明与音韵学逐渐成熟；唐代，中国僧徒撰写了大批有关悉昙和声明的论著，悉昙声明对中华文明圈产生越来越重大而深远的影响。

（二）清商雅乐与梵呗、佛曲

雅乐起源与西周初年，与宗教音乐同属中国传统音乐范畴，狭义上的雅乐主要是指祭祀礼乐，用于宫廷祭祀天地祖先鬼神，广义上又包含了宴请宾客等的礼仪音乐和乐舞。南朝时期，音律勘定"清商"为"雅乐"，此时，"更用此土宫商，饰以成制"梵呗"转梵为秦"正式完成，从音律的定制，从诸多记载中对梵呗音声的描述："新声助哀""动哀情抱""悲和哀婉"的风格与发音方式来看，梵呗佛曲与南朝雅乐从一开始就有着相互影响，互为表里的密切关系。传统雅乐信奉以音声通鬼神，连接人与天地自然万物，佛陀对于音声有同样的观点，《大方等大集经》"陀罗尼自在王菩萨品第二之一"云："一者知方俗言，二者知鬼神语，三者知诸天语……善男子，是名陀罗尼璎珞庄严"。故当原始佛教音乐传入中土时，面对中国当时以周代雅乐为基础的主流音乐观，梵呗与佛曲能够很好地与本土文化交融至"转梵为秦"。到了隋唐时期，燕乐等新俗乐已然成为佛教"化俗"感召信众的宣传手段，佛曲因此极为兴盛。在现代，佛教音乐的作品亦是多"化俗"，关于佛教音乐本土化与本土原始音乐体系"雅乐"交融的作品极少，常被忽视。其实在梵呗"转梵为秦"后，大多呗赞以雅乐的律吕谱记录，这一部分资料大有挖掘研究、探索复原的空间。不仅是对佛教音乐的开拓，更是对中国原始传统音乐的发扬。当今世界上的雅乐都和宗庙祭礼息息相关，日本的伎乐更是与佛教仪式有着直接的关系，朝鲜李朝雅乐分为宗庙音乐与文庙音乐二部，韩国目前保留的较著名的带有雅乐性质的音乐就是《文庙祭礼乐》。雅乐和以韵文为词的佛教赞曲，分别和梵赞、汉赞与和赞互相影响。在越南，雅乐在每年的宗教假期奏响。

结　语

我们可以看到，佛教音乐自印度传入东土的历史演变过程，是不断与中华文化相融合、与时俱进的过程。梵呗的中国化不但是中华民族文化兼收并蓄、包容性、多元性的体现，更是宗教信仰生命力的顽强生机凝聚。佛教音乐属于宗教与音乐的交叉领域，因此研究上还可以不断探索新的方法，研究时应该严格按照佛陀的"四依四不依"原则。

梵呗由于传播方式（口传心授）、记谱、流派等原因，在长期的历史发展中，不可避免的有所散佚，传承复原有一定难度，很容易歪曲变形。现代科学可成为研究佛教音乐最好的与经典相佐证的工具，使实践与理论相结合以现佛法真实义。在当今，利用现代科技记录保存研究梵呗已有很多方法，以科学的发声方法结合经典来研究梵呗，唱诵梵呗，不仅可以保护僧众的嗓音，还可以唱诵出更好的音声效果来供养诸佛菩萨。

梵呗修习在历史传承过程中，绝大多数信徒对声乐知识并不了解，很多时候唱诵无法触及三脉七轮全部震动，全身歌唱，心思清净达三昧境地，使得功德回向的功能及修习功能均不能达到最佳，或由于口传心授，个人表达或个人理解有偏差，易使传承过程出现缺失。因此笔者认为杭州佛学院开设佛乐专业真是切合实际、利乐有情，使佛教音乐能够更好地致力于佛教在现当代的发展。根据《保护非物质文化遗产公约》等文件中提出"神圣性"应作为梵呗保护原则中的"本真性"。梵呗的修习作用即它的本真神圣性。梵呗的发展历史本身即是一个演变的历史，新时代应在适应社会需求的同时保留保护其本质，梵呗对于佛法修习、音乐治疗、心理治疗等领域均有功效，应努力开发创造，系统整理运用，使梵呗这一佛教文化的瑰宝可以利乐众生。而佛曲亦可通过现代科技手段，或以现代更亦接受的表达方式演绎创造，如可以创作佛曲说唱、佛曲为主题的经变故事音乐剧、佛曲音乐会、大型沉浸式宣传展览等。

宗教与音乐从来都有着千丝万缕的联系，二者均是衍生于精神意识，音乐因为宗教而得以神圣化，散发长效持久的艺术魅力，宗教题材向来是音乐创作的无尽宝库，而宗教的传播离不开音乐这一威力巨大的手段。中土文化与印度佛教文化的首次交锋，甚至是由一首佛曲展开。当宗教与音乐相互傍生，其产生的魅力，是何等的奇妙，让人难以抗拒。在佛教中土化成为我国文化中极其重要的一部分的过程中，梵呗、佛曲均是其间产生的瑰宝。研究、运用佛教音乐，不仅可以继承发展我国优秀的传统文化，还可以促进不同民族、国家和地区之间的交流，促进世界文化的交流融合。佛教音乐，在我国台湾地区、日本等地的佛教界受到了特别的关注与重视，时常举行规模宏大、多种多样的和佛教音乐有关的表演，活跃于全球各种文化交流传播的场合，无论就宗教而言还是音乐而言，都产生了不可忽视的影响。我国佛教音乐在漫长的发展史演变下，独具特色，并且在我国各地留下了珍贵的文化资源。这些资源如何得到更好地保护、挖掘探索、发展利用，如何使我国的佛教音乐能在新时代更好的造福人类，尚需要我们继续努力研究探索。

中原与江浙地区佛教梵呗文化的传承与发展

中国菊园　韩鹏　李惠良

中国传播的天竺梵乐和天竺佛教，是一个不可分割的整体。东汉的首都在中原洛阳，自佛教传播至中原，佛教梵呗也开始在我国中原地区流传。早期的中国佛教活动，基本承袭了天竺呗形制，佛教史上，称其为"西域化"的讲经吟唱方式。天竺梵呗又在中原地区初步实现了中国化之后，中原梵呗文化不断向长江以南地区传播，形成具有多种地域特色的中国梵呗文化。

一、天竺佛教梵呗文化在中原启动了中国化过程

东汉时期，佛教史上著名的天竺国竺法兰，对天竺梵乐在中国的传播做出了重要贡献，后世尊他为北方梵呗祖师。

（一）天竺佛教梵呗是中国化佛教梵乐的基础

慧皎《高僧传》卷1记载：

> 明皇帝夜梦金人飞空而至，乃大集群臣，以占所梦。……而遣郎中蔡愔，博士弟子秦景等，使往天竺。愔等于彼，遇见摩腾，乃要还汉地。腾译《四十二章经》一卷，初缄在兰台石室第十四间中。腾所住处，今洛阳雍门外白马寺是也。

智昇《开元释教录》卷1记载：

> 于大月支国与摩腾相遇，时蔡愔等固请于腾，遂与同来。至于洛邑，明帝甚加赏接。所将佛经及获画像，驮以白马，同到洛阳，因起伽蓝，名白马寺。渚州竞立报白马恩。腾于白马寺出《四十二章经》。……沙门信士接踵传译，依录而编，即是汉地经法之祖也。

中天竺国人摩腾与竺法兰两人均享有"汉地经法之祖"的盛誉。赞宁《宋高

僧传·读诵篇》云："原夫经传震旦，夹译汉庭，北则竺兰，始直声而宣剖"。竺法兰传的"真声"，以"雄直宣剖"而长取胜，是竺法兰在中原传承天竺梵呗的主要特点，奠定了梵乐在中国中原地区发展的基础。同一时期，箜篌、琵琶、筚篥、都昙鼓、鸡娄鼓、铜钹、贝等乐器和许多著名乐曲如《摩诃兜勒》等，以及鼓吹、饶歌、苏祗婆琵琶七调音乐理论，也相续从天竺佛教国家传入中国，对中国音乐及音乐理论的发展起到了重要的推动作用。关于天竺佛教乐器传入中国的种类问题，目前虽然存在一些争议，但东汉时已有天竺佛教乐器传入已是不争事实。

尽管竺法兰带来的天竺梵乐，与中国化的佛教梵乐是两种不同的梵乐，却是中国化的佛教梵乐的先声和基础。

（二）中国化梵呗以曹植"鱼山梵呗"为起点

中国的梵呗文化，始于居住中原地区的陈思王曹植的"鱼山梵呗"。后世佛教梵呗，是以"鱼山梵呗"为标准的简称，泛指为传统佛教音乐。

曹植为传始中国化佛教梵呗提供了典范，历经支谦、康僧会、觅历、帛法桥、支昙钥、昙迁、僧辩、慧忍、萧子良、梁武帝等僧俗名家的继承和发展，通过进一步运用中国民间乐曲，另创新声和改编佛曲的尝试，使天竺佛教音乐逐步与中国传统乐曲文化相结合，逐步走上了繁荣、发展的道路。它盛于齐梁，普及于隋唐，兴盛于两宋。

唐朝贞元年间，日本僧人空海、圆仁等将梵呗请至日本大原生根，谓之"鱼山声明"；请至韩国，称之"鱼山"。流失在外鱼山梵呗，经鱼山梵呗寺住持永悟禅师发弘誓愿、挖掘整理、正本清源，传承重辉，并于2008年6月，被国务院公布第二批国家级非物质文化遗产保护项目，现称"鱼山梵呗"。今有《中国鱼山梵呗文化节论文集》《鱼山梵呗声明集》《中国梵呗传承法要》等专著行世。

中国化的佛教梵呗源于中原地区。三国至西晋时期，开封已有佛教寺庙建立，自然也开始有了佛教梵呗传承。尤其是开封陈留之地是梵呗始祖曹植的封地，理应成为中国化佛教梵呗最早的传承之地。

（三）古都开封为中国化梵呗传承、发展之地

朱士行至于阗取经，写得《大品般若经》，遣弟子弗如檀送到洛阳。后送往陈留郡仓垣水南寺，被于阗沙门无叉罗等人译出，开始以佛乐的形式歌颂。对推动佛教与佛乐在中原地区的发展，发挥了重要作用。从此之后，开封水南寺名称大振，成为西晋时期中国化佛教、佛乐的圣地。随后"八王之乱、衣冠南渡"，《放

光般若经》被传承到了江浙地区，推动了中国东南地区佛教、佛乐中国化、本地化的进程。

北齐天保六年（555），始建建国寺，后毁于战火。唐代长安元年（701），慧云云游至开封，于建国寺旧址复建。唐朝延和元年（712），唐睿宗李旦赐相国寺，并亲笔"大相国寺"匾额。空海赴唐，曾寄居大相国寺。大相国寺传承了发源于曹植创始的中国化佛教梵呗，并且一直传承到了北宋时期。

（四）唐宋时期中国梵乐地位显赫、深入人心

唐代佛教传播深入民间，梵乐吟唱，也随着佛事活动的隆盛而获得了广泛的发展空间，尤其是唐朝宫廷出于对佛教的信奉，不仅将梵乐引入皇宫斋天、祈福、报谢、追悼及宗庙祭祀等传统宗教活动中，并在礼娱宴乐中，也演奏佛曲，伴以歌舞助兴。梵乐的地位得以极大地提高，佛曲也成为唐代的主要音乐体裁。佛教活动愈是大众化、本土化，梵乐也就愈来愈要求民间化、通俗化。

至宋代，梵乐开始完全采用民间曲调，且为各寺院所普遍接受和采用，最终形成了中国梵乐最基本的音韵调律，确立了中国梵乐风格的形成。宋代梵乐完全被民间曲调所取代的事实表明，这是中国化佛教梵呗进程的巅峰，也是中国佛教梵呗进入发展新时期的开始。时至今日，许多名山宝刹，仍然承袭着自宋、元、明以来的梵乐曲调。只是在具体唱法上打上了地方特色的烙印，使中国梵乐曲调更加丰富多彩。

二、北宋开封大相国寺佛教梵乐发展的历史状况

大相国寺坐落在宋都开封的中心地带，是北宋时期的皇家寺院。

（一）唐宋时期开封大相国寺的历史地位

战国时期，开封为魏国故都大梁，地处天下要冲。东魏时期，以陈留郡分置梁州。北齐时期，以开封郡省入陈留郡。北周改梁州为汴州，为汴州得名之始。隋朝大业二年（606）废州，分其地入荥阳郡、梁郡、颍川郡。唐朝武德四年（621），置汴州，属河南道；唐代贞元二年（785），自宋州徙宣武军于此。

唐代汴州开封，虽为河南道统辖下一地方单位，但自从隋代开通济渠以来，成为"水陆都会"而名扬天下，商贸和文化活动均十分频繁和发达，堪为地灵人杰。得益于古都开封优越的自然地理和壮阔的人文活动的上善因缘。唐代著名画家吴道子，雕塑家杨惠之、王温，文化巨匠李邕，以及当时京城第一琵琶大师善本长

老的乐团传人虚真大师等,均在大相国寺的文化史留下了光辉的印迹。大相国寺自建寺之始,铸就了独特禀赋的文化构架,终以文化寺院而享誉天下。

(二)唐代大相国寺梵乐文化发展的优势。

自大相国寺创建之始,便有乐僧越仁、虚真在寺院演奏梵乐的记载。唐代天宝年间,大相国寺已出现完整的乐队,每当高僧在开讲《法华经》之前,敬献梵乐,感谢佛恩,以吸引听众。唐代大历年间,大相国寺已将向佛献乐定为制度,开坛讲经必由乐队献乐,以表庄严和虔敬。这一传统文化的形成,也使得大相国寺开始注意对梵乐曲目的整理和收藏,也为后世保存了大量较完整的古乐谱。从某种意义而言,这种代表性源于寺院对中原佛教音乐文化继承的优良传统,终使大相国寺梵乐成为整个中原传统音乐的典型代表。至德年间,经唐肃宗批准,河南道统僧录司设在大相国寺内,使得寺院的政治地位空前提高,梵乐的发展也更臻鼎盛。

(三)大相国寺梵乐传承发展的代表作《驻云飞》

唐代的大相国寺,正处在发展的上升阶段,不仅组建了专业的梵乐乐队,还在吸收古乐曲和舞曲来充实梵乐方面,有着长足的发展。大相国寺大型梵乐变奏曲《驻云飞》,经由寺院专业乐僧的整理和创新,演变成一部完整的梵乐作品。

《驻云飞》也称《朱云飞》。"朱"者,赤也,是红色、光明、太阳和佛光普照的象征。佛教要求僧众要有高尚的道德情操,外表朴素大方,衣服颜色素净,所以袈裟不用艳色,而用紫色,名为"福田紫衣"。而袈裟内层的颜色,可用大红、金边,象征着太阳光芒和出家人高尚的品德,即"内外光明"之意,故梵乐取此名。据说此曲是按照"法曲"美的标准,由佛来裁决形成的,任何人都不能擅自更改。演奏时要求乐工"心诚则灵"。所以,长期以来它基本保持了较完整的原貌。

2008年,大相国寺梵乐被国务院公布为第二批国家级非物质文化遗产。据王宗葵《大相国寺音乐师传承谱孤本》引大相国寺曹洞支系第29代僧人、专职乐僧释佛禅介绍:"《朱云飞》是华夏正音,是一首古老的乐曲……大相国寺初建时就有这首曲子了"。如此说不误,《朱云飞》应为南北朝时期的梵乐作品。《驻云飞》全曲共有六百一十九个小节,包括九个乐段,另有引子和尾声的散板部分。该曲运用不同的佛教素材和变奏手法,采用统一的梵乐风格贯穿而成。它如佛日中天、普临天下,气势甚为博大、恢宏,象征佛光普照,降福世人。《驻云飞》实为梵乐成熟的一个标志,可与当时唐代歌舞大曲相媲美。

这一时期,歌颂佛教天神摩诃迦罗的传统乐曲《耍孩儿》《普庵咒》《水先枝》《柳含烟》等一大批系列梵乐,也在此时汇集或创作于开封大相国寺,进而传诵天下。

仅唐开元年间崔令钦《教坊记》、明代永乐年间《诸佛世尊如来菩萨尊者名称歌曲目录》等音乐典籍中，所载唐代大相国寺梵乐就达三十余首（部）。大相国寺梵乐能为唐、明时期诸音乐史籍所记载，足以表明大相国寺在佛教梵乐中的影响和地位了。

三、北宋开封大相国寺梵乐发展的高峰

北宋定都东京开封，作为宋都最大佛刹的大相国寺，倍受北宋帝王的礼遇和崇奉，被钦命为"为国开堂"的"皇家寺院"，并设中央直属管理机构"左街"于寺内，与"右街"开宝寺共同管辖全国佛教事务。

（一）大相国寺佛教梵乐文化隆盛的标志

经多次扩建，开封大相国寺占地达540余亩，辖64个禅、律院，僧众数千人，是当时全国佛教中心，一跃而成为"天下首刹"，寺院建设也空前鼎盛。北宋时期不独高僧云集，也是朝廷巡幸、祈报、恭谢、祈祷等国礼祝祷的首选道场，以及招待安置外国使节和外国僧侣重要场所，堪为全国中外文化及佛法交流的中心。随着北宋时期大相国寺发展的盛势，大相国寺的梵乐也达到最隆盛的阶段。

一是由于朝廷对寺院的崇奉，国家许多重大活动和典礼都放在寺院举行，寺院为适应朝廷礼仪的需要，无论是乐队还是所演奏的梵乐，都必须更专业更规范，演奏的技艺也必须更高超，入微和庄严。因此，大相国寺重视音乐，培养专职乐僧，严格训练技巧和认真演奏乐曲的优良传统自然形成。

二是由于朝廷参与及在财力、人力和物力方面的支持，大相国寺自北宋初期即组织起庞大的专业乐队，其状况是空前的。大相国寺在寺内专门修建了演奏七弦琴的梵乐专业乐团——"维摩院"，并在大殿前修建了专供游人和香客欣赏梵乐的演奏广场——"乐棚"。这些普通寺院绝无仅有的专业设施，足以说明寺院梵乐发展的鼎盛及专业。

三是大相国寺受朝廷之命，秉负着"为国开堂"的使命，每届住持均由朝廷任命。住持大多精通乐律，以组织、参与朝廷举行的各种礼仪活动。大相国寺的主持，还必须根据朝廷的要求，在赴任以后对各种佛教音乐资料做一次全面梳理，使之记录存档。在大相国寺历史上，不仅涌现出大批造诣很高的专业乐僧，还将大批梵乐资料一直保存下来，实为受益于寺院制度建设的结果。

（二）大相国寺梵乐的主要特点

宋代梵乐在道德、习俗、艺术等方面，都颇有创新和成就，既保留着唐代以前梵乐的基本特点，又有所发展和完善。这种发展和完善，主要表现在深入的技艺实践方面，包括社会习俗、风气、心理和情感生活等多方面，成为开封梵乐的显著特点所在。仅就大相国寺的梵乐而言，由于寺院与上至朝廷、下至民众广泛深入的接触、互动，寺院梵乐大量吸收了宫廷音乐和民间音乐。寺院坚持以"皇家佛刹"自律，致力于为朝廷各种礼仪活动服务，创建了供士人欣赏"阳春白雪"式梵乐的音乐厅，又设置勾栏瓦肆，常年举办民众参与"下里巴人"式梵乐大棚。这种普及性的大众音乐盛会，把寺院梵乐推入人们日常生活之中，最大限度地扩大了大相国寺梵乐的社会影响，成就了大相国寺梵乐雅俗共赏的基本特征和海纳百川的佛家胸襟。

（三）两宋两都佛教、佛乐文化具有传承关系

大相国寺在教内具有极高的社会政治地位，是秉负皇命、管理天下寺院职能的天下宝刹。大相国寺传承、创新的梵乐，自然也成为一种国家标准和佛教典范，突出地代表着宋代帝王礼仪之乐，无可非议地成了中原传统佛教音乐的典范。大相国寺梵乐的典范作用，对于推动北宋时期中国佛教佛乐的传承、发展和创新，起着巨大的示范和推动作用。不仅如此，还对通过江浙一带向东亚地区传承中国佛教和佛乐，发挥着承前启后的重要作用。如北宋哲宗在位初期，高丽国王子僧统义天远涉大洋，入宋求法巡礼。宋哲宗得知高丽义天渡海涉险入宋求法之事后，非常重视，派遣官员一路护送至东京，并以国宾礼遇相待。

据南宋李焘《续资治通鉴长编》记载，义天在垂拱殿受到哲宗皇帝和皇太后高氏的热情接见，并赐法服，义天国师则进奉佛像经文。义天向哲宗上表乞师受业，哲宗推荐东京严觉寺有诚。于是，义天执弟子礼，从其习法，往返问答贤首、天台两宗判教异同及其幽妙之旨。此间，义天还先后参谒了大相国寺之圆照宗本和兴国寺西竺三藏天吉祥。其中，圆照宗本乃禅宗青原系十一世法嗣，特为义天升堂说法，并以偈赠之。宋哲宗派遣主客员外郎杨杰伴送义天，去杭州大中祥符寺拜谒了净源。即北宋元祐元年（1086），净源入住慧因寺，开讲《华严经》，义天亦随师移住此寺。期间，净源欲于寺中置教藏，义天于是舍银置教藏七千五百余卷施之。后来，义天归国，将《华严经》三部一百七十卷送与慧因寺，并捐资建造华严经藏经阁及菩萨像等，被誉为"华严第一道场"，俗称"高丽寺"。据明代吴之鲸《武林梵志》记载：

宋元丰八年（1085），高丽国王子僧统义天入贡，因请净源法师学贤首教。元祐二年（1087），以金书汉译《华严经》三百部入寺，施金建华严大阁藏塔以尊崇之。

可见，早在北宋时期，江浙及杭州一带佛教的发展就已达到很高的程度。尤其是北宋靖康之乱、宋室南渡之后，开封皇家寺院的僧人将佛教佛乐文化进一步传承到江浙，尤其是杭州一带，将中原传统的佛教音乐带到南宋皇都临安，对于融合中原与南方的佛教佛乐文化起到了重要作用。

京都北韵禅乐社瑜伽焰口佛顶尊胜陀罗尼版本源流考

中国科学院大学人文学院　张明悟

一、瑜伽焰口的历史和派别

瑜伽本来自密教，瑜伽焰口也就是一种密教仪轨，在密教上师阿阇梨的带领下建立曼陀罗，周遍法器、香花、净水等，通过做手印，持诵陀罗尼，冥想等方式来超度恶鬼亡灵。密教给予现代人的印象往往和西藏有关。实际上，藏传密教只属于密教佛教的一个分支，而汉地曾经也有密教的广泛流传，只不过不被今人所熟悉。无论是西藏还是内地，各派密教都是从古印度佛教中的密教发展过来的。密教的梵文原形是 Guhyayāna，其准确的汉语意思是"密乘"。[①]从学术上讲，"密教佛教在印度是于七世纪间开始系统化并形成的一种哲学基础。"[②]

瑜伽施食焰口是密教的一个比较重要的修法仪轨，最早的仪轨出现于唐代高僧实叉难陀翻译的《佛说救面然饿鬼陀罗尼神咒经一卷》，其中的"面然"是一个名为"焰口"的饿鬼，佛祖为了救度焰口而向阿难传授了密教施食之法，最后解除了恶鬼们的痛苦。后来开元三大士之一的不空和尚又重新翻译了《瑜伽集要焰口施食起教阿难陀缘由》《佛说救拔焰口饿鬼陀罗尼经》《瑜伽集要救阿难陀罗尼焰口轨仪经》等密教经典，进一步丰富了这一仪轨的内容，到了宋辽之际，有些高僧对此陆续增补。元代之后，藏传密教进入内地，极大影响了内地瑜伽焰口的仪轨内容，明清之后，中国南北各地陆续形成多个瑜伽焰口本子，而南方地区的版本相对较为统一。如明代僧人天机依据《瑜伽焰口施食科仪》删成《修习瑜伽集要施食坛仪》，世称《天机焰口》。到了明代万历年间僧人袾宏对此又略作修订，名《瑜伽集要施食仪轨》。整个清代，焰口本子有各种流派和师承，彼此大相径庭。相对而言，南方焰口被世人熟知一些，北方焰口则一直不太被人重视，

[①]　吕建福：《中国密教史》，中国社会科学出版社，1995年，第3页。
[②]　参巴托恰梨耶：《佛教密教》第32–42页，转引自周一良：《唐代密宗》，上海远东出版社，2012年，第3页。

无人专门研究，这不得不说是密教研究的一大缺憾。

整个北方，焰口本子存留较少，京东北韵禅社的《瑜伽焰口仪轨》算是比较难得保存下来的一种，目前所存的本子为清代同治年间再版，其主要内容包括设置法坛，结手印，持诵各种密教陀罗尼等，还有各种的说唱。但从其内容来看，则是相当古老，而且与南方本有较大的不同。相对于南方焰口本，北韵瑜伽焰口有两大特色：说唱内容的丰富性和佛顶尊胜陀罗尼版本的特殊性。

说唱内容的丰富性是指相对于南方比较流行的焰口本，京东北韵焰口本的说唱形式较为丰富，糅合了五言和七言律诗，曲牌等格律，内容也相当丰富。超度孤魂的范围变得更广，比如对其他焰口均不提及的农夫"孤魂"，这里也详细唱诵招纳："一心召请田畴老叟，南亩农夫，春耕耘畔雨淋头，夏热汗流于禾下，戴星出披星入，辛苦不辞；过岁丰遇岁荒饥寒难免。呜呼！岂不闻，野草闲花色已衰，滨鸿社雁去还回，春天露冷麦苗秀，冬月寒人踪迹稀。如是古往今来，老叟农夫一类孤魂等众"。

北韵焰口的另一大特色就是其中仪轨持诵陀罗尼中最长的陀罗尼——佛顶尊胜陀罗尼的特殊性。尤其是在佛顶尊胜陀罗尼版本是南方版本所没有的，为国内仅见，尤为珍贵。

说到佛顶尊胜陀罗尼，我们首先要明白什么是陀罗尼？因为密教中的核心修持方法之一就是持诵陀罗尼。"陀罗尼"梵文为 dhārani，原意是"总摄""能持""忆持不忘"，也叫"总持"，实际上指的是为了能够记忆佛法的一种方法。《大智度论》卷五：

> 何以故名陀罗尼？云何陀罗尼？答曰：陀罗尼，秦言能持，或言能遮。能持者，集种种善法，能持令不散不失……能遮者，恶不善根心生，能遮令不生，若欲作恶罪，持令不作，是名陀罗尼。

密宗对陀罗尼的功效非常看重，认为陀罗尼是诸佛之秘钥。《宋高僧传·善无畏传》认为，"陀罗尼者。是菩提速疾之轮。解脱吉祥之海。三世诸佛生于此门。慧照所传一灯而已。根殊性异灯亦无边。由是有百亿释迦微尘三昧。菩萨以纲总摄于诸定。顿升阶位邻于大觉。此其旨也"。[①]

同时，与陀罗尼相对应的还有"真言"和"咒语"。"真言"的梵文 mantra 词根 man，原意为"思维""思想"，后缀 tra 的原意是"工具"，二者合起来就是"用来思维的工具"。"咒语"的梵文为 vidyā，则是代表宗教中的祝祷词和颂歌。

---

① （宋）赞宁：《宋高僧传·善无畏》，中华书局，1987年，第18页。

这三者本来各有区别，但是进入中国以后，其意义逐渐混淆。比如在一般经幢上所见到的陀罗尼"唵嘛呢叭咪吽"，有人称为"观音六字大明陀罗尼"的，也有称为"观音六字真言"的，还有称为"六字大明咒"的，三者的意义基本已经混同。

佛经中遗留下来的陀罗尼比较多，何以佛顶尊胜陀罗尼如此出名呢？一切原因则要从该陀罗尼经的特殊性说起。它的出名源于寺庙中最常见的一种建筑——经幢，这种建筑一般由石刻而成，八角或者六角，上有宝顶飞檐，成对或者单个安放在山门或者大殿之前。唐宋时期，几乎天下寺庙皆立经幢，这种风气一直持续到今天。而经幢主要就是为了镌刻佛顶尊胜陀罗尼而立。

但是佛顶尊胜陀罗尼在中国普及的过程却不是那么简单的。最早的《佛顶尊胜陀罗尼经》在后周保定四年（564）就已经翻译出来，但是和其他诸多陀罗尼一样默默无闻。一百多年后，《佛顶尊胜陀罗尼经》突然名震天下广为流传，从此在华夏大地绵延千年而不衰，起因就是此经的再度入华和重新翻译。这涉及了一个和文殊菩萨有关的传奇故事：古天竺西南罽宾国沙门波利来五台山求法，遇到文殊菩萨化身为老人建议他求此经书，于是波利"寒暑周游九万里"，经历七年最终寻得此经，并于永淳二年（683）带回长安。《佛顶尊胜陀罗尼经》二次入华，且附带了传奇经历，于是迅速被唐王室推崇，皇家曾试图独占此经藏匿不发，波利再三恳求方得送还，此番经历使得佛顶尊胜陀罗尼迅速名满天下，无论是皇室还是平民莫不供奉持诵。唐大历十一年（776），唐代宗敕令天下僧尼每天念诵二十一遍《佛顶尊胜陀罗尼》，并命当时的凉国公李元琮将军亲自负责监督，通过行政的力量来推广此陀罗尼，唐代密教的领军人物开元三大士也积极参与《佛顶尊胜陀罗尼经》的再度翻译和正式的仪轨制定，借其影响力来推广唐密。于是，传奇的经历、皇室的推崇和开元三大士的参与都使得佛顶尊胜陀罗尼在华夏迅速普及，千年不衰。

就内容而言，《佛顶尊胜陀罗尼经》核心讲述的是一位名叫"善住天子"化险为夷的故事。"善住天子"和其他天人一起游园之时突然得知七日之后,他命将尽，还要受七返畜生身之苦。他惊恐绝望之余求助佛祖，佛祖告诉他只有持诵佛顶尊胜陀罗尼可以"能净一切恶道，能净除一切生死苦恼……若有人闻，一经于耳，先世所造一切地狱恶业，悉皆消灭。" 善住天子记下了此陀罗尼，依法持诵了六日六夜，最后住菩提道，增寿无量，甚大欢喜。佛顶尊胜陀罗尼既可以消灾延寿，又能超度亡灵，这就具有利益生者和亡者的两大功效，因此大受中国信众的欢迎。

二、佛顶尊胜陀罗尼译本历史

对于佛顶尊胜陀罗尼稍有了解的人都会发现，佛顶尊胜陀罗尼的版本非常多，多达几十种版本，以致初学者不知道持诵哪一种。原因还是要从历史上说起，由于佛顶尊胜陀罗尼被李唐皇室推崇，天下皆知，各方都很重视，因而大家对准确持诵此陀罗尼非常注重，唯恐持诵时发音不准，影响法力，很多高僧纷纷翻译，就出现了很多译本。截至唐代晚期已被翻译八次，而且每次翻译又衍生出不同版本，版本之间句数和汉字均差别很大。

第一译：后周宇文氏武帝保定四年甲申岁（564），三藏阇那耶舍于长安旧城四天王寺译出，尊胜佛顶陀罗尼并念诵功能法一卷五纸。

第二译：唐高宗仪凤四年（679），佛陀波利重新取经带至长安，武则天敕请日照三藏和司宾寺典客令杜行颛一起翻译，该译本中一些文字避讳了唐代皇帝如李世民和李治的庙号及姓名。"世尊"为"圣尊"，"世界"为"生界"，"大势"为"大趣"，"救治"为"救除"。武则天知道这一情况后，开明地说佛祖圣言无须避讳，可如实翻译。（见《佛顶最胜陀罗尼经序》彦琮序，永淳元年五月二十三日）

第三译：还是仪凤四年（679），佛陀波利将从宫廷求回的梵经带到了西州寺，寻访到精通梵文的汉人僧人顺真，两人一同翻译出来。

第四译：高宗永淳元年壬午岁（682），日照三藏又将此经书再翻译了一次，把杜行颛没翻译完全的字又补充翻译出来。

第五译：武则天垂拱元年（685），僧人地婆诃罗三藏，随武则天驾于东都洛阳，又把经书翻译一遍，名为《佛顶尊胜名净除业障经》。

第六译：唐中宗景龙四年（710），义净三藏于长安荐福寺又译一遍。

第七译：唐玄宗开元十年（722），善无畏三藏译出《佛顶尊胜瑜伽念诵法》两卷。

第八译：唐代宗广德二年（764），密教大师不空在长安密教道场大兴善寺译出《佛顶尊胜念诵供养法》一卷二十纸。

直到沙门慧琳写《一切经音义》时的唐德宗贞元十八年（802），前后约二百余年间，此经居然被翻译了八次！这在中国翻译史上是很少见的。宋代著名僧人法天在11世纪初重新翻译《最胜佛顶尊胜陀罗尼经》，此则为第九译。而笔者最近又在河南许昌金代经幢发现宋高僧法护的译本，为其第十种译本。到了辽代，契丹国师慈贤又再度翻译，他的版本是在唐代波利本上进行了一定修改，对一些表音汉字上进行了改动，推测是因为辽燕京地区音韵与唐长安一带有了差别。

这样，从北周到辽代，从现存记载来看，佛顶尊胜陀罗尼至少被翻译了十一次！这十一次仅仅是翻译的次数，每一次翻译又会产生几种差别细微的版本，就大正藏所收录的来看，就有九种之多。未收录的版本究竟有多少，至今尚无定论。不同版本之间句子数量不同，如最早的波利本为三十四句，地婆诃罗本有四十八句，而义净本则有五十三句。另外对同一梵字发音的汉译也完全不同，如对于梵音"viśuddhaya"，杜行顗翻译为"毗输陀夜"，义净翻译成"毗输驮也"，有的不空版则为"尾戍驮也"，波利早期本多见"尾戍驮耶"，波利晚期本则为"尾戍驮野"。其余的词差别就更大了。日本学者藤枝晃研究了三十六个《佛顶尊胜陀罗尼经》，皆表明是波利译本，其中的关键咒语陀罗尼则有八种不同的版本，主要是断句的不同，或侧注的不同。①但是笔者发现，上述研究仅仅局限于文献上，而就经幢实物来说则更为复杂，至少有几十种。出现如此多的版本不可避免产生纷争，究竟哪一种最好呢？所以在唐朝就对版本的正确性出现了各种争议。

唐代朝议大夫兼侍御史武彻讲述的《加句灵验佛顶尊胜陀罗尼记》中，根据民间出现的几个传奇来向世人阐述不同版本之间功效的巨大差异。武彻讲到当时佛顶尊胜陀罗尼的流行情况："佛顶尊胜陀罗尼者，一切如来秘密之藏，总持法门，大日如来智印。吉祥善净，破一切恶道，大神力陀罗尼也。昔仪凤年中，佛陀波利所传之本，遍天下幡刹，持诵有多矣"。而他本人从小就时常念持，永泰初年丧妻之后更是心无旁骛倍益精心。当时有殿中侍御史蒋那告诉武彻说自己已经证悟佛法，武彻赶紧问是何因，蒋说是因为持诵佛顶尊胜陀罗尼的缘故。于是武彻就让他读诵给自己听，发现蒋御史持诵的佛顶尊胜陀罗尼的字数比自己读的要多，发音也有很多不一样的地方。御史告诉武彻他读诵的版本得之于一位王居士，而居士受之于金刚智三藏，并向武彻讲述了详细来历：开元时期五台山的王姓居士、东京洛阳的王少府、武则天时期蒋大夫行通事舍人张承福及一个百济僧人等，他们开始都一直持诵缺句和漏句的佛顶尊胜陀罗尼，收效甚微，最后找到了"加句补足"版本之后，"神验颇异"。相比于佛陀波利传本，文句大体相同，只是比波利版本多出九句共六十九字。后来僧人惠琳修《大藏经》目录之时，新收录了六百余卷过去未入藏的经书，其中就把武彻所叙述的感应神验的佛顶尊胜陀罗尼也收录了进去，并在卷末亲自写序，此时为大唐元和十四年（819）。

武彻的故事显然有明显宣扬金刚智所译版本的倾向，但是也反映出佛顶尊胜陀罗尼版本的特殊性。一直到今天，其版本也没有完全统一，不同的人都坚持各自版本是最正确的。《大正藏》中收录了九个左右，而北京周边辽金经幢所见又

---

① 刘淑芬：《灭罪与度亡——佛顶尊胜陀罗尼经幢之研究》，上海古籍出版社，2008年，第17页。

有不同于《大正藏》的十余种，就是名为波利翻译的版本也有好几种，其中文字差别很多，而京都北韵禅乐社瑜伽焰口中所用的佛顶尊胜陀罗尼版本究竟是哪一个版本呢？经过深入分析，可以发现情况绝不简单。

三、京都北韵禅社瑜伽焰口中佛顶尊胜陀罗尼源流考辨

佛顶尊胜陀罗尼是京都北韵禅社瑜伽焰口中最长的一个陀罗尼，相对于一般的焰口本，此仪轨中要持诵两个佛顶尊胜陀罗尼，第一个叫"加句灵验佛顶尊胜陀罗尼"，其咒语如下：

> 南无薄伽伐帝怛啰路枳也，钵罗底尾始瑟咤耶，没驮耶，薄伽嚩帝，怛你也，你他也，多户户唵普隆隆尾秫驮耶尾秫驮耶，娑摩娑摩三满多伐婆娑娑婆啰那誐底誐啰贺那，娑伐婆伐尾秫睇阿鼻诜左覩輸，素誐多伐啰伐左那阿密栗多阿鼻晒该誐诃满怛啰播乃阿贺啰阿啰贺啰，阿曳散驮啰你秫驮耶秫驮耶，誐誐那尾秫睇乌瑟你沙也尾左耶尾秫睇也莎诃，娑啰啰舍啰舍名散祖你的哩萨哩誐伐怛他阿誐多伐庐竭你瑟咤波啰密哩多波利波啰你萨哩伐，怛他阿誐多讫哩那阿地瑟咤那阿地瑟止多摩诃母的哩嚩左啰伽耶僧贺达那尾秫帝也萨哩伐，阿伐啰，那婆伐纳你演底波利秫帝，钵啰底你伐利多野阿欲秫帝三摩耶阿地瑟咤那秫帝，摩宵摩宁摩诃摩宁，尾摩宵尾摩宁摩诃尾摩宁，啰怛多部多故知波利秫帝尾萨普咤耶设殿秫帝左耶左耶尾左耶尾左耶，娑摩啰娑摩啰啰密哩誐伐没驮阿地瑟咤那秫帝，伐日啰伐日啰誐哩鼻伐日啰伐覩婆伐覩舍利蓝萨哩也伐多喃左伽耶波帝秫帝萨哩伐誐帝波帝秫帝萨哩伐，怛他阿誐多室左铭三摩设，祖演底多三摩设祖阿地瑟咤那秫帝，没亭没亭尾没亭尾没亭冒驮耶尾冒驮耶三满多波利秫帝萨哩伐，怛他阿耶多迄利那阿地瑟咤那阿地瑟止多，摩诃母的哩誐耶莎诃。

就其句子和发音，比较接近《大正藏》No.0974D，也就是更近于武彻记中提到开元三大士之一金刚智上师翻译的"加句补足灵验本"[①]，之所以这里成为"嘉句灵验"，显然系年代久远，传抄以讹传讹所致。但是其具体字来说和唐代本子差别巨大，用了大量的同音字替换，比如唐代译本起敬语中的"曩谟"，此译本则为"南无"，音同而字不同。与唐代本子相比，北韵焰口佛顶尊胜陀罗尼相对

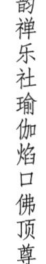

---

① 据笔者最新研究可知，金刚智的版本应该也是不空所译，经过后人增补后假托金刚智之名。

如下（括号中为北韵焰口本的译字）：

曩（南）谟（无）婆（薄）誐（伽）嚩（伐）帝恒嚩（啰）路枳也，钵罗底尾始瑟咤野（耶），没驮野（耶），婆（薄）誐（伽）嚩帝，怛你也，你他也，多户户唵普隆隆尾戍（秫）驮野（耶）尾戍（秫）驮野（耶），娑么（摩）娑么（摩）三满跢（多）嚩（伐）婆婆娑颇（婆）啰拏（拿）誐底誐啰贺曩（那），娑嚩（伐）婆嚩（伐）尾秫第（睇）阿鼻诜左都（觐）蛤，素誐跢（多）嚩（伐）啰嚩（伐）左曩（那）阿蜜（密）栗哆（多）阿鼻晒罽（该）摩贺（诃）曼（满）怛啰跛（播）乃阿贺啰阿贺啰，阿庚（曳）散驮啰抳（你）戍驮野（耶）戍驮野（耶），誐誐曩（那）尾秫第（睇）邬（乌）瑟抳（你）洒（沙）也尾惹（左）野（耶）尾秫第（睇）也娑（莎）贺（诃），娑啰啰湿（舍）啰舍茗（名）散祖你帝（的）哩萨哩誐啰嚩（伐）怛他阿誐跢（多）嚩（伐）路（庐）迦（竭）颗（你）沙（瑟）咤播（波）啰弭（密）哩哆（多）跛（波）哩（利）布（波）啰抳（你）萨啰（哩）嚩（伐），怛他阿誐哆（多）纥（讫）哩娜（那）阿野地瑟姹（咤）曩（那）阿地瑟耻（止）多摩贺（诃）母捺（的）哩嚩日（左）啰迦（伽）野（耶）僧贺多（达）曩（拿）尾秫弟（帝）也萨啰（哩）嚩（伐），阿嚩（伐）啰，拏（那）播野（婆）讷（纳）蘖（你）演底跛（波）哩（利）尾秫弟（帝），钵啰底颗（你）韈（伐）啰（利）跢（多）野阿欲秫第（帝）三么（摩）野（耶）阿地瑟耻（咤）那秫帝，么（摩）抳（宁）么（摩）抳（宵）摩贺（诃）么（摩）抳（宁），尾摩宵尾摩宁摩诃尾摩宁，啰怛曩哆（多）部多句（故）致（知）跛（波）哩（利）秫弟（帝）尾娑（萨）普咤耶没（设）地（殿）秫弟（帝）惹（左）野（耶）惹（左）野（耶）尾惹（左）野（耶）尾惹（左）野（耶）娑么（摩）啰娑么（摩）啰萨啰（哩）誐嚩（伐）没驮阿地瑟耻（咤）多那秫弟（帝），嚩（伐）日哩（啰）嚩（伐）日啰蘖（誐）哩陛（鼻）嚩日噜（啰）伐觐婆嚩睹么么设（舍）哩（利）嚂（蓝）萨啰（哩）也伐萨多怛嚩难（喃）左迦（伽）野（耶）跛（波）哩尾帝秫第（帝）萨啰（哩）嚩（伐）誐底帝跛（波）哩帝秫弟（帝）萨啰（哩）嚩（伐），怛他蘖阿誐多室者（左）铭三么（摩）湿（设）嚩娑琰睹萨啰嚩。怛他（去引）蘖多三么（摩）湿（设）嚩。娑（去引）地瑟耻。帝，没地野（亭）没地野（亭）尾没地野（亭）尾没地野（亭）冒驰野（耶）冒驮野尾冒驮野尾冒驮野三满跢（多）跛（波）哩（利）秫第（帝）萨啰（哩）嚩，怛他蘖阿耶哆（多）纥（讫）哩（利）娜（那）野阿地瑟姹（咤）曩（那阿）地瑟耻（止）多，摩贺（诃）母捺（的）哩娑嚩贺誐耶娑诃

经过一一校勘可以发现，北韵禅乐社焰口中的佛顶尊胜陀罗尼发音、句数、字数都很比较接近唐代金刚智本子，只不过用了一些同音字来替换，总的变化不大，表明此版本以金刚智加句灵验本为蓝本，再稍做改译而成。尽管武彻记载的《加句灵验佛顶尊胜陀罗尼记》中大力宣扬了此版本陀罗尼的殊胜，相对于其他法师翻译本，根据从经幢上的信息可知，此本在唐代中原地区的流行不多。到了北宋，此本在宋地非常流行，而辽境内几乎不见，在金代燕京地区也几乎没有出现。通过对全国各地经幢上佛顶尊胜陀罗尼版本校勘来看，宋和辽金两国之间的佛顶尊胜陀罗尼版本是迥异的，彼此之间缺乏交流，所以这个在宋地流行的本子应该是元代之后从中原北传进入北京地区，和辽金北京地区固有的佛顶尊胜尼版本没有相似之处。

相比金刚智本，此本特殊之处在于还多加了几句咒语。其中，多出一句咒语是"尾摩宁尾摩宁摩诃尾摩宁"，这是最早的八个唐代译本所未见的，首先出现于北宋法天的译本，可见此陀罗尼版本虽然以唐代金刚智"加句灵验本"为基础，又吸收了北宋法天的新译本，加上了新的咒语。还有，陀罗尼前段部分又多出一句"唵普隆"。这是唐宋诸本都不见的，这句咒语来自藏传密教的尊胜佛母心咒的咒心部分"唵普隆娑哈"。尊胜佛母心咒原来是内地没有的，是藏密中的经咒，元代以来，藏密在元皇室的扶持下进入中土，影响日益扩大，所以焰口中的尊胜佛母心咒应该是元代随着藏密东进而来，并被京都北韵的瑜伽焰口所吸收补充。这样，北韵禅社的焰口的佛顶尊胜陀罗尼版本在元代得到进一步补充并且最终保持不变，一直持续到现在。

京东北韵焰口中还有另一佛顶尊胜真言：

唵。嘈隆莎诃。唵。捺谟斡葛斡谛。萨哩斡得啰。卢迦卜啰谛。月涉瑟咤耶。勃塔耶爹。捺麻答的牙塔。唵。嘈隆。嘈隆。嘈隆。朸讹塔耶。朸讹塔耶。月朸讹塔耶。月朸讹塔耶。哑萨麻。萨蛮达。哑斡发萨。思葩啰孥。葛谛。葛葛拿。娑发斡。月述提。哑撒膻嚍都睁。萨哩斡答塔葛达苏葛答。瓦啰斡捞拿。哑蜜哩达。哑撒释该而。马曷木得啰。曼特啰叭罘。哑曷啰。哑曷啰。马麻蔼由而。伞塔啰尼。朸讹塔耶。朸讹塔耶。月朸讹塔耶。月朸讹塔耶。葛葛拿。娑发斡。月述提。乌失尼沙月捞耶。巴哩述铁。萨曷思啰啰思弥。伞租爹敌。萨哩斡。答塔葛达。哑斡噜结

尼煞咤。巴啰密达。巴哩卜啰尼。萨哩斡。答塔葛达麻谛。答摄蒲密。卜啰牒。瑟咤谛。萨哩斡。答塔葛达。赫哩达耶。哑牒瑟咤。拿。哑牒瑟咤谛。木得哩。木得哩。马曷木得哩。斡资啰葛耶。三曷达拿。叭哩述铁。萨哩斡。葛哩麻。哑斡啰拿。月述铁卜啰牒聂。斡而达耶。马麻蔼由而。月述提。萨哩斡。答塔葛达萨麻耶。哑牒瑟咤拿。哑牒瑟咤谛。唵。摩尼摩尼。马曷摩尼。月摩尼。月摩尼。马曷月摩尼。麻谛麻谛。马曷麻谛。麻麻谛。莎麻谛。答塔达蒲达戈遣。巴哩述提。月思蒲咤。卜铁。述铁。希希捞耶。捞耶。月捞耶。月捞耶。思麻啰。思麻啰。思葩啰。思葩啰。思葩啰耶。思葩啰耶。萨哩斡勃塔。哑牒瑟咤拿。哑牒瑟咤谛。述铁。述铁。卜铁。卜铁。斡资哩。斡资哩。马曷斡资哩。莎斡资哩。斡资啰葛而毗。捞耶葛而毗。月捞耶葛而毗。斡资啰。左辣葛而毗。斡资噜。忐葩微。斡资啰。三葩微。斡资啰。斡资哩。尼斡资嚧。癹斡都。麻麻摄哩嚧。萨哩斡。萨埵喃。捞葛耶。巴哩述提。癹斡都。萨埵弥。萨哩斡葛谛。巴哩述提。释哲萨哩斡。答塔葛达。释哲𢶍萨麻刷。萨颜都。卜铁。卜铁。悉铁。悉铁。勃塔耶。勃塔耶。月勃塔耶。月勃塔耶。谟捞耶。谟捞耶。月谟捞耶。月谟捞耶。朽讹塔耶。朽讹塔耶。月朽讹塔耶。萨蛮答。谟捞耶。谟捞耶。萨蛮答。啰思弥。巴哩述提。萨哩斡。答塔葛达。赫哩达耶。哑牒瑟咤拿。哑牒瑟咤谛。木得哩。木得哩。马曷木得哩。马曷木得啰。曼特啰叭谛。莎诃

这一佛顶尊胜陀罗尼则为唐宋的本子所未见，此陀罗尼首见于大藏经中明洪武三十年（1397）的《大明仁孝皇后梦感佛说第一希有大功德经》，虽然经序中假托明成祖仁孝皇后梦中得此经书，但是通过内容和陀罗尼形式来看，按照其翻译的习惯和用字，应该系元代所成，还是在元皇室的影响下，藏密东来，此咒从藏文本子中翻译过来，此本陀罗尼的原型和中土本的相近，不知是由印度还是中土传入，需要进一步深入研究。

结　语

综上所述，北韵禅社的瑜伽焰口中的两个佛顶尊胜陀罗尼源流大致可清。"嘉句灵验陀罗尼"最早的版本取材于唐代的金刚智加句灵验佛顶尊胜陀罗尼，之所以现在成为"嘉句"，系后世传超者不懂原意故意篡改为之，后来又很可能吸收了宋代法天的本子，增加了一个句咒语。到了元末明初之际，吸收了藏传密教尊胜佛母咒的部分咒语，最终完善，一直到明清以来都传承不变。第二个尊胜真言

则是源自明初的《大明仁孝皇后梦感佛说第一希有大功德经》,但翻译时间应该是元代,焰口中其他的小陀罗尼也都主要系元代翻译而来。

  总的说来,京都北韵禅乐社的瑜伽焰口的本子中的佛顶尊胜陀罗尼取材于唐,宋之后又增补,最终稳定和形成与元代。焰口本子的其他部分,后世可能有增改,也仅仅涉及传唱部分,陀罗尼部分是一直从元代以来稳定不变的。所以说,北韵禅社的瑜伽焰口中,以佛顶尊胜陀罗尼为主的各种咒语版本古老,传承有序,是不可多得密教研究资料。

唐代佛教音乐形态的实践探索

山东理工大学音乐学院　陈晓宇

梵呗音乐作为佛教宣讲教义的一种讲唱艺术，自两汉从印度传入我国到现代佛曲的发展，势必要受到本土音乐文化的影响。在印度，梵呗音乐主要应用于礼佛、传教，带有寓教于乐的性质，它是佛教徒生活中必不可少的一个部分，在《大智度论》卷93中记载："是菩萨欲净佛土，故求好音声，欲使国土中众生闻好音声，其心柔软，心柔软故，易可受化，是故以音声因缘而供养佛。"[①] 其目的主要是把相对复杂的教义通俗化地传递给大众，在供养诸佛的同时也娱乐芸芸众生。而我国自先秦以来，音乐作为教育的一种手段，已成为社会生活中必备的组成，《汉书》中曾记载孔子的话语："安上治民，莫善于礼；移风易俗，莫善于乐。"[②] 佛教东传进入中国之后，在其风格迥异的音乐艺术中又融入了中国本土的音乐艺术，由此才开创了凝聚中印艺术精髓中国佛教音乐。

随着敦煌文化的出现，梵呗音乐的文学载体——变文抄本的大量涌现足以证明唐代的佛教音乐文化出现第一次成熟发达阶段。两汉至唐代，中土与西域不断交融，音乐文化也相互影响，《隋书·音乐志》中记载：

> 《西凉》者，起苻氏之末，吕光、沮渠蒙逊等据有凉州，变龟兹声为之，号为秦汉伎。魏太武既平河西得之，谓之《西凉乐》。……有《永世乐》，解曲有《万世丰》舞，曲有《于阗佛曲》。[③]

这是佛教音乐首次在文献记载中的专用名词"佛曲"，著名历史学家向达也在其《论唐代佛曲》中论述到：

> 无非一些佛曲的名目同宫调……这种佛曲之上冠以地名的不止《于阗佛曲》为然，此外尚有《龟兹佛曲》《急龟兹佛曲》，为唐太乐署供

---

① 《佛藏要籍选刊》第8册，上海古籍出版社，1994年，第1116页。
② （汉）班固：《汉书》卷30，中华书局，1964年，第1711页。
③ （唐）魏征等：《隋书》卷13，中华书局出，1973年，第378页。

奉之曲，《唐会佛曲者要》……①

他认为隋唐时期的九部乐、十部乐中的龟兹乐部中的部分宫调均有佛曲的痕迹，而其曲调的称谓也有外语音译的嫌疑——"婆陁调""般涉调"等，其乐队的配置与现在我国佛教音乐乐队的配置基本相同。由此可见，唐代的佛曲音乐是具有一定代表性的，虽然在我国目前还未见到唐代的佛曲乐谱存遗，但国内许多佛教圣地的科仪音乐中还或多或少的保留着唐代的遗音，另外由日本的遣唐使带回日本的典籍（保留在日本 11 世纪乐谱集《三五要录》《仁智要录》等）中也保留了许多唐代佛曲的些许技法和音乐形态。作为对唐代佛教音乐形态的全面技术技法分析，如果能把中国传统佛教音乐与当代音乐创作之间进行关联，可以从现当代梵呗音乐创作理论与实践上探寻一条可供参考借鉴的道路。

佛教音乐文化受中华文化的影响，其形式丰富多样，与本土文化的融合亦是佛教文化的特殊体现，也是梵呗音乐形态多样化的必要条件。近代梵呗音乐的创作当属李叔同（弘一法师）的《三宝歌》，它是中国近代史上第一首由专业音乐家所创作出的佛曲，其独特的西方作曲技法和配器技巧应用被近代音乐史学家孙继南先生评价为：

> 无论是词曲的配合和意境的创造，在艺术性上都超过了同时代的学堂乐歌；不过，在高度评价其艺术成就的同时又指出，李叔同的部分歌曲含有消极因素。这里，显然是指音乐家在俗及出家后所写的那些含有出世思想或佛学哲理的歌曲作品。②

李叔同的创作不仅在音乐层面上被教众所认可，而且在佛理和传播中亦被接受，如果能再现其创作的法则和技法将会对梵呗音乐的发展更进一步。梵呗的性质在于敬神，在于歌颂佛德，其曲调和演奏的程式都有严苛的规定，探究唐代融合式的作曲技法和作曲风格才是对于此类梵呗音乐现代创作的全新认识和阐释的意义之所在。

一、唐代佛教音乐形态的法则与主要技法

佛曲最早始见于《隋书·音乐志》，而使得其本土化的第一人应是梁武帝，其善于钟律又精通雅乐，所创作的音乐作品中有明显佛教意味——《白鹿》《寺

---

① 向达：《唐代的长安与西域文明》，河北教育出版社，2001 年，第 271 页。
② 孙继南：《中国佛法歌曲经典——弘一大师"清凉歌"初考》，《中国音乐学》2006 第 1 期，第 12-20. 页。

子导安息孔雀、凤凰》等，其律制的使用、宫调的运用和旋律形态的变化虽带有印度音乐的风格，究其本源依然摆脱不了中国传统音乐文化的根基。对于唐代佛教音乐形态的认知，吾将从三个方面来解读：

（一）形态法则

唐代及唐以前的佛曲，曲文是不存在了。所谓唐代佛曲音乐与汉代梁武帝所创作也有很大差异，著名历史学家向达对佛曲的定义为：

> 佛曲者，是由西方传入中国的一种乐曲，有宫调可以入乐。内容大概都是项赞诸佛菩萨之作，所以名为佛曲。大约为朝廷乐署之中所有，不甚流行民间。[1]

随着宫廷宴乐的盛行，隋唐时期的九部乐、十部乐中出现了大量的外来音乐的融合，唐代太乐署中就有《龟兹佛曲》《急龟兹佛曲》的记载，由名称可见"龟兹乐"中确有佛曲的意思。经向达先生的考证，佛曲跟印度音乐还有关联——《隋书·音乐志》中记录的佛曲曲调与苏祗婆琵琶七调相近。[2]

表1：

苏祗婆七调	婆陁力	鸡识	沙识	沙候嘉滥	沙腊	般赡	俟利箑
华言	平声	长声	质直声	应声	应和声	五声	斛牛声
中乐七声	宫	商	角	变徵	徵	羽	变宫
西洋音符	C	D	E	F	G	A	B

由此可见，构建唐代佛曲音乐的基本法则是根据宫廷宴乐中的律制法则，再合以龟兹乐的音乐特点而形成。也就是说，在唐代，佛曲已经完全融入中国本土音乐中来，在其显著标志就是："天宝十三载（754），太乐署改诸乐名，其中把《龟兹佛曲》改为《金华洞真》，《舍佛儿胡歌》改为《钦明引》……"[3] 这足以证明，唐代的佛教音乐已经在音乐创作法则上向中国本土的音乐法则靠拢过来，在吸收龟兹乐的同时也在改变着它的生存法则，让它更加适应在中国的传播与发展。

这个音乐形态首先要遵循的法则就是中国的"律"制，历经五千年的音乐基本法则，它依然存在于当今的中国传统音乐中，它是具有一种社会功能性的事物法则，自身有着一套完整的传承脉络。无论是早期曹植、梁武帝的创作，还是到唐宋乃至民国时期，中国音乐形态的法则始终未变，只是在与西方音乐理论研究

---

[1] 向达：《唐代的长安与西域文明》，第273页。
[2] 向达：《唐代的长安与西域文明》，第276页。
[3] （北宋）王溥：《唐会要》，上海古籍出版社，1991年，第718页。

做比较的时候出现了解读的差异，在此，本人对向达先生所提出的解释有不同的看法。

表2：

苏祗婆七调	婆陁力	鸡识	沙识	沙候嘉滥	沙腊	般赡	俟利箑
华言	平声	长声	质直声	应声	应和声	五声	斛牛声
中乐七声	宫	商	角	变徵	徵	羽	变宫
西洋音符	C	D	E	#F	G	A	B

所谓的西洋音符解读只是 F 与 #F 的差别，造就了宫音和西方的 do 的差别，这正是唐佛曲音乐创作实践法则的关键。从哪个音符开始到哪个音符结束，所构成的音乐形态是完全不一样的。以李叔同先生的《三宝歌》为例——黄钟均（正宫调），倘若我们在对演奏乐器定弦的时候根据不同的律制来制定不同音高，所奏的指法不变的情况下，其音阶的特征则是非常明显的——太簇均（般涉调），这里仅是根据中国传统乐理让旋律的起始音发生了变化，从而产生的音阶变化，亦变成整个旋律形态的变化，与之前的旋律形态（抛开节奏因素）差异巨大。亦可以证明，龟兹乐入中土后因其俗而就其理，给人一种既熟悉有新鲜的不同美感。

图1

（二）主要技法

梵呗作品的创作需要三个基本技法，音阶（旋法）形态、节奏（声饰）形态和润腔（吟法）形态。

首先，音阶（旋法）形态关系到作品整体结构的色彩变化。今存敦煌佛曲可考的曲调："凡有婆陀调、乞食调、越调、双调、商调、徵调、羽调、般涉调、移风调九调。"① 而此与传入日本的天宝十四调：沙陀调、大食调、般涉调、道调、小食调、平调、角调、越调、黄钟宫、黄钟调、双调、水调、金风调有相通之处，可以证明在唐代燕乐二十八调理论是存在实践的；元代燕南芝庵的唱论中也对每个调式的使用做了详细的解释：

  大凡声音，各应于律吕，分于六宫十一调，共计十七宫调：仙吕调唱，清新绵邈。南吕宫唱，感叹伤悲。中吕宫唱，高下闪赚。黄钟宫唱，富贵缠绵。正宫唱，惆怅雄壮。道宫唱，飘逸清幽。大石唱，风流酝藉。小石唱，旖旎妩媚。高平唱，条物滉漾。般涉唱，拾掇坑堑。歇指唱，急并虚歇。商角唱，悲伤宛转。双调唱，健捷激袅。商调唱，凄怆怨慕。角调唱，呜咽悠扬。宫调唱，典雅沉重。越调唱，陶写冷笑。②

每个调式所对应的情绪、感情色彩的处理都可以相对应，正如梁·释慧皎《高僧传》中，记载的梵呗艺术特色——"哀婉"，在选择音阶（旋法）形态乐中亦可以选择商角调和商调来表达梵呗音乐的情感。升降号虽多，但是以固定音高为基准，并无现在所谓的首调概念。

翻译简谱为：1=^{b}E；变宫（洛克利亚调式）

翻译成常用乐谱为：1=^{b}E；徵调（混合利迪亚调式）

图 2

其次，节奏（声饰）形态关系到作品整体结构的表述变化。梵呗音乐终究是以宣讲教义为主的说唱音乐，其节奏的变化主要是一板三眼，同时我们亦可以对照日本遣唐使所记录的《三五要录》中的曲谱来习得梵呗的表述结构。

---

① 向达：《唐代的长安与西域文明》，第258页。
② （元）芝庵：《唱论》，上海中华书局，1940年。

图 3

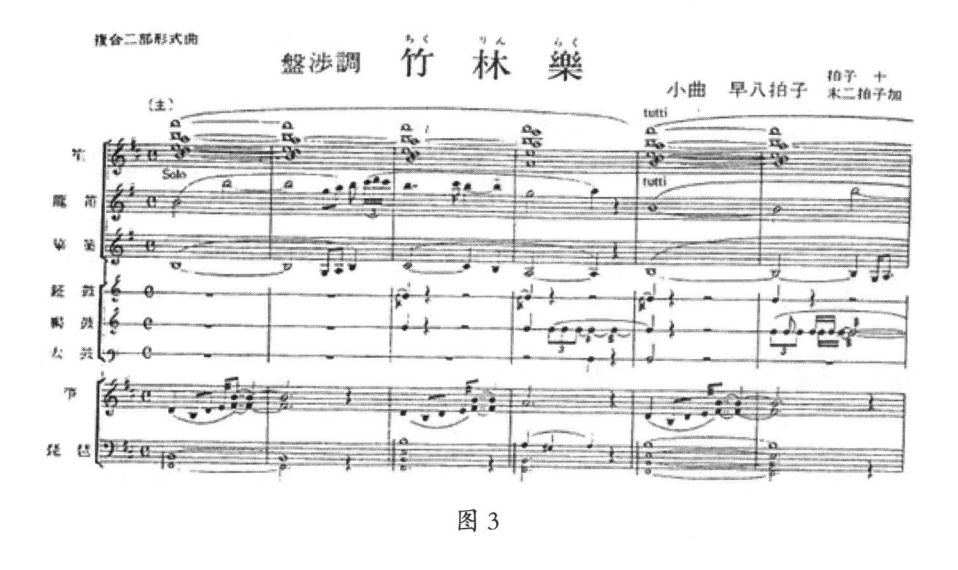

林谦三先生在《敦煌琵琶谱的解读》过程中提出："像这样的奏法，不是日本祖先所发明的，而毫无疑问是从唐人那里学来的。"① 梵呗的演唱一般由领经师和众僧人合作完成，为了体现其庄严肃穆的风格，在音乐表述结构——节奏上，一字一声是其最主要的特征，音乐风格的哀婉也使得演唱的速度比较舒缓。

再者，润腔（吟法）形态关系到作品整体结构的审美变化。敦煌变文所标识的"平、侧、断、吟、韵、偈等"应是音乐符号，梵语、汉语的发音差别很大，《高僧传·经师篇》中所记载的三位七声、声有八啭本身就是为了体现梵呗唱词与旋律的结合关系，一字一声只是为了记载教义或者伦理的著述，而润腔（吟法）才是真正体现佛曲审美的精髓。蒲亨建教授认为："相对西方音乐而言，由于中国旋律运行在逻辑指向性上的弱化或模糊化，结音也在一定程度上呈随机性的表现特征。"② 梵呗音乐是佛教宣讲教义和日行科仪的常用音乐形式，在把印度佛教引入中国的时候势必要进行本土化的融合。中国方圆辽阔、语言形态变化较多，详尽的演唱脚本并不能满足其传播的要求，通过基本旋律骨干音的传递，在传播的过程中根据语言的变化形成了大致的旋律形态构建，而且在必要时可以丰润一下梵呗的艺术美感。我们还是以李叔同的《三宝歌》为例。

---

① [日]林谦三：《敦煌琵琶谱的解读》，《中国音乐》1983 年第 2 期。
② 蒲亨建：《"音腔"揭秘——由〈音腔论〉到〈描写音乐形态学引论〉缘起》，《中国音乐学》2018 年第 1 期，第 130-139 页。

图 4 三宝歌（弘一法师 曲，释太虚 词）

二、中国当代佛教音乐形态趋势观

我国的佛教音乐科仪制度越来越程式化，不同的仪式要运用自己特定的曲调和表演程式。虽然现在有很多朋友在进行佛曲的创作，但我们不能简单地歌曲创作跟梵呗音乐的创作画等号。现今存留下来的梵呗音乐也是经历了一个不断吸收、改革、发展的漫长的融合过程，是它本土化的过程。如何突破现有的创作壁垒，让梵呗音乐更加有生命力，更加贴近佛教的生活，更加适应现代人的生活，更加凸显由中国文化特色的艺术魅力，这些方面都是需要我们大家共同努力才能实现的。很多人遗憾古代的音乐已经绝响，没有乐谱的存遗、没有音响的记忆，但我们的血脉里依然流淌着中华文化的血脉，正如美国著名的人类学家格尔兹所讲的："文化存在于文化持有者的头脑里，整个社会的每个成员的头脑里都有一张'文化地图'"[①]，我们中华民族音乐的创作法则是不变的，从五台山的科仪音乐到智化寺的京音乐，从九华山的佛教盛典到法华寺的盂兰盆节，佛教音乐依然在中华大地上广泛流传。回视唐代的繁荣盛世，从敦煌文化和遣唐使记载的唐朝文化再来重温曾经的美好余音，虽不能窥其全貌，但也能望其冰山一角。

在现当代的创作手法看出，我们的大多数作品难以突破两个障碍：

现代"传统中国乐理"。从对敦煌曲谱，五台山佛教、智化寺和众多寺庙的传统科仪音乐曲谱来看，唐代音乐的结构不仅是七声音阶，而且还有半音的变化，

---

① [美]克利福德·格尔兹著，王海龙、张家瑄译：《地方性知识》，中央编译出版社，2000年，第68页。

我们现代"传统中国乐理"所讲究的是以五声调式为基准的变音体系，许多变音不再使用，而佛曲传自于印度，印度的音阶是世界上最为复杂的，共有22个什呐蒂（微分音），从中选择7个来进行旋律形态的变化，当它被融入唐代音乐中的时候，用五声音阶来表现就完全变成了另外一种风格，更何况中国古代也并不是五声音阶，只有两者相碰撞，找到共通点才能体现梵呗音乐是中原音乐与西域音乐融合创新之精髓。对于五台山曲谱中曲调的考证研究，不仅有利于发扬古代音乐文化，同时对古代社会、历史和文艺的研究，也有着重大的意义；

润腔与器乐伴奏的编排。我们所看到的当代乐谱都是非常规范的，而古代的乐谱，包括我们见到的工尺谱、琴谱、燕乐半字谱、弦索谱、管色谱、俗字谱、律吕字谱等都是针对旋律的骨干音进行标注的，至于旋律变化与发展的口诀是需要师父口传心承的。一字一音跟一字一声的差别是比较大的，声可以一个音或多个音排列构成，而音只有一个。再者，情感表述的过程是需要师父用口诀来解释乐谱上的文字和节奏掌控的。同时，对于伴奏的编排也需要对"固定音高"和"调弦"的掌控。音乐的变化是不会局限在一个调式当中的，复杂的科仪活动中其音乐的调式变化也会增加，每件乐器的调式衔接也需要师父的口诀，好多现代西方配器技法中的伴奏手法与歌曲的演唱在音响效果上还达不到所需求的艺术效果。

结　语

倘若我们能够突破现代"传统中国乐理"和演唱无从润腔的壁垒，那么我们在梵呗音乐的创作上会有所成效。梵呗虽是一种简单的演唱形式，但它所承担的功用是不可或缺的，对于唐代印度音乐与中国本土音乐的融合之辉煌，激发梵呗创新发展、向前推演的活力。梵呗的演唱不仅可以传播佛法教义，修行佛教以增加自我的修为和功德，它还能为中国的传统音乐文化提供宝贵的文化财富。对唐代的音乐面容仅能窥其一斑，我们用中国留存下来的传统音乐理论和唐代乐谱遗存的比对，我们有很多前辈已经付之于实践，叶栋先生、陈应时先生、周纯一先生等，在理论付诸实践后能够得到佛教同仁的认可，将会对唐代音乐的复原做出巨大贡献。

梵呗的体相用略论

杭州佛学院　释妙戏

　　由梵呗所异化出来的"佛教音乐",随着社会的不断发展,伴随着佛教的民展与社会大众的喜爱,而逐渐地风行了起来。在此潮流下,不少出家人,也有一些创作、演唱的行列当中。

　　梵语以曲调诵经,赞咏、歌颂佛德,又作声呗、赞呗、经呗、梵曲、梵放、声明,略称梵。呗,全称呗匿,又作婆师、婆陟,即赞叹、止断之意。因依梵土(印度)曲谱咏唱,故称为梵呗。记录梵呗之书册,称为呗策。《高僧传》卷13云:"天竺方俗,凡是歌咏法言,皆称为呗",今言"梵呗"乃是华梵并举。又作"赞呗""经呗",因依梵土(印度)之曲谱而咏唱,故称梵呗。"至于此土,咏经则称为转读,歌赞则号为梵呗"。因此在中国,梵呗乃是专指以曲调赞咏或歌颂佛德、经法等而言,至于以曲调诵经,则中国古来皆习惯称之为"转读",而不说是"梵呗",此种用法与印度有别。《行事钞》卷1引《出要律仪》云:"如此郁鞞国语,翻为止断也,又云止息。由是外缘已止、已断,尔时寂静,任为法事也。"《法华玄赞》卷9云:"梵云婆陟,此云赞叹。"由此可知,梵呗具有"赞叹"及"止断"二义,乃是透过吟诵、赞叹佛德或讽咏经法之方式,而达到止断外缘、息却妄心,从而可以进行法事之目的。

　　佛陀原则上是禁止以婆罗门法之声调读诵经文的,如《根本萨婆多部律摄》卷9云:"若作吟咏之声,而授法者,得恶作罪。"又云:"若作婆罗门诵书节段音韵而读诵者,得越法罪"。但若以清净梵音,赞叹佛德、歌咏说法,则佛陀并皆许可。"若说法时,或为赞叹,于隐屏处作吟讽声诵经,非犯"。又云:"若方言、若国法,随时吟咏为唱导者,斯亦不犯。"《法苑珠林》更引《十诵律》云:"为诸天闻呗心喜,故开呗声也。"又引《毗尼母经》云:"佛告诸比丘,'听汝等呗。'呗者言说之辞……'从修多罗乃至优婆提舍,随意所说。'诸比丘,佛既听说十二部经,欲示此义,复有疑心:'若欲次第说文,众大文多,恐生疲厌。若略撰集好辞,直示现义,不知如何?'……佛即听诸比丘引经中要言妙辞,直显其义。"由此可知,佛陀已明确地听许比丘,就十二部经中,取其"要言妙辞",

以讽诵的方式而"直显其义"。此外《高僧传》卷2中记，鸠摩罗什法师对僧叡言："天竺国俗甚重文制，其宫商体韵，以入弦为善。凡覲国王，必有赞德，见佛之仪，以歌叹为贵。经中偈颂皆其式也。"由此更可了解到，在罗什时代，歌呗佛、法已是西域僧伽的重要知能之一。

一、梵呗的利益与用途

梵呗之原义，固然是为了止息内外妄缘，以歌咏经文的方式而达到自行、化他的效果，但其具体的利益，则不止于此。《南海寄归内法传》卷4云：

> 五天之地，初出家者。……无问大乘、小乘，咸同遵此。有六意焉：一能知佛德之深远，二体制文之次第，三令舌根清净，四得胸藏开通，五则处众不惶，六乃长命无病。

《高僧传》卷13云：

> 夫圣人制乐，其德四焉：感天地、通神明、安万民、成性类。如听呗，亦其利有五：身体不疲、不忘所忆、心不懈倦、音声不坏、诸天欢喜。

由于梵呗具有以上诸多利益（合摄心息缘与化他导众二利，则以上共有十三种利益），故自我国有梵呗流行以来，历代各宗各派皆沿用不辍且迭代创新。

论及梵呗之应用，主要分三方面：一者用于日常朝暮课诵及六时行道当中（上供、过堂等亦属之）；二者用于讲经前后及授归、授戒、拔荐、度亡等法会仪式之中；三者用于道场忏法（以天台忏法为代表）的专精修持中。梵呗在这三方面的应用，除了具有摄心息缘、化他导众的使用利益之外，修忏当中之所以要运用梵呗，考其用意，除了尚有赞咏佛德、知法次第等目的外，最重要的就是要透过清净梵音的讽诵，引发修忏者内在的忏悔、惭愧与体会、觉悟之心。

二、梵呗的相貌

梵呗虽具有如上种种功德力用，然而必须以梵音声，如法地讽诵，方能成就如上所说，种种自利利他之利益。《华严经》云："演出清净，微密梵音，宣畅最胜，无上正法，闻者欢喜，得净妙道"。然而何者才堪称是梵音微妙呢？《佛说长阿含》卷5"第一分阇尼沙经第四"云：

> 时，梵童子说此偈已，告忉利天曰：其有音声，五种清净，乃名梵声。

何等五？一者其音正直，二者其音和雅，三者其音清彻，四者其音深满，五者其音遍周远闻。具此五者，乃名梵音。

对此梵音之五种特质，大明《三藏法数》解释云：

> 梵音者，即大梵天王所出之声……谓诸梵天，禅定持身，无诸欲行，而其音声端正质直而不邪曲，是名正直音。……心离欲染，爱乐律仪，而其音声柔和典雅离诸粗犷，是名和雅音。……不浊曰清，透明曰彻。谓诸梵天戒行清净，心地圆明，而其音声清净明彻，是名清彻音。……净行圆满，心光湛寂，而其音声幽深充满而不浅陋，是名深满音。……足备曰周，普通曰遍。谓诸梵天心光莹净，普映十方，而其音声周遍远闻而不迫窄，是名周遍远闻音。

《法苑珠林》卷36引《梵摩喻经》云：

> 如来说法声有八种：一、最好声，二、易了声，三、柔软声，四、和周声，五、尊慧声，六、不误声，七、深妙声，八、不女声。言不漏阙，无得其短者。

《大智度论》卷4亦云，佛之梵音具有五种清净的特质："一、深如雷；二、清彻远闻，闻者悦乐；三、入心敬爱；四、谛了易解；五、听者无厌"。以上这些音声特质乃是佛于因位时，无量世中不恶口、说实言美语、教善语、不谤正法等，所感得之妙相，能令闻者随其根性而得利益，皆生善心而无杂乱，大小权实皆能谛解，断惑消疑，常爱乐欲闻。

然而，这些毕竟是佛的无上功德，方能圆满致此。凡夫当如何以凡夫所能之音声而讽诵经法呢？宋朝赞宁有一原则，或可为吾人所把握。《宋高僧传》卷25谓："今以一言蔽之，但有感动龙神，能生物善者，为读诵之正音也"。然而何谓"正音"呢？既然梵呗于自修的目的，是用来歌赞佛德、吟叹佛法、抒己之诚，以启发悟性；于化他的目的，是用来"宣唱法理，开导众心"以导俗入道的，因此其用音自然是为了"集众行香，取其静摄专仰"为目的。在这样的前提下，梵呗之用音，当然就要以清净、悠远，庄严、肃穆，平雅、和缓，安定心神为高、为尚，尤其不可"淫音婉恋、娇弄颇繁"。如此徒增世俗贪著，推荡心智，不但达不到梵呗的预期效果，反而有坏乱佛法、令生贪著而与道不应的过失！此外，梵呗之"用音"虽可依以上之原则而行，但是在曲调、旋律与节奏上，又该如何转折引弄，方能达到文显韵幽，清净自他身心，令人天闻皆欢喜的效果呢？梁朝慧皎《高僧传》卷13云："夫音乐感动，自古而然。……故夔击石拊石，则百兽率舞；箫韶九成，则凤凰来仪。鸟兽且犹致感，况乃人神者哉？"这是肯定梵呗足以化导人天，感应天地的道理。然而如何方能致此？慧皎云：

> 但转读之为懿，贵在声文两得。若唯声而不文，则道心无以得生；若唯文而不声，则俗情无以得入。故经言："以微妙音，歌叹佛德"，斯谓也。而顷世学者，裁得首尾余声，便言擅名当世，经文起尽曾不措怀。或破句以合声，或分文以足韵，岂唯声之不足，亦乃文不成诠。听者唯增恍惚，闻之但益睡眠，使夫八真明珠未掷而藏曜，百味淳乳不浇而自薄，哀哉！若能精达经旨，洞晓音律，三位七声次而无乱，五言四句契而莫爽。其间起掷荡举，平折放杀，游飞却转，反叠娇弄，动韵则流靡弗穷，张喉则变态无尽。故能炳发八音，光扬七善；壮而不猛、凝而不滞、弱而不野、刚而不锐、清而不扰、浊而不蔽。谅足以起畅微言、怡养神性，故听声可以娱耳、聆语可以开襟。若然，可谓梵音深妙，令人乐闻者也"。

由此可知，梵呗看似与修道无关，实则诚如赞宁《宋高僧传》卷25云：

> 入道之要，三慧为门，若取闻持，勿过读诵者矣。何耶？始惟据本，本立则道生，……须令广览多闻。复次，背文高唱。……故经云："受持、读诵、解说、书写，如法修行。"是也。

事实上，梵呗正是闻慧所依，正与修持有着密切的关系，望有心行者不以其通俗而轻视之。

三、梵呗与佛教音乐

我国历史悠久，民族音乐也非常丰富，有古代流传的宫廷音乐，宗教传播所用到的宗教音乐，还有文人音乐。佛教音乐属于宗教音乐的一种，在我国的音乐系统中占据了很重要的位置，在其发展的过程中，不仅保存了很多自身原有的音乐特点，还给我国的音乐文化带来了新的元素。

佛教音乐是一个巨大的音乐体系，梵呗是佛教音乐的最初之声，既具有传统民族艺术和审美价值，又具有教育感化作用。这样的音乐，不用过多的解释与翻译，就能为所有人接受，因而人们不断从其身上汲取营养，并将之与现代歌唱艺术相结合，创作出更加美妙、更加通俗的新的音乐艺术形式。

梵呗有天乐之意自然淳朴，能给人一种回归自然的感觉，它是一种弘法的方

式，也是一种修行的方式，对人们静心养神有很大帮助。例如歌曲《云水禅心》描绘了美丽的自然景色："空山鸟语兮，人与白云栖，潺潺清泉濯我心，潭深鱼儿戏。"寄禅心于云水，仿佛禅就存在于这无尽的空山鸟语之中，清新中不失庄严，淡雅中又不失通俗，完全表达了佛乐的高远意境，展现了佛曲的庄严清净。听着这样的佛乐可以令人心境宁静、空灵、飘逸，摒除人性中的浮躁与贪念，净化灵魂。佛教音乐旋律平稳，节奏简单，重复吟唱和聆听可以使人内心平静，用心感受生活、感受人生，在日常生活中养成稳定、平和、宽松的心态。例如佛教经典歌曲《大悲咒》，代表的是一种慈悲之意，代表着观世音菩萨普度众生、救助世人，也是佛教修行的秘诀之一，在汉传佛法中具有极其重要的意义，每字每句都包含着正等正觉的信息和能量。佛教音乐中具有的淡泊宁静的人文境界和修身养性的人文精神很值得现代人学习。

四、梵呗与修行

修行出家众所最当了解的梵呗本身，讨论其如法从事的条件。梵呗虽是一种非常利于自行化他的法门及修道应用知能，但却必须运用如法、身心投入，方能离过有功。这主要当分三方面说：

首先在梵呗从事的发心上，必须纯正，乃是为求引发自己内心的善念与觉性，以微妙音声赞佛、法，抒发自身的悲情与敬意，乃至引领他人同入法海等目的，而作梵呗之吟诵、唱念。其次，对于所唱所诵之仪文、仪式的内容与含意，乃至作意、观想之方法与内涵等，皆须事先明了、熟娴，务必做到声合于文，文入于声，音生意至，意起声扬的境地，方能感发内在觉性的显发。从而更以此觉性，从事梵音诵唱，则更能使自他达到忘形于音韵，而又不坏音韵的冥合效果。这正是所谓观声是空，空不碍有，入流亡所，能所尽尽，乃至觉、空双泯的中道境界。最后，梵呗最重在音律之表现，与悲智之投入。虽修道不在发音、吟诵之技巧上，但梵呗之如法技巧，却是修忏等法门，观炼熏修之所以。因此，依于古传之口授，以和缓平正、深沉哀宛、清亮庄严、悠远肃穆之好声，借由熟练的梵唱技巧，方能将内心对三宝的崇仰、对佛法的体悟、对自身的忏悔、对众生的慈念与悲心等，透过声音而表露无遗！如此人与法合，法与声合，声与智合，智与悲合，不但法会圆周、自得大利，甚至感动人天、鬼神与百兽等，亦为自然之事。这也正是梵呗的作用之处。

结　言

《法华经》卷1"方便品第二"有偈云："若使人作乐，击鼓，吹角、贝、箫、笛，琴、箜篌、琵琶、铙、铜钹，如是众妙音，尽持以供养，或以欢喜心，歌呗颂佛德，乃至一小音，皆已成佛道。"以音声而做佛事，成就自他两利的佛法修持。随着诵经的盛行与忏法的建立，它俨然成了一门专修的法门。佛的三十二相中有梵音一相，故音声在自行化他的运用上，其独特的重要性是毋庸置疑的。只是经过长久的流传，对于此种音声佛事的运用，无论在观念上、作法上乃至实际的内容或技巧上，都有了不少的异化与分化现象，值得我们深思。

龟兹佛教石窟中的音乐造型

西北大学艺术学院　李瑞哲

西域是一个文化底蕴很深的地区。佛教在西域得到进一步的发展，形成了有西域特色的佛教，中国内地佛教更多、更直接接受的是西域式的佛教。龟兹文化主要两部分：一是佛教，二是音乐。玄奘在《大唐西域记》中记载：龟兹"管弦伎乐，特善诸国"。① 龟兹，特别是龟兹乐舞形象，更使人产生对佛国的向往，从而得到一种愉悦，继而升华为超脱现实进入彼岸的感觉，佛教音乐是龟兹佛教文化的重要组成部分。龟兹石窟中的乐器约有二十余种，在隋唐音乐志中均有记载。② 早在20世纪30年代，古龟兹音乐文化就引起了学者的注意。③ 还有学者对龟兹乐的贡献及影响进行了研究，④ 如姚士宏先生对克孜尔石窟中的月舞形象进行了研究，⑤ 德国的格伦威德尔（Albert Grünwedel）在其《新疆古佛寺》中多次描述了龟兹的月舞与伎乐。⑥ 龟兹石窟壁画中还保存了大量的龟兹乐舞的图像，为我们了解其真实面貌提供了珍贵资料。本文根据汉文文献中的有关记载和龟兹石窟中保存的壁画，结合前贤之研究，对龟兹乐器情况加以探讨。

---

① （唐）玄奘、辩机著，季羡林等校注：《大唐西域记校注》，中华书局，1985年，第54页。
② （唐）魏征撰：《隋书·志第十·音乐下》载："龟兹者……其乐器有竖箜篌、琵琶、五弦、笙、笛、箫、筚篥、毛员鼓、都昙鼓、答腊鼓、腰鼓、羯鼓、鸡娄鼓、铜钹、贝等十五种。"（中华书局，2011年，第378–379页）（后晋）刘昫等撰：《旧唐书·志第九·音乐二》载："龟兹乐……乐用竖箜篌一、琵琶一、五弦琵琶一、笙一、横笛一、箫一、筚篥一、毛员鼓一、都昙鼓一、答腊鼓一、腰鼓一、羯鼓一、鸡娄鼓一、铜钹一、贝一。毛员鼓今亡。"（中华书局，2013年，第1071页）（宋）欧阳修、宋祁等撰：《新唐书·志第十一·礼乐十一》载："龟兹伎，有弹筝、竖箜篌、琵琶、五弦、横笛、笙、箫、觱篥、答腊鼓、毛员鼓、都昙鼓、侯提鼓、鸡娄鼓、腰鼓、齐鼓、檐鼓、贝，皆一；铜钹二。"（中华书局，1975年，第470页）
③ 向达：《龟兹苏祗婆琵琶七调考原》，《唐代长安与西域文明》，河北教育出版社，2001年，第245–267页。
④ 谷苞：《古代龟兹乐的巨大贡献及深远影响》，《新疆史学》1980年第1期。
⑤ 姚士宏：《克孜尔石窟壁画中的月舞形象》，《中国石窟·克孜尔石窟》（二），文物出版社，第227–243页。
⑥ [德]格伦威德尔著，赵崇民、巫新华译，贾应逸审校：《新疆古佛寺：1905-1907年考察成果》，中国人民大学出版社，2007年，第69–340页。

一、龟兹石窟壁画中的乐器形象

公元4世纪中叶，龟兹佛教进入发展时期，《出三藏记集》卷10《比丘尼戒本所出本末序》中记述的龟兹僧寺状况，就是这一时期龟兹佛教的写照，当时龟兹僧尼总数曾达到万余人。在龟兹王族的支持下，鸠摩罗什"声满葱左，誉宣河外"。鸠摩罗什先宗学于小乘，后奉大乘。由于他的传播，大乘一度在龟兹广泛流行。克孜尔大像窟的陆续开凿，与鸠摩罗什弘扬大乘思想、龟兹王室推崇有直接的关系。

《唱赞奥义书》中说："此万有之精英为地，地之精英为水，水之精英为草木，草木之精英为人，人之精英为语言，语言之精英为《黎俱》，《黎俱》之精英为《三曼》，《三曼》之精英为乌特吉他"。"乌特吉他"即高声唱赞，"三曼"就是唱赞的歌词。可见在奥义书时代，就出现了对音乐功能和审美价值的论述。由此推测，古代印度将音乐置于极高的地位。古代印度还创造出音乐舞蹈的神众，乾闼婆与紧那罗就是著名的乐神和歌神。吠陀时代就已有很多关于这两神的神话故事。印度佛教沿北传路线向外传播，首及中亚和西域。佛教将音乐与语言统称为"音声"。佛教从其善恶理念出发，将"音声"分为两大类，即清净之声和邪恶之声。凡符合佛教教义的都是清净之声。佛有三十二相，八十种好相貌：三十二相里有"梵声相，声音清净深远"，八十种好里有"声音不高不低，应众生心意，和悦与言"。关于佛教音乐观，在佛教典籍中论述十分频繁，《大智度论》卷93有一段论述，集中表述了佛教的音乐观："是菩萨欲净佛土故求好音声——欲使国土中众生闻好音声，其心柔软；心柔软故，易可受化，是故以音声因缘而供养佛。"[①]印度贵霜时代的佛教理论家摩咥哩制吒对佛教的赞颂音乐功能有六个内容："一能知佛德之深远，二体制文之次第，三令舌根清净，四得胸藏开通，五则处众不惶，六乃长命无病。"[②]在佛教音乐观的引导下，佛教更重视音乐的实践。于是，诵经赞佛音乐活动成为举国的仪礼。"天竺国俗甚重文制，其宫商体韵，以入弦为善。凡覲国王，必有赞德，见佛之仪，以歌叹为贵，经中偈颂，皆其式也。"[③]在佛教发展中，将音乐舞蹈列为供养之中，成为佛教做功德的重要内容。鸠摩罗什翻译的《妙法莲花经》中列出十种供养，将伎乐列入供养之中，佛教音乐的地位得到进一步地加强和普及。

在佛教艺术造型里，吸收了印度神话的音乐舞蹈天神作为佛的护法神和胁侍

---

① 《大智度论》卷93，《大正藏》第25册，第710页下。
② 《南海寄归内法传》卷4，《大正藏》第54册，第227页下。
③ 《高僧传》卷2"鸠摩罗什传"，《大正藏》第50册，第332页中。

者。乾闼婆与紧那罗双双被列入佛教的"天龙八部"护法神，后来此二神演变成人们喜爱的飞天、伎乐天。原本乾闼婆与紧那罗地位不高，开始佛教将其列在"鬼神部"，由于乾闼婆与紧那罗的作用显赫，他们的地位得到提升。《大智度论》曰："……是揵闼婆是诸天伎人，随逐诸天，……甄陀罗（紧那罗）亦是天伎皆属天，与天同住共坐，饮食伎乐皆与天同。"①另外，佛教还将美音天、迦陵频伽（妙音鸟）甚至自然界的树声、水声赋予佛教的精神，为佛教服务。

石窟寺是佛教艺术的综合载体，它包括建筑、雕塑、壁画等造型艺术。石窟是佛教面向社会的艺术走廊，它是以造型艺术方式营造的"天国世界"，使人产生深厚的宗教情感，激发人们对佛教信仰的追求和对佛的崇拜。特别是乐舞形象，更使人产生对佛国的向往，从而得到一种愉悦，进而升华为超脱现实进入彼岸的感觉。故它是佛教文化的有特殊作用的重要组成部分，是佛教不可或缺的工具。同时，多姿多彩的音乐形象又是各地世俗音乐艺术的曲折反映，也是探视古代音乐艺术发展历史的重要窗口。

龟兹主流壁画贯彻一种思想，即"惟礼释迦"。音乐造型也完全围绕这个主题而展开。但是作为艺术，在宣扬佛教思想、义理，在描述佛教故事时，必然要选择本地喜闻乐见的艺术形式和造型特征。"梵天劝请，般遮弹琴"就是最典型的例子，它完全迎合了龟兹擅长音乐的审美心理，将音乐与佛理结合得相得益彰。石窟中的音乐形象又是各地世俗音乐艺术的形象反映，也是研究古代音乐艺术发展历史的重要窗口。

二、龟兹石窟寺音乐造型的表现形式

龟兹壁画里音乐造型主要表现在帝释窟说法、佛传故事、因缘故事、"天宫伎乐"以及佛的重大事迹作歌赞供养。近年在新疆陆续发现了上古时期的竖箜篌乐器实物多件，是极为重要的考古发现，填补了我国公元前音乐实物的空白。且末县扎滚鲁克墓地发现的三件竖箜篌，年代约在公元前5-2世纪。② 鄯善县洋海墓地发现的两件竖箜篌，年代约公元前一千多年。③ 两地竖箜篌形制基本一样。

"帝释窟说法"，释迦牟尼成道后，不拟向众生说法，大梵天闻知心生恐惧，即派帝释天和音乐神般遮前去请求说法，经过般遮弹琴吟唱歌颂佛的恩德，佛最

---

① 《大智度论》卷10，《大正藏》第25册，第135页中。
② 《新疆且末扎滚鲁克一号墓地》(《新疆文物》1998年4期)；且末扎滚鲁克二号墓地发掘简报》，《新疆文物》2002年1-2期合刊。
③ 《鄯善县洋海二号墓地发掘简报》，载《新疆文物》2004年1期。

后应允说法，于是开始了"转法轮"事业。中心柱石窟主室正壁开凿圆拱龛，龛内立主尊释迦牟尼坐像，正壁的释迦牟尼像是石窟的主尊，其在主室内是最重要的，正壁龛外两侧绘帝释天（Śakra）与乐神般遮翼（Pañcasikha），龛上方浮塑菱形山，象征佛教的须弥山（Sumeru）；有的石窟在龛上部绘出菱形山，这一内容反映的是"帝释窟说法"的场面。① 最早的帝释窟图像是现藏于印度加尔各答印度博物馆的巴尔胡特（Bhārhut）大塔周围公元前 2 世纪栏楯上的浮雕上有婆罗谜文字题铭，英国学者坎宁汉（Alexander Cunningham）于 1879 年释读了上面的文字：Ida Sâla Guha（The Cave Hall of Indra），并根据铭文参考巴利语文献以及法显与玄奘的记载，辨别出了浮雕左侧的手持箜篌的般遮翼，坎宁汉的发现最有重要意义。② 后来德国学者吕德斯（Heinrich Lüders）撰写为 Idasālaguha，印度学者伯鲁阿（Benimadhab Barua）转写作 Iṃdasāla-guhā，译作 The Indraśāla-cave。③ 这一题材后来在佛陀迦耶（Buddhagayā）大塔的佛的浮雕上以及桑奇大塔（Sañch Stūpa）的栏楯浮雕上也曾出现，公元 1 世纪后，在秣菟罗（Mathurā）与犍陀罗（Gandhāra）的雕刻中逐渐成为了流行的题材，从而影响到了西域的佛教石窟造像。

佛将涅槃时，音乐神善爱乾闼婆王尚未度化，佛与善爱比试弹琴，用"神力"使其降伏，佛终于完成最后一位天神的度化。佛教文献上论曰："是以般遮弦歌于石室，请开甘露之初门。净居舞颂于双林，奉报一化之恩德。"④ 因缘故事，表现释迦牟尼成佛后四方说法、诠解因缘、广度众生的业绩，这是音乐形象最丰富的部分。释迦牟尼成佛后，在印度广大地区宣传佛教，事迹遍及四方。是龟兹石窟最多、最重要的、中心柱式的洞窟壁画的主题。在洞窟的券顶和两壁，布满佛教化众生，诠释因缘的故事。其中有不少乐舞故事，如"小儿播鼗踊戏缘""鼓声因缘""舞师女作比丘尼缘""度乾闼婆缘"。除了音乐故事外，在大幅的"说

---

① 姚士宏：《克孜尔石窟探秘》，乌鲁木齐：新疆美术摄影出版社，1996 年，第 1-17 页；李崇峰：《克孜尔中心柱窟主室正壁壁画题材及有关问题》，巫鸿主编：《汉唐之间的宗教艺术与考古》，文物出版社，2000 年，第 209-233 页，收入《佛教考古：从印度到中国》（I），上海古籍出版社，2014 年，第 107-128 页。

② Alexander Cunningham, *The Stūpa of Bhārhut: A buddhist Monument Ornamented with numerous sculptures illustrated of Buddhist legent and history in the third century B.C.*, London: W.H. Allen &Co., 1879: 138, plates xxviii, lv. 李崇峰：《佛教考古：从印度到中国》，上海古籍出版社，2014 年，第 109 页，注释 10。

③ H.Lüdes, "A list of Brāhmī Inscruiptions from the Earliest Tiems to about A.D 400 with the Exception of those of Aśōka", in *Epigraphia Indica*, volume X（1909-10）, Appendix, Calcutta "Superintendent Government Printing", 1912: No.805; H.Lüdes ed., *Bharhut Inscriptions*, revised by E. Waldschmidtand M.A. Mehendale, New Delhi: *Archaeological Survey of India*, 1963:109-110, plates xix, xl B35. 李崇峰：《佛教考古：从印度到中国》，上海古籍出版社，2014 年，第 110 页，注释 1。

④ 《高僧传》卷 13，《大正藏》第 50 册，第 415 页上。

法图"里，伎乐遍布各处。"说法图"的布局是：高大的佛居中央，两侧是朝贺的天人，其中除梵天、帝释天外，就是伎乐天人。伎乐天人有男有女，有舞有乐，但音乐伎人居多。他们手持各种乐器，神态各异，为佛说法烘托出崇高而活跃的气氛。

  佛国的"胜景妙乐"，主要形式是著名的"天宫伎乐"。龟兹"天宫伎乐"有两种形式，早期为在佛或弥勒菩萨两侧一字排列各种伎乐，后发展为独立的形式，在中心柱式洞窟主室侧壁上方绘或塑出分单元的各种伎乐。龟兹"天宫伎乐"对敦煌、云冈、龙门等石窟"天宫伎乐"有重要的影响。龟兹"天宫伎乐"的典型是蜚声中外的克孜尔第38窟"天宫伎乐"。龟兹石窟的"天宫伎乐"还有泥塑和木雕的造像。这些音乐表现形式的依据，是龟兹地区流行的佛教派属所遵循的思想及其经典，主要是小乘佛教的《阿含》《本缘》《譬喻》《涅槃》类经典。"天宫伎乐"形式在龟兹得到扩大和规范，直接影响了敦煌、云冈、龙门的"天宫伎乐"的发展。整个龟兹石窟音乐造型，受本地的艺术审美观的支配非常明显。龟兹壁画突出音乐的内容和作用，就是"管弦伎乐，特善诸国"的鲜明反映。

  龟兹大像窟后室是表现涅槃的部位，涅槃是佛教追求的最高境界。后室壁画竭力渲染涅槃悲壮的场面。顶部的飞天与伎乐天，为肃穆的涅槃增添了更为悲怆的氛围。向佛涅槃作种种伎乐供养，如《大般涅槃经》卷3所述："诸天于空，散曼陀罗花、摩诃曼陀罗花、曼殊沙花、摩诃曼殊沙花，并作天乐种种供养。"克孜尔第77窟后室顶部凿成梯形，平顶与前后披以长方格构图绘出飞天、伎乐天群，有持乐器的，有献舞的，有捧花盘散花的，有持璎珞供奉的，有执莲花供养的。伎乐排列也有特色，一个动态的和一个静态的相交错，使整个伎乐群布局生动活泼。克孜尔初创期晚些时候的第47、48窟后室顶部，伎乐翱翔虚空，举华盖，散香花，奏天乐，伎乐们各展伎能。空中又有盈光的宝珠和纷落的花雨，一派飞动而肃穆的气势。初创期出现的另一重要艺术形式是"天宫伎乐"。"天宫伎乐"表现兜率天宫中的"胜景妙乐"，是后来誉满遐迩龟兹"天宫伎乐"的滥觞。

  公元7世纪以降，唐朝中央政府控制与管辖西域广大地区，在西域设安西都护府和北庭都护府。安西都护府移治龟兹后，有一批汉人官吏、庶民、士兵、工匠和佛教僧侣陆续落户龟兹，他们信奉的是中原的大乘佛教。据公元8世纪唐代僧人慧超《往五天竺国传》记载：

> 又从疏勒东行一月，至龟兹国。即是安西大都护府，汉国兵马大都集处。此龟兹国，足寺足僧，行小乘法，食肉及葱韭等也。汉僧行大乘法。……有两所汉僧住持。行大乘法，不食肉也。大云寺主秀行善能讲说，

先是京中七宝台寺僧。大云寺都维那，名义超，善解律藏。旧是京中庄严寺僧也。大云寺上座，名明恽，大有行业，亦是京中僧。……龙兴寺主，名法海，虽是汉儿生安西，学识人风，不殊华夏。①

在这个历史背景下，龟兹地区出现了中原大乘佛教内容的石窟和壁画，主要分布在距唐安西大都护府所在地较近的库木吐喇石窟和阿艾石窟。这些壁画大多是依大乘净土经典绘制的大型经变画，其模式和风格敦煌莫高窟壁画十分相似，多出现在虚空"不鼓自鸣"中。"不鼓自鸣"是中原净土经变画的显著特征之一，在"不鼓自鸣"里出现了中原汉地系统的乐器，计有竖箜篌、曲项琵琶、排箫、筚篥、笙、筝、横笛、细腰鼓、大鼓、拍板、钟等。有趣的是，有些乐器本来是从西域东渐，经过在中原的发展变化，形成中原形制的乐器，后又反馈回到龟兹。从音乐史角度看，在这里可以看到西域与中原同一乐器的不同形制、形态，从而进行比较研究，是十分难得的可以对比的资料。

龟兹石窟中心柱式洞窟的后室是表现佛涅槃的部位。后室正壁均或塑或绘佛涅槃像，顶部通常绘出大群飞天、伎乐天，场面壮观、气氛肃穆。龟兹石窟的飞天、伎乐天主要集中在这里。

三、龟兹石窟寺音乐的形态特征

龟兹石窟壁画里乐器形象十分丰富，因历史和佛教派别的原因，龟兹石窟壁画乐器的形制基本是两大系统：龟兹系统和中原系统。龟兹系统乐器是本地世俗间流行的乐器，其中包括虽然源自域外，但传入龟兹后，经过龟兹的吸收、改造和长期应用已经本地化，具有明显龟兹特征的乐器。同时还包括龟兹创造的新的乐器组合形式。

龟兹石窟壁画乐器的形制基本是两大系统：龟兹系统和中原系统。

龟兹石窟壁画中出现的龟兹体系乐器有：

1. 拨弦乐器：竖箜篌、弓形箜篌、五弦琵琶、曲项四弦琵琶、阮咸。
2. 吹奏乐器：筚篥、唢呐、箫、笙、横笛、铜角、贝。
3. 打击乐器：大鼓、腰鼓、毛员鼓和都昙鼓、细腰鼓、羯鼓、鼗鼓和鸡娄鼓、答腊鼓、铜钹等。

《新唐书》的"龟兹部"里，还增加了一些鼓类如侯提鼓，与"鼓舞曲多用龟兹乐"的记载相符。另外，龟兹壁画里数量较多的弓形箜篌和阮咸没有列入宫

---

① （唐）慧超原著，张毅笺释：《往五天竺国传笺释》，中华书局，1994年，第159、176页。

廷龟兹乐里。

竖箜篌，在克孜尔第 80 窟，库木吐喇第 13、58 窟和克孜尔尕哈第 28、30 窟中可以见到。竖箜篌有多种形制，有弓形琴杆、琴弦直挂（库木吐喇第 13 窟，克孜尔第 69 窟），也有长形半梨状共鸣箱前斜挂琴弦（克孜尔尕哈第 30 窟），底端为不知质地的囊状共鸣箱，弓形琴杆插入其中，琴弦或直挂或斜挂在琴杆上（克孜尔第 80 窟）。龟兹壁画中，大多为 10-14 根弦的小型竖箜篌（图 1），用左臂或右臂夹琴体，两手拨奏。此种乐器源于西亚，后经过波斯、犍陀罗，辗转传入龟兹。①

图 1 森木塞姆第 43 窟主室前壁五髻乾闼婆手中的箜篌

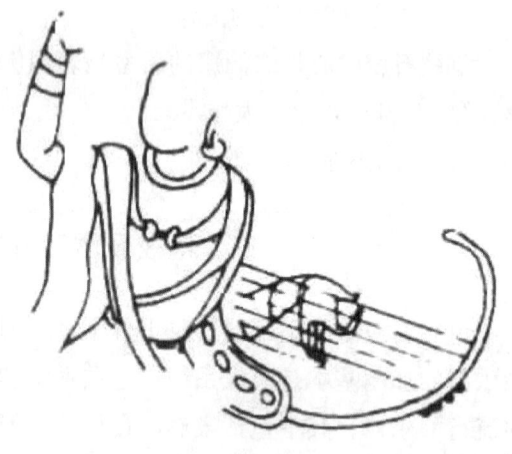

图 2 克孜尔第 92 窟正壁弓形箜篌

弓形箜篌，龟兹的弓形箜篌首部没有任何装饰，因其形状似一弯弓，故称弓形箜篌（图 2）。此乐器在汉译佛经里称"琉璃琴"。根据资料研究，龟兹的弓形箜篌自成体系，音箱似为匏制，外敷皮囊，琴杆从中穿过。鸠摩罗什译《大智度论》有一段记载与壁画弓形箜篌形状十分吻合："譬如箜篌声，出时无来处，灭时无去处，众缘和合故生。有槽、有颈、有皮、有弦、有棍，有人以手鼓之，众缘和合而有声。"② 在库车苏巴什佛寺出土的舍利盒上的乐舞图中有弓形箜篌的图像，此舍利盒乐舞图的人物完全是龟兹世俗形象，因而证明，在龟兹世俗音

---

① 周菁葆著：《丝绸之路的音乐文化》，新疆人民出版社，1987 年，第 86 页。
② 《大智度论》卷 99，《大正藏》第 25 册，第 745 页中。

乐生活中，使用着弓形箜篌。弓形箜篌是龟兹壁画里出现最早、数量最多的乐器之一。

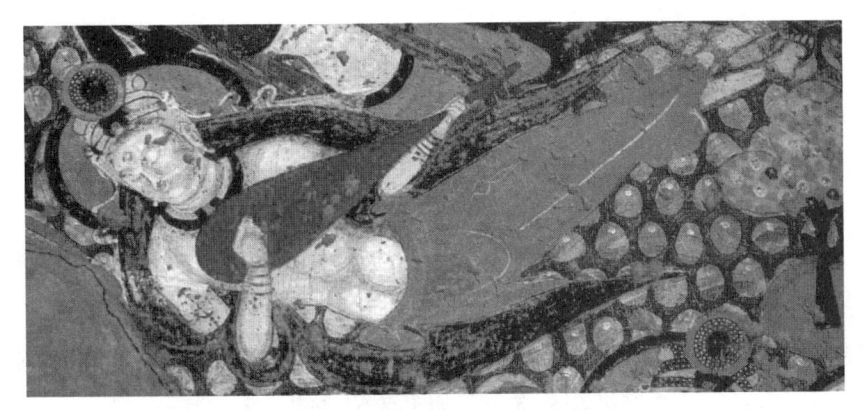

图 3 克孜尔第 8 窟主室前壁上方手持琵琶的伎乐

图 4 克孜尔第 77 窟后甬道正壁壁画中的阮咸

　　五弦琵琶，龟兹五弦琵琶的音箱为梨形体，腹窄而细长，顶部的轸槽为三角形。克孜尔第 8 窟伎乐天人手中所执的五弦琵琶形象清晰，特别为中外音乐史学家所瞩目（图 3）。克孜尔 135 窟保存五弦琵琶的颈部图像。

　　曲颈四弦琵琶，这种乐器在新疆石窟壁画中出现居于第二位。在克孜尔 23、30 窟，库木吐喇 24、46 窟以及伯孜克里克 29 窟中都有清晰的描绘。关于琵琶的来源，首先见载于东汉刘熙《释名·释乐器》："枇杷，本出于胡中，马上所鼓也，推手前曰批，引手却曰把，象其鼓时，因以为名也。"《隋书·音乐志》记载说："今曲项琵琶，竖箜篌之徒并出自西域。"《通典》同《隋书》中所载，都认为

琵琶来自西域。

阮咸，多为圆腹直颈，腹大颈细，其复手的形式多样，开两个音孔，四弦。少数为圆腹曲颈。另外，在克孜尔77窟中，画有一种三弦阮咸（图4），这个阮咸圆形琴体，琴把细长。此阮咸在演奏时，会因转调而频繁更换把位。在克孜尔14、17、38（图5）、98、118、224等窟和克孜尔尕哈第11窟中部有描绘。在克孜尔14窟和38窟中出现了曲颈阮咸，属于早期的壁画。《新唐书》中有载："有人破古冢得铜器，似琵琶，身正圆，人莫能辨。行冲曰：'此阮咸所作器也。'命易以木，弦之，其声亮雅，乐家遂谓之'阮咸'。"在龟兹石窟壁画中是仅次于五弦琵琶的一种乐器，《通典》中有云："阮咸，亦秦琵琶也，而项长过于今制。列十有三柱。"这说明阮咸从秦汉琵琶演变而来。而秦汉琵琶从何处而来？宋·陈旸《乐书》中有云："秦汉琵琶本出于胡人弦鼗之制，圆体修颈。"

图 5 克孜尔第 38 窟壁画中的曲颈阮咸

图 6 克孜尔第 110 窟壁画中的筚篥

筚篥，在新疆石窟中出现较多，如克孜尔第 13、110 窟（图 6），库木吐喇第 13、16、24 窟以及伯孜克里克第 16、29 等窟中都有描绘。它是龟兹乐中的民间乐器。关于筚篥，历代文献中译名不同。如汉代许慎《说文》中曰"屠成"，宋·何承天《纂文》曰"必栗"，《隋书》中称"单篥"，《通典》中则称"悲篥"，之后中原又称作"觱篥"。"毕梁"是古代龟兹语的译名，龟兹语称作 pi-li。筚篥是用芦苇或竹制成的吹奏乐器，其顶端有一个倒梯形（上宽下窄）的哨片，由两个苇片相夹，用以固定，管身开音孔，一般为 7 个。演奏时双手竖执筚篥，吹哨片发音，双手按音孔改变音高。这种乐器产生于龟兹。① 由于筚篥的音调基本固定，所以筚篥就成为隋唐宫廷弦乐器定音的标准乐器。

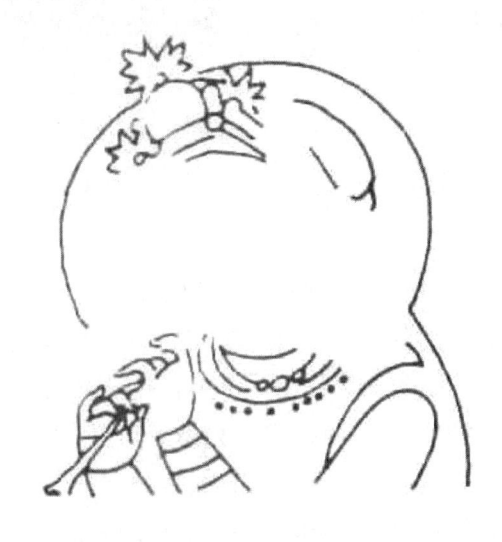

图 7 第 38 窟主室壁画中的唢呐

唢呐在克孜尔 38 窟中有清晰的描绘（图 7），且与现今维吾尔人使用的苏尔奈基本一致，然而历代文献中却没有记载龟兹乐中使用唢呐，令人费解。有关唢呐的记载最早见于明代，《三才图会》中云："锁呐，其制如喇叭，七孔，首尾以铜为之，管则用木，不知起于何代，当军中之乐也，今民间多用之。"《南词叙录》中云："至于喇叭、锁呐之流，并其器皆金、元遗物矣。"唢呐这种乐器，在我国文书中一直有不同的译写，如锁呐（《三才图令》），唢呐、喇叭（《南词叙》），唢呐（《今乐考证》），等等。另外，《律吕正义》《五体清文签》中写作"琐奈"，《镇定续文献通考》中写成"锁哪""锁奈"，到《大清会典图》和《皇朝礼器因式》中则写成"苏尔奈"。

---

① 霍旭初著：《龟兹艺术研究》，新疆人民出版社，1994 年，第 232 页。

图 8　克孜尔第 110 窟壁画中
的排箫

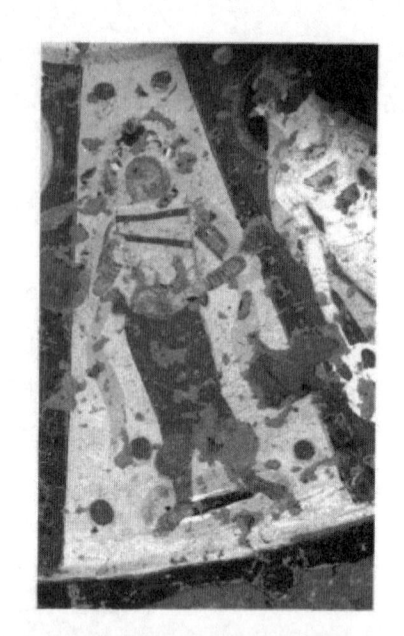

图 9　克孜尔第 135 窟中
的排箫

　　箫，分别在克孜尔第 38、77、91、110（图 8）、135 窟（图 9），库木吐喇第 13、16、68 窟，克孜尔尕哈第 30 窟，森木赛姆第 29 窟中有所描绘，是龟兹壁画中出现最多的气鸣乐器。排箫为竹制，由 9 至 14 根竹管并排用绳系在一起。在龟兹石窟中，排箫有两种形制，一种为数管按由短到长并排而成，乐器呈梯形状，此为中原式排箫；另一种排箫的数管以相同长度排列，形制近似为方形，多在龟兹早期壁画中出现，系龟兹艺人依据龟兹音律进行的改变。排箫的音色悠扬青涩，婉转动听，管数越多，可吹奏的音域越宽。龟兹乐中使用的是一种排箫。关于箫的历史《世本》有记载："舜所造，其形参差，以象凤翼，十管长二尺。"《风俗通》所藏与此同，但却说："十管长一尺"，与《世本》所记有区别。《通礼仪纂》中则说："伏羲作箫，十六管"。这些把箫的发明归于舜、女娲、伏羲等历史传说人物，无非是一种附会之说。但这些古代信息说明箫的历史相当悠久的。

　　笙，在库木吐喇第 13、23、63、68 号等窟中出现。至于笙的形态，刘熙《释名》说："笙……以匏为之……其中污空以受簧也"。[①] 库木吐喇第 13 号窟内描绘的笙为系彩带，匏体，圆形。实际上，笙是汉族乐器，来自中原，但在汉、晋、唐、宋开凿的龟兹洞窟中出现，说明自古以来，笙就已经被龟兹人民普遍使用了。

---

① （汉）刘熙撰，祝敏徹、孙玉文点校：《释名疏证补》，中华书局，2008 年，第 229 页。

图 10 克孜尔第 38 窟壁画中的横笛　　图 11 克孜尔第 100 窟主室壁画中的铜角

横笛，笛类乐器在古代印度和中国的羌族中流行。横笛在早期龟兹壁画里就多有出现，应该是随佛教传入的。壁画里的横笛，一般绘得都比较细长，很难看出音孔，见于克孜尔第 38 窟（图 10）。

铜角，出现于克孜尔第 100 窟中（图 11），《旧唐书·音乐志二》上有载："西戎有吹金者，铜角是也，长二尺，形如牛角。"①《乐书》中则说："铜角，高昌之乐器也，形如牛角"，《文献通考》卷 134 中所载与此同。于是后人多认为铜角在高昌乐里才用。其实《旧唐书》中说的"西戎"，应当不光是指高昌。德国人勒柯克（Albert von Lecoq）从龟兹带走当地出土的舍利盒中就清楚描绘着铜角。日本大谷探险队 1903 年也挖走一个龟兹舍利盒，同样有铜角的描绘。②这说明龟兹、高昌等西域音乐中都使用铜角。

贝，源于印度的乐器，佛教称法螺，因其声传得远和声腔勇猛，佛教认为有降魔威力，故用于法会中，《妙法莲华经》卷 1 说："若使人作乐，击鼓吹角贝。"在龟兹石窟壁画上，出现不多，仅在降魔图中出现过。

大鼓，龟兹壁画中的大鼓与中原流行的大鼓形象非常相似。在库车苏巴什舍利盒乐舞图上，有非常清晰的大鼓图像。③大鼓实际上是从羯鼓演变而来的，鼓面朝上，用两杖相击演奏。《新唐书·礼乐》卷十二中记载："革有杖鼓、第二鼓、

---

① （后晋）刘昫等撰：《旧唐书》，中华书局，2013 年，第 1078 页。
② 霍旭初、祁小山编著：《丝绸之路新疆佛教艺术》，新疆大学出版社，2006 年，第 171 页。
③ 《丝绸之路新疆佛教艺术》，第 171 页。

第三鼓、腰鼓、大鼓。"①

　　腰鼓，在库木吐喇第 13、68 窟，克孜尔第 135、224 窟中可以看到，是龟兹乐中常用的乐器。腰鼓为中间细，两头宽。鼓的两面蒙皮，用绳系在腰间用双手击打出声。《旧唐书·音乐志二》中记载："腰鼓，大者瓦、小者木，皆广首而纤腹，本胡鼓也。"②

图 12 克孜尔第 101 窟壁画中的毛员鼓　　图 13 第 104 窟主室壁画中的毛员鼓

　　毛员鼓和都昙鼓的形状特点都是鼓腰内敛，呈蜂腰式的。《通典》中记载："都昙鼓似腰鼓而小，以槌击之"，"毛员鼓似都昙而稍大"，可见两者都属于腰鼓类，只是大小的差别。毛员鼓可见于克孜尔第 101（图 12）、104（图 13）、171 窟。

　　细腰鼓的特点是鼓腰内敛，呈蜂腰式。腰部形状也多有不同。龟兹壁画中的此类鼓实际上存在多种形状，汉文史籍上所谓"毛员鼓""都昙鼓""杖鼓""汉鼓""震鼓"等也都是细腰鼓类。因无充分的资料可循，尚难为各类细腰形鼓进行分类命名，只能统称其为细腰鼓。龟兹壁画中的细腰鼓，不见使用鼓槌，均为用双手击打。

---

① （宋）欧阳修、宋祁等撰，《新唐书》，中华书局，1975 年，第 473 页。
② 《旧唐书》，第 1079 页。

图 14 克孜尔第 186 窟主室壁画中的羯鼓

羯鼓,是龟兹乐中的代表乐器之一,在克孜尔第 186(图 14)、224 窟和库木吐喇 68 号窟中都有较为清晰的描绘。据《通典》中记载:"羯鼓,正如漆桶,两头俱击。以出羯中,故号羯鼓,亦谓之两杖鼓。"① 羯鼓为桶状的直桶型,因两杖相击,故称两杖鼓。羯鼓被传入中原以后,在唐代是非常受欢迎的乐器,常用于独奏。羯鼓两面蒙皮,用鼓槌敲打,声音很高,又极富表现力。唐朝《羯鼓录》载:"其声焦杀鸣烈,尤宜促曲急破,作战杖连碎之声,又宜高楼晚景,明月清风,破空透远。"羯鼓在唐代中原十分流行。演奏时,将羯鼓放在小床上,用槌击打鼓的两侧,但龟兹壁画里的羯鼓是用手击打而不用槌。

鼗鼓与鸡娄鼓。鼗鼓本为中原鼓类乐器,鸡娄鼓原为西域乐器,实际上就是拨浪鼓。克孜尔石窟第 8 窟、184 和 186 窟因缘故事中出现了这一乐器。《周礼·春官·宗伯第三》"掌教鼗鼓"郑玄注:"如鼓而小,持其柄摇之,旁耳还自击"。② 在龟兹、敦煌、云冈等佛教艺术里,所见的均是此两种乐器合由一人演奏。以后沿袭成俗,成为固定的形式。《乐书》记:"古人尝谓左手播鼗(古同鼗)牢,右手击鸡娄鼓也。"此种形式的形成,似在西域或即龟兹。故音乐史学家说:"鼗是西域各族传受之于汉族,而与鸡娄鼓配合起来由一人兼奏之法,是汉族受之于

---

① (唐)杜佑撰:《通典》,中华书局,1988 年,第 752 页。
② (唐)南卓撰:《羯鼓录》,收入《中国文学参考资料小丛书》(第一辑),古典文学出版社,1957 年,第 3 页。

西域各族的。"① 鼗鼓与鸡娄鼓合为一起形成之始,可能在公元 5-6 世纪。 鸡娄鼓见于克孜尔石窟第 186 窟,是近于球形的框,两头张着面积狭窄的革面,《通典》中记载:"鸡楼鼓,正圆,而首尾可击之处,平可数寸。"

答腊鼓,又称揩鼓,以用手揩擦鼓面而为其特征。《古今乐录》云:"答腊鼓,制广于羯鼓而短,以指揩之,其声甚震,俗为揩鼓。"此鼓另一外形特征是鼓面之间用绳索斜拉,龟兹壁画早在公元 4 世纪就有答腊鼓的图像。在克孜尔第 17、38、77 窟中,库木吐喇第 68 窟中可看到。据《通典》中记载:"答腊鼓制广于羯鼓而短,以指揩之,其声甚震,俗谓之揩鼓。"②《文献通考》中也有记载:"答腊鼓,龟兹、疏勒之器也。其制如羯鼓,抑又广而短,以指揩之,其声甚震,亦谓之揩鼓也,后世教坊奏龟兹曲用焉。"③ 由此可知,答腊鼓是从羯鼓演变而来,但演奏方法不尽相同,答腊鼓是以指揩奏,就是用手指摩擦鼓面。

图 15 克孜尔第 171 窟主室铜钹

铜钹,古印度的击打乐器,随佛教传入西域,是佛教法事的用具。龟兹壁画中的铜钹形态很小,与唐·慧琳《一切经音义》所记:"铜钹……以铸成二

---

① [日] 林谦三:《东亚乐器考》,人民音乐出版社,1962 年,第 125 页。
② 《通典》,第 752 页。
③ (宋) 马端临撰,《文献通考》卷 136《乐九》,中华书局,1986 年,第 1208 页。

枚，形如小瓶盖"的记载完全一样。铜钹的形像在克孜尔第171窟中有出现（图15）。

龟兹乐器丰富的种类，使得由其构成的龟兹乐队具有丰富的音色和生动的表现力。丰富的音色特别体现在吹奏乐器上，再加上有革制、铜制、木制、铁制等丰富材质的打击乐器，使得乐队具有丰富的色彩。"龟兹乐"的乐队编制以吹乐、弹乐和鼓乐并用为特色，既能演奏抒情感人的曲调，也能演奏气势雄伟、欢快热烈的音乐。打击乐在"龟兹乐"中占有绝对优势，说明龟兹乐中鼓乐的重要地位。

四、龟兹佛教音乐对中国音乐发现的贡献

因两次事件使龟兹乐传入中原，第一次是公元384年前秦吕光伐龟兹，将龟兹乐舞、百戏艺人掠至凉州。吕光在凉州建立后凉政权，龟兹伎人与西晋大乱时逃到凉州的中原艺人进行艺术交流，从而创造出西凉乐。北魏建立后，又将龟兹乐带到平城，后来又迁都洛阳，龟兹乐随之传遍中原大地。

第二次是北周武帝与突厥公主联姻。龟兹是西域三十六国中的大国，地理条件优越，经济发达，文化昌盛。公元前就与中原交往频繁。汉宣帝时，龟兹王绛宾娶乌孙公主（汉解忧公主之女）为妻。元康元年（前65）绛宾携公主去长安朝贺，汉宣帝赐给"车骑旗鼓，歌吹数十人。"以后绛宾"数来朝贺"，回龟兹后"治宫室，作徼道周卫，出入传呼，撞钟鼓，如汉家仪。"[①] 这一重大改革，对龟兹乐舞艺术发展有深刻的影响。南北朝时期，在文化和民族大交流、大融合中，龟兹文化进一步发展，音乐艺术日趋繁盛，成为西域一个乐舞胜地。十六国时的前秦国主苻坚派吕光平龟兹，将一大批龟兹乐舞伎人带至中原，从此揭开了龟兹乐舞大规模东传的序幕。北周武帝娶突厥阿史那公主为后，随嫁而来的有一批龟兹音乐家，著名的有苏祗婆、白明达、白智通等。苏祗婆在中原传播了龟兹"五旦七声"乐律，对中国音乐的发展起到了历史性的作用。在北周、隋、唐宫廷乐部里，《龟兹乐》为西域诸乐部之首，在中原有巨大的声望。唐代诗人元稹《连昌宫词》曰："逡巡大遍凉州彻，色色龟兹轰录续"，生动而概括地描绘了盛唐宫廷中龟兹乐的盛况。

玄奘在《大唐西域记》中对当时龟兹音乐艺术作了高度的评价，他称："屈支（龟兹）国……管弦伎乐，特善诸国"。在《新唐书·龟兹国传》里也载龟兹"俗善歌乐"。龟兹地区音乐发达，还可见诸其他一些史料，段成式在《酉阳杂俎·境异》中载："龟兹国，元日斗牛马驼，为戏七日，观胜负，以占一年羊马减耗繁息也。

[①] （东汉）班固：《汉书》卷96《西域传》，中华书局，1962年，第3916–3917页。

婆罗遮，并狗头猴面，男女无昼夜歌舞。"在佛经典籍里也有关于龟兹音乐的记载，唐·圆照撰《悟空入竺记》(《十力经序》)说："安西境内有前践山、前践寺。复有耶婆瑟鸡山，此山有水，滴流成音。每岁一时，采以为曲。"另在《宋高僧传》中也有相似的记载。关于龟兹的音乐史料，在历代史籍中多有记载，不论是正史的传纪、志传，野史笔记和诗词歌赋中都有相当多的资料可证。

在隋代，《龟兹伎》成为宫廷九部乐中的重要一部。它的乐律不仅演变为隋唐燕乐的二十八调，而且还影响了雅乐、俗乐和戏剧音乐。所以，在《辽史·乐志》中载："至隋高祖（文帝）诏求知音者，郑译得西域苏祇婆七旦之声，求合七音八十四调之说，由是雅俗之乐，皆此声矣。"又说："右四旦二十八调，不用黍律，以琵琶弦协之，皆从浊至清，迭更其声，下益浊，上益清……盖出九部乐之龟兹部云。"

北周平灭北齐后第二年（578），周武帝病亡。周宣帝继位后，和北齐后主高纬一样，整日沉溺于声色。郑译为了迎合他，把北齐游散的歌舞艺人（包括著名西域琵琶演奏家曹妙达）聚集于长安，经常举行歌舞百戏演出，龟兹歌舞戏"苏幕遮"在长安盛行起来。曹妙达和苏祇婆在长安的聚合，客观上加强了西域艺舞的阵容和艺术影响力，从而使北周的乐舞艺术更加精湛，达到了一个新高度。

从苏祇婆"五旦七声"理论的渊源、形成、传播和发展的过程，充分展示了龟兹文化与中原文化息息相通、互为滋养、交流融汇、变革创新的生动历史。

结 论

龟兹壁画突出音乐的内容和作用，就是"管弦伎乐，特善诸国"的鲜明反映。龟兹音乐文化较早便形成了自己的规模，印度音乐文化借佛教载体传向东方，但它首先在龟兹与当地艺术进行交流、融合，注入了当地繁盛文化的因子，形成西域式的佛教艺术，音乐艺术尤其如此。中国汉地佛教音乐形式受到龟兹佛教音乐的直接影响。南北朝、隋唐之际对中原影响巨大的"龟兹乐"，其中一大部分是龟兹佛教音乐。龟兹佛教艺术深受犍陀罗、秣菟罗佛教艺术的影响，同时也得到当地文化的熏陶，并吸收了丝绸之路带来的西亚艺术因素。龟兹佛教艺术在佛教艺术世界里独树一帜。随佛教的传入，龟兹佛教艺术对中国汉地佛教艺术的产生了十分深远的影响。

唐代对西域实行了有效的管辖，先在高昌的交河设立安西都护府，后移治龟兹，升为安西大都护府。在这种历史背景下，西域进入了各方面发展的黄金时期。龟兹音乐艺术高度繁荣，乐器配套成型、音乐艺人辈出，出现"管弦伎乐，特善诸国"的优势。另一方面，中原汉人大批来到龟兹，中原文化不断西进，大乘佛教义理反馈龟兹，形成中原大乘佛教与西域小乘佛教同时存在的生动局面。龟兹石窟寺里西域与中原系统音乐造型同时并存，是佛教文化史上的奇观，从而也为龟兹乃至西域自古以来就是中国的一部分，提供了政治、经济、文化、艺术上的历史见证。

刘德海琵琶音乐的梵呗特色和佛学意蕴初探

——以"宗教篇"为中心的考察

华侨大学哲学与社会发展学院　彭钦文

刘德海（1937年8月13日–2020年4月11日），出生于上海，祖籍河北省沧县，当代琵琶演奏家、教育家、作曲家、理论家。13岁开始学习琵琶、二胡、三弦、笛子等民族乐器，先后师从浦东派琵琶传人林石城先生、无锡派曹安和先生、汪派孙裕德先生、平湖派杨大钧先生。历任全国政协委员、中国民主同盟中央委员会委员、中国文学艺术家联合会委员、中国音乐学院副院长等职。刘德海先生致力发掘传统琵琶乐曲的音乐元素和文化内涵，他不仅整理、改编了《十面埋伏》《霸王卸甲》《浔阳夜月》《平沙落雁》《昭君出塞》等一系列经久不衰的经典传统曲目，还移植、创编了《浏阳河》《远方的客人请你留下来》《游击队歌》《故乡的太阳》等中外歌曲，更创作了大量脍炙人口的当代琵琶曲目，比如，人生篇——《天鹅》《秦俑》《老童》《春蚕》；田园篇——《一指禅》《故乡行》《天池》《金色的梦》；乡土风情篇——《纺车》《风铃》《杂耍人》……刘德海先生在音乐题材、演奏技巧、教学理念、美学追求等方面，开拓出当代琵琶艺术发展的新境界。

一、刘德海的琵琶艺术及其"宗教篇"音乐

刘德海先生的琵琶艺术是在其广泛的艺术实践中不断形成和发展的。在中央音乐学院、中央乐团等学习工作环境中，他不仅学习低音大提琴等西洋乐器，还在1972年参与创作了我国第一首琵琶协奏曲《草原小姐妹》，首开民族乐器与西洋管弦乐队结合的先河。20世纪80年代开始，他与美国波士顿交响乐团、西柏林交响乐团、德意志广播交响乐团、新加坡交响乐团等西方交响乐团合作，逐渐形成了他音色丰富、风格多元的艺术面貌和博采众长、兼收并蓄的创作理念。正如他对其艺术道路的自述："我的'木头伙伴'琵琶已伴随我周游大半个地球，只要做到雅俗共赏、古今并重、中西兼备，那么面对世界复杂的舞台和不同阶层

的听众，琵琶总会找到它的知音。这就是我几十年孜孜以求的琵琶道路。"① 刘德海先生立足传统性、扎根民族性、着眼世界性，在雅俗、古今、中西等范畴中将当代琵琶艺术在集演奏、创作、教学、研究于一身的实践中臻于化境。

在刘德海先生的艺术作品中，创作曲目无疑是最具代表性与开创性的。其中，创作于20世纪90年代的"宗教篇"琵琶音乐——《白马驮经》《滴水观音》《喜庆罗汉》三首作品，包含了刘德海先生"以宗教情节和完美的技术，创作比庙堂更动听的音乐"②的艺术初衷，是他"用哲学、科学、艺术的思想方法乃至宗教的虔诚，书写了当代琵琶艺术的辉煌篇章"③之集中体现。现以刘德海先生"宗教篇"等音乐作品为例，试析其琵琶音乐的梵呗特色和佛学意蕴。

二、刘德海琵琶音乐的梵呗特色

梵呗是随着佛法东渐而传入中国的佛教音乐之主要形式，亦称呗赞，有"止息""赞叹"之意，主要指供佛教寺庙法事仪轨中所用的唱诵音乐。梁僧慧皎在《高僧传·经师论》（卷十三）中就曾记载："然天竺方俗，凡歌咏法言，皆称为呗。至于此土，咏经则称为转读，歌赞则号为梵音。"而据袁静芳教授考证，在印度呗赞没有系统传入中国之时，"浙左、江西、荆、陕、庸蜀"（《高僧传·经师论》）等地僧侣是采用当地民歌来唱诵佛经的，而在曹植"鱼山梵呗"之后所传诵的梵呗，均为西域僧侣所传之梵文梵呗。④

而当我们追溯丝绸之路上阮咸、曲项琵琶以及直项琵琶等"琵琶"类乐器的发展脉络时，不难发现这样"孕育、发展、成熟、展衍于整个丝绸之路上的一件乐器"⑤与佛教音乐在传播路线、流行时间等方面存在极其相似的情况。首先，在敦煌莫高窟、麦积山石窟、云冈石窟等石窟壁画、雕塑中，从汉魏南北朝直至隋唐宋元时期，佛教音乐所使用的弦乐器中便一直有汉魏阮咸琵琶、龟兹秦汉琵琶、碎叶曲项琵琶等数种"琵琶"类乐器。其次，在梁武帝亲创演述佛法之乐曲、隋开皇年间制定的"七部乐"⑥以及天竺乐、西凉乐、龟兹乐、高昌乐等和佛教音乐关系密切的各色乐种当中，"琵琶"类乐器均属重要乐器。最后，诸如三代

---

① 刘德海：《刘德海中外琵琶曲集》，警官教育出版社，1996年，第3页。
② 刘德海：《刘德海琵琶作品集》，上海音乐出版社，2001年，第61页。
③ 杨靖：《刘德海的琵琶教学思想刍议》，《中国音乐》2007年第1期。
④ 参见袁静芳：《汉传佛教音乐文化》，中央民族大学出版社，2003年，第3-4页。
⑤ 赵维平：《丝绸之路上的琵琶乐器史》，《中国音乐学》2003年第4期。
⑥ 韩淑德、张之年：《中国琵琶史稿》，四川人民出版社，1985年，第53页。

传习琵琶的曹婆罗门、唐庄严寺僧段善本、诗佛王维等佛教信徒也同时是技艺高超的琵琶演奏家。这就为我们分析琵琶音乐的梵呗特色提供了深厚的历史渊源。刘德海琵琶音乐的梵呗特色主要体现在乐曲素材、音乐题材、演奏技巧等方面。

（一）乐曲素材

2002年，刘德海先生有感于地方民间音乐人文精神缺失、文化危机下浮躁心态等现状提出了中国音乐学院器乐系一年学习一个地方民间乐种的"'1'行动计划"。他不仅将潮州音乐、纳西古乐·洞经音乐、江南丝竹、南北吹打、戏曲音乐、宗教音乐、世界民间音乐等地方乐种纳入计划之中，还高瞻远瞩地提出"以文化自觉和悟性抢救文化遗产，抢救文化遗产实质是抢救'自己'"①等论断。而在其中，宗教音乐被刘德海先生归为"蛰居一地一方，处于自生自灭状态"②的"抢救型"一类。其实，早在1996年创作《喜庆罗汉》之时，刘德海先生就有意识地采用佛曲《普庵咒》③为乐曲素材。当他1998年创作《白马驮经》时，更是取材于地域风格浓郁、旋律特色鲜明的同名五台山佛曲④。还有重庆佛曲《香花请》、陕西法门寺佛曲《婆罗门引》等佛教音乐，为《晚霞情趣》《昭陵六骏》等作品的创作提供了旋律、调式、动机、节奏型诸方面的乐曲素材。这些佛教乐曲素材的运用，不仅大大丰富了刘德海先生"宗教篇"等音乐作品的音乐语汇，还使得一些不为人所熟知的梵呗旋律以新体裁、新形式流传开来。

（二）音乐题材

以佛教教义、思想、文化为题材的音乐作品在传统琵琶乐曲中便已有之，例如由古琴曲移植改编而来的琵琶古曲《普庵咒》、由民间乐曲《八板》连缀而成的琵琶古曲《阳春白雪》（《阳春古曲》）中有段落《玉版参禅》。而刘德海先生通过其"宗教篇"琵琶音乐《白马驮经》《滴水观音》《喜庆罗汉》三首作品，

---

① 刘德海：《〈"1"行动计划〉备忘录》，《中国音乐》2002年第2期。

② 刘德海：《唤醒一块沉睡多年的处女地——〈乐府民间音乐制作法〉备忘录》，《中国音乐》2004年第1期。

③ 普庵即指南宋精于梵呗的普庵禅师，他为了能够更好地传播佛法，以拼音的方式标注梵呗，为最早的《普庵咒》。在后世的发展中，除古琴外，《普庵咒》又出现了多个器乐版本。现存最早的琵琶曲《普庵咒》出现于明代江苏无锡派的华氏《南北二派秘本琵琶谱真传》中，亦是第一本正式发行的琵琶谱，由"佛头（释谈章句）、起棉、香赞、连台献瑞、旃檀海岸、起咒（再起咒）、法赞、鱼山梵唱、日映昙花、起咒（三起咒）、宝赞、钟声、鼓声、钟鼓、鸣钟和鼓、清江引"等段落组成。

④ 韩军先生在《五台山佛教音乐总论》（宗教文化出版社，2012年）"小曲"章节的最后，收录了1999年由繁峙县"佛乐班"演奏的"白马驮经""普庵咒"等三首套曲。并称"现在已经不用，但在20世纪中期还有人会奏或能够唱出曲谱。"

不仅采用了佛教文化为音乐题材，还别出心裁地赋予其新意，从而揭示出佛教文化广阔的艺术魅力和生命力。《白马驮经》创作于1998年，音乐题材源于"金人入梦""白马驮经"二则传说典故。讲述了东汉永平七年（公元64年），汉明帝刘庄因夜梦一位"长丈六，项背日月光明"（《洛阳伽蓝记·卷四》）的金神，于是派遣蔡愔及其弟子秦景等人远赴西域以求佛法的故事。后来，求法使团用白马驮负着经卷和佛像并迦摄摩腾、竺法兰等高僧返还洛阳传播佛教。分别创作于1995年和1996年的《滴水观音》《喜庆罗汉》则以流行于汉传佛教的观音信仰和罗汉信仰为音乐题材，塑造出法相庄严、慈悲欢喜等气韵生动的音乐形象。其中，喜庆罗汉即十八罗汉第二位——迦诺迦代蹉尊者，是古印度论师之一，或称"欢喜罗汉"。他称"由听觉、视觉、嗅觉、味觉和触觉而感到快乐为喜，不由听觉、视觉、嗅觉、味觉和触觉而感到快乐就是庆，诚如向佛，心觉佛在，即感快乐。"[1]其中包蕴着曲作者出世入世交融、"仙境俗界共赏"[2]的创作初衷，体现了他对民族音乐、中国佛学等传统文化的深厚积累、独到理解以及融通运用。

（三）演奏技巧

回顾琵琶艺术发展史中出现的数个高峰期，无不是以风格独具、别开生面的演奏技巧创新为标志的。技巧创新既是开发乐器音色的前提，也是开拓音乐意境的关键。刘德海先生"对传统琵琶演奏技法进行继承、重新整理和定义，在不同风格的乐曲中旧法新用，创造新式琵琶语汇。"[3]大大扩充了当代琵琶艺术的音乐语汇和表现力度。在他的"宗教篇"琵琶音乐作品中，音色独特、组合丰富、应用新颖的演奏技巧在突显梵呗音乐特色之余达到了非凡的艺术效果。例如，音质清亮、空灵的泛音运用于乐曲，不禁使人联想起佛教法器的音响效果和梵呗音乐的庄严肃穆，而在琵琶不同弦或高低音位上加以变化，将磬、铃、钟、鼓等法器的音色模拟得惟妙惟肖。在《白马驮经》乐段中泛音用于模仿白马项上铃铛的碰撞声，加上左手指甲快速地触弦而发出有模糊音高的金属噪声，两相对映，又似是远方白马嘶哑的鸣叫，生动地描绘出僧人手持法器长途跋涉的画面。在《滴水观音》乐段中，泛音则和弦上位的拨弦声组合使用，一明一暗，用近乎碰铃和水滴的音色描摹出清净洒水观世音手持柳枝或洒水器作洒水相的境界。又如，"摘""弹"面板等传统技法，以及刘德海先生创新的"右大拇指小关节隆起成

---

[1] 刘德海：《刘德海琵琶作品集》，第58页。
[2] 刘德海：《刘德海琵琶作品集》，第58页。
[3] 田甜：《概述刘德海对琵琶演奏技法发展的贡献》，《乐府新声》（沈阳音乐学院学报）2011年第1期。

角敲击复手左侧（近第四弦处）"等新技法配合使用，精妙而传神地模仿出有音高概念与音色区别的木鱼、云板、梆鱼等法器声音，在《喜庆罗汉》《陈隋》《老童》等曲目中体现了浓厚的梵呗音乐色彩。

三、刘德海琵琶音乐的佛学意蕴

刘德海"宗教篇"琵琶音乐所体现出的梵呗特色，既是曲作者在文化环境中耳濡目染的影响结果，也是他"追根寻源，回归传统"的自觉选择。出生于上海的刘德海先生，自幼便受到江南丝竹、佛道音乐的影响。正如他在自传中所述："三教九流无不闻讯，三百六十五行无不打听。民间游艺杂耍、庙会、打醮、婚庆喜丧，耳濡目染，无不模仿……披巾唵经当和尚。学业荒废，弦管丝竹迷心窍。"①刘德海琵琶音乐能够包含佛学意蕴等传统文化精神的前提与基础，综观他"宗教篇"等琵琶音乐作品中的佛学意蕴，或可概括为以下三个方面。

（一）中和思想——基于佛教中观学说的训练方法

作为中华传统文化中的重要组成部分，儒佛道三家都在不同程度上表达了对"中"这一命题的关切与讨论。在中和思想的影响下，中国古代音乐观素以"中正平和"为主流审美准则。刘德海先生在继承这一美学特征的基础上结合佛教中观学说为当代琵琶艺术开出新意蕴并提出新要求。佛教中观学说肇始于大乘中观学派龙树及其弟子提婆等人对般若经典及其思想的解释、阐发与整合。该学派主张观察问题不落两边，要综合两边以合乎中道，摆脱断常（无有）二见的思维桎梏，从而突显出"破邪显正""以破为立"的理论品格与精神风貌。刘德海先生认为优选取"中"为基本，是真正到达艺术表演的"自由王国"之不二法门。"故以不快不慢、不强不弱、不紧不松、不刚不柔为基本状态……方有珠落玉盘之美感；快而不乱，慢而不断，刚而不暴烈，柔而不消沉，皆以'中'作基点。"②具体在其"宗教篇"琵琶音乐中，"以宗教题材创造颇具中和之声的音乐，是中国传统乐器归真返璞必由之路。"③其中，正反弹触弦、弦上下发音等技巧创新，松紧结合、动静相宜、刚柔相济等音乐处理，为当代琵琶表演、教学、研究提供了新的思路和方法。

此外，作为集中体现佛教中观学说的"八不中道"，即"不生亦不灭，不常

---

① 刘德海：《凿河篇》，《中央音乐学院学报》1989年第1期。
② 刘德海：《凿河篇》，《中央音乐学院学报》1989年第1期。
③ 朱慧佶：《论刘德海音乐创作中的宗教性》，中国音乐学院硕士学位论文，2013年，第1页。

亦不断，不一亦不异，不来亦不去"（《中观论·破因缘品》），旨在破斥对文字般若乃至一切事物及概念的执著，达到无破可破、"无所有"的境地，以求体现非有非无、亦有亦无的中道立场。受此影响，刘德海先生在《白马驮经》曲目创作时曾著有打油诗一首："四大皆空本无经，无经可驮念啥经？无中求有有求无，无字经里乱弹琴"，其中就化用了佛教中观学说及其遮诠双谴式的语义表达。基于上述范畴间的对立统一，他还富于创造性地提出了"金三角"理论，"艺术—科学—哲学""田野—室内—音乐会""技术性—风格性—艺术性"等理论模型，"兼容—优选—鼎立""居一—走二—走三"等发展战略，为当代琵琶艺术擘画出系统而严谨的训练方法和发展思路。

（二）宗教情结——超越世俗但不离俗世的价值取向

刘德海先生在其"乐府字典"中给"宗教情结"下的定义是"'终极关怀'的情感冲动；在音乐中追求富有神性的完美主义。"① 唯有如此，才能"以宗教情结和完美技术，创作比庙堂更动听的音乐。"② 此为刘德海"宗教篇"琵琶音乐脱胎于传统宗教音乐、庙堂音乐之原貌却能够不同凡响、别开生面的根本所在。紧接着"天—地—人"式"金三角"框架，他在《旅程篇》一文中进一步指出："这是一种追求完美、和谐、统一的终极关注，属心灵本体的文化观。"③ 可见，在刘德海先生的艺术理论中，"宗教情结""终极关怀"等概念共同指向的是对人性人心真善美的精神信仰。"宗教篇"音乐作品旨在通过琵琶的现代语汇表达出传达心声、净化心灵的音乐，并将其作为一种精神信仰进而复归本人性人心的真善美。他主张："艺术是心灵的镜子，真正艺术感染来自心灵的真诚纯洁。人以艺传，艺以人传，艺术里人格便是一切。"④ 这种超越世俗的价值取向赋予其"宗教篇"琵琶音乐神圣高洁的艺术风貌和文化品格，体现了一位根植传统文化的当代艺术家之形而上思考和高尚追求。

但是，刘德海"宗教篇"琵琶音乐超越世俗却仍然不离俗世。他在《滴水观音》《喜庆罗汉》等乐曲创作感言中谈到，"乐曲着力保持佛曲庄严的神韵，同时倾诉民间的情怀。本曲是一首'仙境俗界共赏'的音乐。"⑤ "在出世与入世交融

---

① 刘德海：《唤醒一块沉睡多年的处女地——〈乐府民间音乐制作法〉备忘录》，《中国音乐》2004年第1期。
② 刘德海：《刘德海琵琶作品集》，第61页。
③ 刘德海：《旅程篇》，《中央音乐学院学报》1994年第2期。
④ 刘德海：《凿河篇》，《中央音乐学院学报》1989年第1期。
⑤ 刘德海：《刘德海琵琶作品集》，第58页。

点获得'喜庆'之悦为本曲创意。"①在其作品中，宗教情结还往往是和乡恋冲动、田园风格、自然诗意、人文精神等"寻根情结"联系在一起的，神性和人性的光芒由此交相辉映。这种超越世俗但不离俗世的价值取向和佛教中国化、大众化的历史趋向是一致的。正如刘德海先生所说："在音乐里，想'山'想'水'而不得'山水'，不想山水而'山水'自来。"②类似的佛理禅意更多地反映在他"宗教篇"琵琶音乐作品中——兼具神性与人性的音乐形象、庄正高雅而意境深远的审美体验，还有"以'生活化'和'老百姓听得懂'为基本创作原则"③，无不充分彰显刘德海琵琶音乐的佛学意蕴和人文精神。

（三）圆融精神——博爱兼容而会通圆融的艺术境界

刘德海自白其艺术生涯同时受益于不同艺术门类、不同琵琶流派的滋养，比如"汪派的苍劲凝重、平湖派的诗情冲动、崇明派的质朴童趣、林石城先生的细巧清丽、卫仲乐先生的厚实发音、李廷松先生坚挺的手形、吴景略先生（古琴家）的圆径手势……"④面对近代琵琶衍生出的众多流派在复杂的时空里撞击、转化、消融、整合，他主张"承古风，取兼容，强调中国音乐之特色，庶几能屹立于世界艺术之林而长葆青春。"⑤正所谓"隔派不隔理"，在历史的大浪淘沙之下，唯有民族文化和人文精神不会被湮没。刘德海"宗教篇"等琵琶音乐讲求音乐作品的多义性和增生性，力求挣脱"门户之见""地域所限"等束缚，揭示乐曲隐义层面的人文意义。在兼收并蓄、圆融无碍的艺术境界中赋予了音乐作品丰富的生命力和表现力。例如，在《白马驮经》乐曲中，五台山佛曲元素和山西二人台音乐相得益彰；佛曲梵呗《普庵咒》和昆曲曲牌《收江南》在《喜庆罗汉》中珠联璧合；作者还认为《滴水观音》与民间的催眠曲、西方的摇篮曲具有相似性，并提出"天上人间何处分界"等深刻思考……总之，刘德海的琵琶艺术正是浸润在不同琵琶流派、不同艺术品类、不同地域文化的共同滋养下，逐渐达到了博爱兼容、会通圆融的艺术境界。

这种艺术境界和圆融精神密不可分。圆融精神，作为中国佛教的优良传统，在天台宗、华严宗、禅宗等诸宗思想中多有体现。"在运用于修持之外，中国佛教还将圆融思想用于指导'判教'及处理佛教内部各宗派、各种见地，佛教与外

---

① 刘德海：《刘德海琵琶作品集》，第 58 页。
② 刘德海：《旅程篇》，《中央音乐学院学报》1994 年第 2 期。
③ 吴玉霞：《老童春蚕丝方尽 西出阳关不复还——刘德海琵琶艺术探源与思考》，《人民音乐》2020 年第 4 期。
④ 刘德海：《流派篇》，《中央音乐学院学报》1995 年第 1 期。
⑤ 刘德海：《凿河篇》，《中央音乐学院学报》1989 年第 1 期。

学、佛教与世俗社会的各种关系……使中国佛教表现出一种特出的圆融性格。"[1]据此，刘德海认为圆融各个流派技法、地域文化还不够，弦上奥妙尽在弦外大千世界，正所谓"音乐就是你们的信仰，从音乐里面找到精神家园的寄托，很重要……都可以，爱神爱鬼，在博爱世界里，音乐家尽情游玩。"[2]他对宗教和音乐的理解受益于圆融精神因而更加广博且深刻。在其作品中，庙宇和教堂、"伸懒腰"和"念佛珠"都蕴含着艺术规律。这就是他能够"在其半个多世纪的艺术人生中，以一个深受中国传统文化熏陶浸润，怀着强烈人文关怀和自觉意识的当代知识分子，怀着励志发展琵琶艺术的责任和使命感……用哲学、科学、艺术的思想方法乃至宗教的虔诚，书写了当代琵琶艺术的辉煌篇章"[3]的原因所在。

"弹不尽悲欢离合，千百声只念阿弥陀佛"——这是刘德海先生晚年的一则感言。他还在不同场合多次提到"我只是民族音乐发展道路上的一个爬坡人，明知道它没有终点，我还会就这样一直爬下去，直到我的尽头，哪怕再多的苦涩和寂寞"。2020年2月28日，在新冠肺炎疫情的特殊时期，刘德海先生以一篇《生命线上彻底开悟》和一曲《平安玉珠送亲人》为世人留下绝唱，展现了一位当代艺术家经积淀、结晶后对生命关怀的人文精神。以刘德海琵琶"宗教篇"为考察中心，有助于我们多方面、多层次地把握佛教梵呗艺术和琵琶艺术等中国民族音乐的互动关系。

---

[1] 陈兵：《中国佛教的圆融精神及其当代意义》，《中华文化论坛》2004年第3期。
[2] 刘德海：《成长与定位——刘德海先生"中国乐派"名家讲坛讲座实录》，《中国音乐》2017年第3期。
[3] 杨靖：《"夜抱枕头梦琵琶"——深切悼念恩师刘德海先生》，《乐器》2020年第4期。

京都北韵禅乐的传承与保护探析

北京大学　赵哲伟

一、佛教音乐的流传与京都北韵禅乐的形成

佛教产生于公元前5世纪的古印度，自东汉初传入中国汉地之后，西域佛曲也随即一并传入，后与汉地音乐相互融合形成了独具特色的佛教音乐形态。佛曲最初传入时称之为"梵呗"，主要用于歌赞佛经偈颂。梵呗在天竺时颇为盛行，梁·慧皎《高僧传》载："天竺国俗，甚重文制，其宫商体韵，以入弦为善。……见佛之仪，以歌叹为贵。经中偈颂皆其式也。"[1]随着佛教的传入，公元2世纪时，中国已有梵呗的流行。[2]当时积极在华传授梵呗的僧人，大多都是西域或天竺人。宋·赞宁《宋高僧传·读诵篇》论曰："原夫经传震旦，夹译汉庭。北则竺兰，始直声而宣剖；南惟僧会，扬曲韵以讽通。"[3]在这里，已把竺法兰、康僧会奉为北、南两派赞呗的开山鼻祖。由此可见，当时的佛教音乐已呈现出南北不同流派的特点，具有明显的地域特征。

中国的佛教音乐依照其展演属性大致可以分为声乐和器乐两大类型。器乐包括管弦乐和演奏法器乐。声乐包括梵呗，或称佛赞、佛曲、禅乐或禅念儿，以清净声腔、曲调赞颂诸佛菩萨功德，宣扬佛法义理，弘法利生。早期流行的梵呗声腔应该带有西域音乐的风格，但从当时的历史条件来看，这些异国风味的"胡呗"似乎缺少广泛流传的条件。三国时，中国的佛教徒开始注意到"梵音重复，汉语单奇。若用梵音以咏汉语，则声繁而偈促；若用汉曲以咏梵文，则韵短而辞长"的矛盾，开始"改梵为秦"，创作中国化的佛曲。[4]相传最早"改梵为秦"的是三国魏时的曹植。唐·释道世《法苑珠林》载：曹植"尝游渔山，忽闻空中梵天之响，清

---

[1]　（南朝）慧皎：《高僧传》卷2，《大正藏》第50册，第332页中。
[2]　赵朴初：《佛教常识答问》，华文出版社，2011年，第153页。
[3]　（宋）赞宁等：《宋高僧传》卷25，《大正藏》第50册，第872页上。
[4]　《文史知识》编辑部：《佛教与中国文化》，中华书局，1988年，第110页。

雅哀婉，其声动心……乃摹其声节，写为梵呗。"① 曹植因制作"渔山梵呗"而被尊为中国化佛教音乐的创始人。

南北朝时，民间吟唱佛教赞偈甚为流行，推陈出新，又出现了一种"唱导"形式，为后世佛教音乐的目的、内容、形式、场合的规范奠定了基础。唱导又称唱说，旨在宣唱佛理，开导众心，采用了多种民间演唱技艺，通俗易懂弘扬佛理。根据《高僧传》等记载，这些唱导法师大多居于南方，当时唱导应该具有南方音乐的特点。与此同时，北方北魏地区佛教也颇为兴盛。《洛阳伽蓝记》记载：景乐寺"至于大斋，常设女乐。歌声绕梁，舞袖徐转，丝管寥亮，谐妙入神。……召诸音乐，逞伎寺内。奇禽怪兽，舞抃殿庭。"②寺院里的这些节日娱乐活动融合了佛教音乐、世俗音乐、百戏幻术，基本上呈现的是北方音乐的特点。

隋唐时，佛教广泛盛行、规模宏大，也是佛教发展中国化的主要时期。这一时期，唱导采用了多种民间说唱技艺，逐步发展为一个独立的音乐品种。与此同时，社会上出现了"俗讲"形式，采用通俗化的民间艺术方式宣讲佛教教义，劝善弃恶。值得一提的是净土宗的弘传，为佛曲的传播和宗教活动中音乐的大量使用创造了前所未有的条件。初唐善导大师，传净土法门，提倡专心念佛，曾著《净土法事赞》《往生礼赞》《般舟赞》等歌赞三卷。③中唐法照大师，提倡念佛法门，特别创作"五会念佛"之法，影响久远，流传至今。④晚唐少康大师另辟蹊径，面向大众，在民间音乐的基础上创作新的佛曲弘扬净土法门。当时在宫廷，来自西域佛国的音乐，演变为社会上层人士的"流行音乐"。在隋七部乐、九部乐和唐九部乐、十部乐中，都存有大量佛曲。佛教音乐与燕乐大曲中龟兹乐、天竺乐的关系，尤为密切。当时在民间，佛教音乐也成了社会音乐生活中的重要内容。俗讲僧人不但在岁时节日举行俗讲，还有化俗法师游行村落，以最通俗的形式劝善化恶。唐代佛教音乐的发展，南北两方已有明显区别：江南"唯以纤婉为工"，北方"皆用高深为盛"。这仅仅是大致的状况，如再细分，"关内关外，吴蜀呗辞，各随所好，呗赞多种"，地区特色日益显著。⑤

宋元明清诸代，随着市民阶层的出现，佛教音乐日趋通俗化和民间化，并对其不断进行搜集、加工和整理，成就斐然。南韵和北韵的佛曲禅乐也已成熟，形成不同的音乐体系，在南北两地分别流传，蔚为大观。明成祖朱棣于永乐十五年

---

① （唐）释道世：《法苑珠林》卷36，《大正藏》第53册，第576页上。
② （元魏）杨衒之：《洛阳伽蓝记》卷1，《大正藏》第51册，第1003页中。
③ 陈扬炯：《中国净土宗通史》，江苏古籍出版社，2000年，第305–306页。
④ 赵哲伟：《法照大师与五台山竹林寺》，载《新亚论丛》2004年第1期。
⑤ 《文史知识》编辑部：《佛教与中国文化》，中华书局，1988年，第114页。

至十八年（1417-1420）编《诸佛世尊如来菩萨尊者名称歌曲》五十卷，其中大部分曲调为当时流行之南北曲。① 该书前半部是散曲，后半部是套曲，其中包括北曲曲牌222首，北曲歌曲中有"佛名称歌曲"73首、"世尊名称歌曲"3首、"如来名称歌曲"140首、"菩萨名称歌曲"68首、"尊者名称歌曲"12首；南曲曲牌有117首，南曲歌曲有"佛名称歌曲"61首、"如来名称歌曲"56首、"菩萨名称歌曲"22首、"尊者名称歌曲"13首。在焰口仪轨方面也分为南北两路，明·僧天机撰成《修习瑜伽集要施食坛仪》，世称天机焰口、南传焰口；清·僧德基撰成《瑜伽焰口》，世称华山焰口、北传焰口。后华山焰口盛行于常州天宁寺，并由此通行全国，流传至今。

近代佛教音乐基本上保留了明清的传统风格，但与唐宋时相比，从整体上看是日趋衰微了。与此同时，在传承中也有所发展，佛教音乐与民间音乐进一步走向融合。这种融合主要采取两种方式：一是引古乐、时乐进入寺院，利用宗教相对稳定的特性，演变为一种脱离宗教仪轨的"世俗性"宗教音乐，如北京智化寺京音乐、潮汕庙堂音乐等；二是将佛曲曲目、演奏技法传于民间，形成多种直接为市民生活服务的"宗教性"民间音乐，如山西八大套及西安鼓乐中的僧派，甚至包括冀中管乐中的大部分等。

时至今日，佛教音乐从风格上分，自唐时便已有南北的区别，特点迥异。从内容与形式上分，亦可分为两大类；一类主要是唱、奏给佛、菩萨、饿鬼等对象听的，可称为法事音乐或庙堂音乐，包括佛教仪轨、朝暮课诵、道场忏法（如"水陆法会""瑜伽施食焰口"等）中所用的音乐；另一类主要是唱给现实对象如佛教徒或普通民众听的，可称为民间佛乐或民间佛曲。两类音乐并行不悖，各有发挥，普遍流传于现实社会。

在中国北方地区流传的佛教音乐中，北韵禅乐是其中璀璨夺目的一朵奇葩。京都北韵禅乐是指流传于北京及其周边地区的带有京腔京韵特色的佛事音乐，历史悠久，体系完整，传承清晰。京都北韵禅乐的渊源可以追溯至隋唐时燕乐，唐崔令钦《教坊记》就有相关曲牌记载。宋元时期，佛教音乐逐渐与宫廷音乐和民间音乐相互融合，各取所长，并行不悖。大约到元代时，形成了较为明显的南北两派风格，流行于中国社会。明永乐年间颁布御制《诸佛世尊如来菩萨尊者名称歌曲》，收录了当时流行的南北曲牌共339首，标志着南北禅乐两派演唱风格基本成熟，各成体系，北韵禅乐风格由此定型并得以正式流传。自此之后，京都北韵禅乐广泛流行于以北京为代表的北方地区，曾经盛极一时，北京的主要寺院如

---

① 周叔迦：《佛教基本知识》，北京出版社，2016年，第113页。

潭柘寺、戒台寺、广化寺、云居寺、碧云寺、拈花寺、三圣庵、天仙庵等都有流传唱诵。清末民初之后，由于种种原因，京都北韵禅乐日趋式微，乃至濒临失传，只在民间个别地方有所留存。据调查，目前还会唱京都北韵禅乐的只剩下30多位平均年龄都超过65岁的老人了。①

南北禅乐唱赞内容基本相同，但曲牌不同，声腔也不同，音乐风格迥异。南韵禅乐宛转细腻、清丽悠扬，北韵禅乐高亢激昂、铿锵雄壮。京都北韵禅乐风格朴实，别具一格，一般是单牌单韵，即一个偈子一个曲牌一个调，曲牌繁多，声腔旋律各不相同，学唱难度较大，易忘难记。京都北韵禅乐在唱诵时，用大磬、铛子、铪子、木鱼、法铃、忏钟和大鼓等乐器伴奏，营造烘托出一种庄严肃穆的氛围。流传至今的京都北韵禅乐曲牌，现据潭柘寺妙空法师于民国三十年（1941）手抄的《集众偈》中记录有150多首，另有北京广化寺悟然法师保存的手抄的北韵禅乐大牌子本80首。2007年，由京都北韵禅乐传承人朱锡泉挖掘整理的《北韵佛赞》新本将京都北韵禅乐分为《八大赞》《十大韵》《香赞》《拜愿》《焰口》《外佛事》等六大类共100首。这是现存较为全面的禅乐曲谱资料。

2009年10月，京都北韵禅乐被列入北京市级非物质文化遗产名录，从此进入了一个崭新的传承与保护时代。

二、京都北韵禅乐的传承与保护价值

大乘佛教法门众多，其中有"音教"一说，即以音声所说弘传义理，济度众生，佛教以"声为教体"，所以"五明"中就有"声明"一明，可见用美妙的音乐供养三宝，赞叹佛德，宣流佛法，乃至修证佛法，都具有很大的功德福报。音乐供养也是佛教的十大供养之一②，音乐是最易引起心弦共鸣的艺术形式之一，它是不需要任何中介而直接作用于人的内心情感的。《法华经·方便品》说："若使人作乐，击鼓吹角贝。箫笛琴箜篌，琵琶铙铜钹。如是众妙音，尽持以供养。或以欢喜心，歌呗颂佛德，乃至一小音，皆已成佛道。"③清净庄严、雅正和谐的音声，对人心的教化有着不容置疑的功效。义净在《南海寄归内法传》中说音乐对于僧人的作用有六种："一能知佛德之深远，二体制文之次第，三令舌根清净，四得胸藏开通，五则处众不惶，六乃长命无病。"④一般世俗的音乐总给人悲欢离合，

---

① 参见《600年老调只剩几十位老者还会唱》，载《北京日报》2014年6月10日。
② 根据《法华经·法师品》之说，有花、香、璎珞、末香、涂香、烧香、缯盖、幢幡、衣服、伎乐等10种供养。
③ （姚秦）鸠摩罗什：《妙法莲华经》卷1，《大正藏》第9册，第9页上。
④ （唐）义净：《南海寄归内法传》卷4，《大正藏》第54册，第227页下。

喜悦等情绪，而梵呗则不同，经过内心的酝酿和感应，给人以空灵静谧的感觉，达到一种体悟人生无常的境界。京都北韵禅乐古雅、清净、庄严、静穆，曲调优美深沉，能够营造出独特的宗教氛围，使人沉浸于光明祥瑞、清净安宁、庄严肃穆的感受之中，从而收摄浮躁涣散的心神，获得潜移默化的、全身心的宗教体验，社会教化作用显著，因此具有很好的文化传承与保护价值。

1. 京都北韵禅乐能够激发虔诚的佛教感情，有利于弘扬正法，慈悲济世

佛教徒的信仰和修行立足于虔诚的内心情感，如果缺乏至诚之心则如水中捞月，修行上很难有善果。佛教的基本教义要求倡导和培养大慈大悲普度众生之心，大乘佛教义理中，特别要求力行菩萨道，时时处处表现出对一切众生的细心呵护与关怀挚爱，并通过"四摄六度"各种行之有效的方法，把道德教育和细腻、高尚的情感培养巧妙地融为一体，使佛教徒渐渐发起利益一切有情的无上菩提心，以报三宝恩、父母恩、国土恩和众生恩。①《北韵佛赞》采用"五团花"曲谱唱诵了《十报恩》：

> 一报天地盖载恩，二报日月照临恩，三报皇王水土恩……四报爹娘养育恩，五报祖师传法恩，六报护法护持恩……七报檀那都承供，八报八方施主恩，九报九祖生净土……十报灵魂早超升。报恩德菩萨摩诃萨，摩诃般若波罗蜜。②

京都北韵禅乐创作和表演时感情真挚，信心充满，能够培养佛教徒对于佛、菩萨的恭敬心和欢喜心，以及对于众生无量无边的慈悲心，并由此而引发佛教徒内心的至真、至诚、至善和觉悟之心。《北韵佛赞》采用"一枝花"曲谱唱诵《迎佛曲三宝赞》：

> 稽首皈依大觉尊，无上能仁，观见众生受苦辛，下兜率天宫。皇宫降迹，雪岭修因，鹊巢顶三层垒，六年苦行。若人稽首皈依（南无）大觉尊，不堕沉沦，不堕沉沦。③

此外，还采用"风入松"的曲谱唱诵，以表达虔诚之意：

> 如来佛号最稀奇，降生在梵王宫内；龙眼大觉生欢喜，满空中天花

---

① 弘学：《佛学概论》，四川人民出版社，2015年，第55-56页。
② 参见《北韵佛赞》，京都北韵禅乐社内部刊印本（2007年），第32页。
③ 参见《北韵佛赞》，京都北韵禅乐社内部刊印本（2007年），第1页。

乱坠；九龙王金盆吐水，齐声贺释迦佛牟尼。①

京都北韵禅乐唱诵时，特别通过全身心的感情投入、熟练的梵唱技巧，能够将内心对三宝的崇敬、对佛法的体悟、对自身的忏悔、对众生的慈悲等，透过和缓平正、悠远肃穆、深沉哀婉、清亮庄严之音声而表露无遗，感同身受。如《北韵佛赞》采用"金砖落井"曲谱唱诵《西方赞》：

赞礼西方，极乐清凉，莲池九品华香，宝树成行，常闻天乐铿锵。阿弥陀佛大放慈光，化导众生无量，降吉祥。现前众等歌扬，愿生安养。现前众等歌扬，愿生安养。南无香云盖菩萨摩诃萨。②

采用"清江引"唱诵称赞三宝之真情：

稽首稽首皈依佛，佛在给孤园，给孤园说法，说法利人天，皈命顶礼真如佛陀耶。稽首稽首皈依法，法宝镇龙宫，龙宫经律论，律论演三乘，皈命顶礼海藏达摩耶。稽首稽首皈依僧，僧心似水清，水清秋月现，月现一轮明，皈命顶礼福田僧伽耶。③

京都北韵禅乐如此唱诵能够达到人与法合，法与声合，声与智合，智与悲合，以其虔诚与真挚的情感力量，对于自净本心、度化众生大有裨益，具有明显的社会教化作用。

2. 京都北韵禅乐的唱诵有利于培养定力，成为佛教日常修行的一种方便法门

京都北韵禅乐通过吟诵、赞叹佛德或讽咏佛经的方法，有助于增长定力，能够使佛教徒达到止断外缘、息却妄心、自净其心、清净身语意三业的目的。在佛教史上，以音声而做佛事的梵呗，自从释迦牟尼佛听许之后，就一直为佛教历代高僧大德所沿用发挥，成为一门修持的法门，可归入戒定慧三学之"定学"的范畴。佛教十分强调禅定，认为修禅定是通向悟道之门的最佳修持方法，适合于芸芸众生。④汉地佛教日常的生活和法事活动中，通过规范化的仪轨修持，早晚念诵，六时禅观，再配合参禅、念佛、诵经等其他法门的修持，不断增加闻思修行，增长戒、定、慧三力，灭除贪、瞋、痴三障，熏修八识种子，日积月累，功夫逐步

---

① 参见《北韵佛赞》，京都北韵禅乐社内部刊印本（2007年），第8页。
② 参见《北韵佛赞》，京都北韵禅乐社内部刊印本（2007年），第10页。
③ 参见《北韵佛赞》，京都北韵禅乐社内部刊印本（2007年），第30页。
④ 逸尘：《禅定指要》，巴蜀书社，1999年，第22页。

深入，境界逐步提高，便可逐步达到了脱生死、自觉觉他、功德圆满的目的。京都北韵禅乐在唱诵时，能够引导唱诵者的三业置于清净境界之中：唱诵者口中赞颂佛菩萨功德，语业净；唱诵者身体如礼行仪、礼拜、结印，身业净；唱诵者意念观想佛菩萨相好庄严，散乱之心顿息，意业净。例如《北韵佛赞》唱诵的《十六观门》：

> 皈依西方十六观门，日轮悬鼓暮西沉，冰洁琉璃宝地一掌平；七重行树八德凉清，宝相巍巍放光明；无量寿佛，势至观音，五色莲花如车轮，丈六金身显法身；下品莲台托质化生，中品罗汉辟支身，上品菩萨十地门；一生补处妙觉圆明，圆觉无证悟修心，同圆种智法界真；西方教主我等慈尊，九莲台畔度众生；大慈弥陀佛，大悲菩萨僧，接引众生，上品上生。南无尊胜幢菩萨摩诃萨！南无尊胜幢菩萨摩诃萨！南无尊胜幢菩萨摩诃萨！①

又如《北韵佛赞》采用"普天乐"曲牌唱吟《五方结界》，其中多次重复的词曲声腔，非常有利于静心修定：

> 吽吽唵嘛呢吽，唵呢嘛呢吽，天上天下无如佛，唵嘛呢吽，唵嘛呢吽，十方世界，唵哑吽，亦无比，吽吽唵嘛呢吽，唵呢嘛呢吽；世间所有我尽见，唵嘛呢吽，唵呢嘛呢吽，一切无有，唵哑吽，如佛者，吽吽唵嘛呢吽，唵呢嘛呢吽。②

又如，《北韵佛赞》的《敬愿赞》亦有同样作用：

> 敬愿慈尊显六通，萨哩斡布思必哑，花供养，唵哑吽；敬愿罗列有情众，萨哩斡度必哑，香供养，唵哑吽；敬愿大清永一统，萨哩斡哑噜吉哑，灯供养，唵哑吽；敬愿皇图万世隆，萨哩斡干的哑，涂供养，唵哑吽；敬愿人人皈大雄，萨哩斡你微的哑，果供养，唵哑吽；敬愿众生普善功，萨哩斡舍不答哑，乐供养，唵哑吽；布捞铭葛三谟恒啰斯婆啰纳三麻哑吽。③

京都北韵禅乐包含很多声腔曲牌给人宁静、清新、淡雅、自然的感受，能够

---

① 参见《北韵佛赞》，京都北韵禅乐社内部刊印本（2007年），第46页。
② 参见《北韵佛赞》，京都北韵禅乐社内部刊印本（2007年），第9页。
③ 参见《北韵佛赞》，京都北韵禅乐社内部刊印本（2007年），第39页。

摄受身心，止息妄念，定力增长，能使人感受到清净和自在，这实在是一门重要的日常修持法门，应该引起人们关注和提倡。

3. 京都北韵禅乐包含有很多协调疗愈人身心的曲谱，有益于培养健康和谐的身体和心理状态

根据佛经记载，释迦牟尼佛传法时往往借助于梵呗音声，感得人们皈依佛门，进而净化心灵，止恶扬善，勤修戒定慧，自利利他，度化众生。京都北韵禅乐大多数曲谱旋律起伏不大，舒缓平和，常以一个短句做顶真式的反复吟唱，节奏简单朴素，不会给人以大起大落的感受。这种禅乐适合反复唱诵，使内心的情感情绪恢复平稳平静，让人摈除杂念，令人身心喜乐，和谐顺畅，神清气爽，具有一定的心理疗愈作用，有益于日常学习、工作和生活。《北韵佛赞》有"十大韵"，即《淮上韵》《华严会》《一锭金》《寄生草》《北望江南》《豆叶黄》《菩萨蛮》《金字经》《挂金锁》《浪淘沙》等，这些曲牌大都韵律优美，袅袅欲绝，使听者超然自得，身心自在快乐。如《吉祥赞》唱诵："愿昼吉祥夜吉祥，昼夜六时恒吉祥，一切时中吉祥者，惟愿诸佛降吉祥。"① 如《净水赞》唱诵："杨枝净水，遍洒三千，性空八德利人天，福寿广增延，灭罪除愆，火焰化红莲。南无清凉地菩萨摩诃萨！"② 又如《愿消三障赞》唱诵：

　　愿消三障诸烦恼，愿得智慧真明了。
　　普愿罪障悉消除，世世常行菩萨道。
　　菩提妙高便庄严，随佛住处常安乐。③

经常聆听这些优美的禅乐，内心自然处于安详宁静的境界，全身放松，物我两忘，压力舒缓，烦恼消除，有利于达到身心健康的状态。

4. 京都北韵禅乐含有大量协调人与自然和社会之间关系的内容，对于构建和谐社会具有积极意义

现代社会物欲横流，人心浮躁，人们往往执着名利私欲，人与自然和社会之间的关系过度紧张。佛教义理指出人心向外驰求，欲壑难平，永远得不得满足，必然烦恼缠绕，只有积极倡导佛性，反观内心，灭除贪瞋痴，才能从根本上解决

---

① 参见《北韵佛赞》，京都北韵禅乐社内部刊印本（2007年），第14页。
② 参见《北韵佛赞》，京都北韵禅乐社内部刊印本（2007年），第18页。
③ 参见《北韵佛赞》，京都北韵禅乐社内部刊印本（2007年），第29页。

这些困扰众生的问题。① 美妙悦耳的禅乐，让人听后受到启发与感化，产生对生命的重新思考，认识到人与自然的和谐与心灵的宁静是超越一切世间功利的最珍贵的追求。《北韵佛赞》中《四句八念》劝人不要沉迷于世间名利：

　　青山无语叹人忙，草露风灯闪电光；人归何处青山在，总是南柯梦一场；人归何处青山在，总是南柯梦一场。南无登云路菩萨摩诃萨！②

在《叹四季》中也表达了对世间生老病死无常现象的幡然醒悟：

　　到春来，桃杏花开满树红，芍药花开色正浓，黄莺抿翠柳，燕子舞春风，护亡灵，在世间，快乐无穷；到夏来，五彩莲花开放满池塘，石榴花开正芬芳，蝉在枝头叫，鸳鸯戏水忙，护亡灵，生了病，躺在象牙床；到秋来，小小桂花满院香，金橘一朵仅对海棠，蟋蟀窗前叫，大雁列成行，护亡灵，阎君唤，难免不无常；到冬来，大雪花飘飘落满天，文竹蜡梅共水仙，鸡鸣荒郊外，谁人给你焚化纸钱，要相见，除非是梦中得团圆。③

《二十四孝》则称赞了传统孝道精神：

　　昔日堂前孝双亲，盘古至今，董永行孝道，自去典卖身，孝心感动天神。④

《北韵佛赞》还采用《双金字经（新）》曲谱歌颂美好社会：

　　祖国万岁万岁万万岁，盛世弥天社稷巍，民称慰，千秋福地基，山河秀；金轮王自在威，金轮王自在舜日辉，文武百官共敬业，政德威；风调雨顺，祈民安乐，万邦沐朝晖；愿将以此胜功德，八难三途众苦息，每诵持，四恩总报知，超苦海，圆满般罗密；无量无量无量寿，无量无量无量寿，无量寿尊佛；金炉内宝篆爇，香云盖，唵嘛呢叭呢吽。⑤

京都北韵禅乐包含的这些优美动听的佛曲，低吟慢唱，扣人心弦，唤起了人们对于人与自然和社会和谐相处的愿望，消弭了彼此之间的冲突，对于构建长治久安的美满和谐社会具有积极意义。

---

① 净慧法师：《中国佛教与生活禅》，宗教文化出版社，2005年，第39-41页。
② 参见《北韵佛赞》，京都北韵禅乐社内部刊印本（2007年），第28页。
③ 参见《北韵佛赞》，京都北韵禅乐社内部刊印本（2007年），第29页。
④ 参见《北韵佛赞》，京都北韵禅乐社内部刊印本（2007年），第49页。
⑤ 参见《北韵佛赞》，京都北韵禅乐社内部刊印本（2007年），第21页。

三、京都北韵禅乐的传承与保护状况

（一）代表性传承人及其传承谱系

京都北韵禅乐于 2009 年 5 月被列入北京市原宣武区级"非物质文化遗产名录"，2009 年 10 月被列入北京市级"非物质文化遗产名录"，至今共有三位代表性传承人：朱锡泉、吴颖超和刘爱君。

朱锡泉（1926-），北京市级非遗代表性传承人，1926 年出生于北京市朝阳门外吉市口五条天仙庵旁门 10 号。1934 年在天仙庵出家，拜在叔父释源成门下，法名广明，字锡泉，是第二十代传人。10 岁开始随师伯、师兄们承应佛事，边上学边学经赞禅乐。1947 年离开天仙庵还俗。1989 年退休后找到失散多年的师兄阔林，继续学习北韵禅乐。1996 年至今，一直在收集、整理和传授京都北韵禅乐，编撰了《北韵佛赞》第一版和第二版。

吴颖超（1933-2017），北京市西城区级非遗代表性传承人，1933 年出生于北京市东南郊海户屯村 17 号。1938 年在西城黑窑厂三圣庵出家，法名久明，成为四十三代图善的弟子，是第四十四代传人。8 岁开始学习《金刚经》《弥陀经》《普门品》和《大悲忏》等唱赞，熟练掌握寺院常用仪轨禅乐。1956 年离开三圣庵后还俗。退休后，不断无私传授所熟悉的京都北韵禅乐。

刘爱君（1948-），北京市级非遗代表性传承人，京都北韵禅乐社社长，1948 年出生于北京市东直门内东扬威胡同 5 号。1991 年皈依佛法僧三宝，法名慧量。1997 年随张旺（明音）居士习唱佛教音乐，同时结识朱锡泉老师、吴颖超老师，多年来始终追随他们传唱北韵禅乐，经过不懈努力，完全掌握了百余首失传的京都北韵禅乐。

京都北韵禅乐历史悠久，曾经流传广泛，具有较为清晰的历史传承谱系。上述三位代表性传承人承接的京都北韵禅乐主要渊源于北京市西城三圣庵、朝阳天仙庵（智化寺京音乐系统之一）、东城智化寺、丰台北韵禅乐和海淀京西佛教音乐等，并且形成了京都北韵禅乐社（三官庙）传承谱系。

1. 吴颖超：西城三圣庵第四十四代传人。

西城三圣庵禅乐传承谱系表

传承辈分	传承人	生卒	传承时间
第一代	清法	不详	北宋仁宗（辽圣宗、兴宗、道宗）时期
第二代至第三十七代	不详	不详	不详
第三十八代	智公	不详	清咸丰至同治年间
第三十九代	永公	不详	清同治年间
第四十代	慧光	不详	清同治至光绪年间
第四十一代	安祥	不详	清光绪年间至民国初年
第四十二代	佛广（永常）	1897–1939	9岁出家，民国中期
	佛性（永静）	1914–1953	7岁出家，民国中期
第四十三代	图印	1916–？	8岁出家，民国后期（1947–1949）
	图善	1921–1990	5岁出家，1949年至新中国成立初期
第四十四代	久明（吴颖超）	1933–2017	5岁出家，1938年至2017年

2. 朱锡泉：先后承接了三处禅乐传承体系，为天仙庵第二十代、智化寺京音乐第二十六代以及丰台北韵禅乐传承者。

朝阳天仙庵禅乐（智化寺京音乐系统之一）传承谱系表

传承辈分	传承人	生卒	传承时间
天仙庵第十八代	心普	不详	清朝后期
天仙庵第十九代（智化寺京音乐第二十五代）	源成（灵泉）	1891–1934	清朝末年至民国中期
天仙庵第二十代（智化寺京音乐第二十六代）	广月（阔林）	1914–1994	9岁出家，1923年至新中国成立初期
	广明（朱锡泉）	1926–	9岁出家，1934年至今

东城智化寺京音乐传承谱系表

传承辈分	传承人	生卒	传承时间	所在寺庙
第二十三代	妙申	不详	清朝后期（1887年天仙庵音乐谱抄本）	成寿寺
不详	善果	1886–1951	清朝末年至民国中期	不详
第二十五代	维明	1913–2005	民国中期至1949年后	下弥勒庵
不详	奎林	1918–2004	民国中期至1949年后	重兴寺
不详	先桐（王金海，慧通）	1928–2006	民国中期至1949年后	五虎庙
第二十六代	本兴（张双利）	1923–2009	1936年至1949年后	广济庵
	广明（朱锡泉）	1926–	9岁出家，1934年至今	天仙庵

丰台北韵禅乐传承谱系表

传承辈分	传承人	生卒	传承时间	所在寺庙
不详	沙荣（高国喜，福德）	1924–2012	1937年至1949年后	关帝庙
不详	自禅（杨贵德，浩然）	1928–1998	民国中期至1949年后	忠佑寺
	广明（朱锡泉）	1926–	9岁出家，1934年至今	天仙庵

3. 刘爱君：为海淀京西佛教音乐传承者。

海淀京西佛教音乐传承谱系

传承辈分	传承人	生卒	传承时间
第一代	张广泉	1905–1994	1916年至1949年后
第二代	张旺（明音）	1930–2017	1945年至今
第三代	刘爱君（慧量）	1948–	1997年至今

4. 京都北韵禅乐社（三官庙）传承谱系

京都北韵禅乐社（三官庙）传承谱系表

传承辈分	传承人	生卒	传承时间
第一代	朱锡泉（广明） 吴颖超（久明） 张旺（非禅乐社社员）	1926– 1933–2017 1930–2017	1934年至今 1938年至2017年 1945年至2017年
第二代	刘爱君（慧量） 金永利（演利）等禅乐社社员40人（名单略）	1948–	1997年至今 1996年至今

（二）京都北韵禅乐社

京都北韵禅乐社是一个致力于传承和保护京都北韵禅乐，传播民间音乐文化，弘扬中华优秀传统文化的公益性民间组织，目前日常活动场所位于北京市西城区陶然亭黑窑厂街16号三官庙（三圣庵南院）。为了弘扬和传承京都北韵禅乐，1996年6月，朱锡泉在北京市朝阳区安家楼，开始传授北韵佛赞，2007年初正式名为"京都北韵禅乐社"。

禅乐社主要由朱锡泉和吴颖超两位老师定期传授北韵禅乐，向社会公开展演和交流，努力发扬光大悠久古老的北韵禅乐文化。据不完全统计，至今为止，先后有近千人在禅乐社听闻学习和了解京都北韵禅乐，经常参加活动的固定成员有40多人。多年以来，禅乐社社员不畏艰辛，克服种种困难，努力搜集、继承、传习日渐式微的北韵禅乐，有效地弥补了北方寺庙传承的不足，为北韵禅乐的延续和发展做出了重要贡献。他们大都是在家居士，需要继承北韵禅乐的北方佛事仪轨，认真学习禅乐演唱和法器演奏，按照寺院的老规矩，平日两序大众分班对面或坐或立，头排持法器伴奏，铛子、铪子为双数，排列对称整齐。同时在着装上，继承了老北韵穿袍搭花衣的习俗，花衣由仿用大红绸料绣花牡丹，配深蓝色宽边

搭衣制作而成，保持原汁原味，维系传统风格。

京都北韵禅乐在唱念时遵循一定程序，先由维那举腔一声，随即大众相和唱诵，同时用大磬、铛子、铪子、木鱼、法铃、忏钟和大鼓等乐器伴奏，相互配合默契，在佛事活动中，营造出一种庄严肃穆的氛围，感人至深，带给人们的不仅仅是视听的享受，而且还是启迪净化心灵的梵音，真可谓"一举清腔唱北韵，钟磬铃鼓伴铛铪，铿锵悠扬佛陀赞，北韵古曲显风格。"

为了进一步弘传京都北韵禅乐文化，禅乐社不遗余力地向社会公众展示北韵禅乐的多彩风姿，近年来在国内多地不断开展交流活动，进行了近百场公开展演，受到广泛认可，赞誉如潮。对此，国内主要媒体如中央电视台、北京电视台、山西电视台、凤凰卫视、《中国日报海外版》《北京晚报》《北京青年报》《新京报》等进行了全面报道，影响深远，对切实弘扬和保护非物质文化遗产京都北韵禅乐具有重要意义。

（三）传承曲谱

京都北韵禅乐的曲谱主要有《天仙庵音乐谱》和《北韵佛赞》。

《天仙庵音乐谱》是智化寺京音乐中最重要内容之一，这本老乐谱是清光绪十三年（1887）三月初三日天仙庵（成寿寺）僧人妙申的抄本。该乐谱记载音乐曲牌55首，法器曲牌11首，总计曲牌66首。这是智化寺京音乐乐谱中第一部记录法器乐谱的抄本，[①]也成为朱锡泉编写第二版《北韵佛赞》的参考资料之一。京都北韵禅乐与智化寺京音乐本来就有密切联系，一体两面，一脉相承，所用曲谱有很多共同之处。

《天仙庵音乐谱》表

类别	内容	合计
音乐曲牌	大五声佛、小华严、送仙人、昼锦堂、锦堂月（入金五山）、龙凤辇、孔子泣颜回（回三遍）（注：原文为孔子叹颜回）、玉奠酒、沽美酒（注：原文为枯梅酒）、夜行船、雁过南楼、骂玉郎（回三遍入夜行船）（注：原文为骂鱼郎）、三宝赞、山荆子（注：原文为山精子）、好事近、千秋岁、狮子滚绣球（注：原文为狮子滚绣述）、醉太平、青山口、水鸭儿、大打围、鹅浪子、拿鹅（注：原文为那鹅）、春季、夏季、秋季、冬季、金字经、五声佛、撼动山（注：原文为感动山）、普庵咒（注：原文为普崦咒）、行道章、喜相逢、哭皇天（注：原文为哭黄天）、天下乐、普天乐、慈悲引、太平歌、柳青娘（注：原文为柳青年）、一枝梅、干荷叶（注：原文为甘何梅）、妻上夫坟、喜梧桐、灯赞、寄生草（注：原文为奇生草）、乐道歌、玉娥郎（注：原文为玉鹅郎）、清江引（注：原文为青江引）、寄生草（注：原文为奇生草）、华严会（注：原文为华言会）、唐多令（注：原文为唐陀令）、迓鼓令（注：原文为芽古令）、五方结界、翠黄花、楚江秋	55

[①] 袁静芳：《中国佛教京音乐研究》，宗教文化出版社，2012年，第86-88页。

续表：

类别	内容	合计
法器曲牌	开坛钹（河喜钹、五声佛）、河西钹、过街仙（注：原文为过街先）、天下同（注：原文为天下童）、粉蝶（头条、二条、三条、四条、五条、六条）（注：原文为粉牒）、斗鹌鹑、杖鼓板（注：原文为占古板）、连环锁（注：原文为连环销）、三教饭一（注：原文为三教皈衣）、斗鸡、青龙摆尾（注：原文为青龙柏尾）	11
《天仙庵音乐谱》		66

在流传的京都北韵禅乐曲牌方面，由于历史原因，很多曲牌业已遗失，目前尚有潭柘寺大牌子曲本《佛事集锦》留存于世，这是民国三十年（1941）妙空法师手抄本，收录153首禅乐曲牌。2001年朱锡泉选编其中常唱的63首重新刊印，命名《北韵佛赞》，这是其第一版。后来在禅乐社同仁的协助下，2007年朱锡泉又参考了新发现的清光绪十三年（1887）妙申抄本《天仙庵音乐谱》和《成寿寺旧谱》《成寿寺音乐佛事》《泰国华宗赞佛偈语词谱》、伪满康德九年《法经佛事》等，以及北京广化寺悟然手抄本、宁夏北武当庙传世曲牌，将这本佛赞增加到100首，将曲目分为"十大韵""八大赞"及"香赞"等词牌，这就是第二版《北韵佛赞》，现今仍在使用。

《北韵佛赞》：

第一版曲谱（63首）：迓古令、六句赞、华严会、寄生草、柳含烟、金串柳、望江南、卫队子、金字经、浪淘沙、地藏赞（玉翠花）、西方界（雁留声）、楚江秋、醉夕阳、弥陀赞（金砖落井）、绕佛堂、风搅雪、小三宝、豆叶黄、淮上韵、菩萨蛮、大阿弥陀佛赞（感动歌）、功德赞、北望江南、挂金锁、四句八念、南梅花引、太子游四门、一锭金、感动山、水月真言（北梅花引）、水月真言（前引）、三宝赞（一枝花）、金钱落蝴蝶、风入松、四大菩萨（淮韵味）、三波罗密赞、北叹佛歌、四大名山、三皈依、清江引、莲池海会（五声佛）、愿消三障赞、滴溜子、三皈赞（南北混）、文殊赞（出对子）、太子游四门（上赞）、普贤赞（江儿水）、般若经、药师佛赞、五声佛、骂渔郎、地藏赞（玉芙蓉）、破荷叶、地藏赞三偈之一：如来慈愍（六句赞）、地藏赞三偈之二：普贤启问（豆叶黄）、地藏赞三偈之三：地藏本誓（华严会）、玉绸计、嘉句灵验、五方结界（普天乐）、准提咒（一剪梅）、四大名山（一字韵）、十六观门。

第二版新增了"五星、七星、五方结界（叶里藏花）、西方赞（金砖落井）、吉祥赞、韦陀赞（顶板八）、内般若经、净水赞、骂玉郎、双金字经（新）、早到西方、翻九品、鬼哭真言、御制骷髅、南滴溜子、叹四季、拜愿（浔豫味）、黄花菜、十报恩（五团花）、参礼条、翠黄花、十二因缘咒、翻五供养、叹皇、志心信礼、濯足灌沐真言、雁留声、花里串豆、敬愿赞、歪脖咒、启告十方、

五供养、翻五供、毕字真言、尊胜真言、天阿苏（救苦瑜伽经）、骷髅真言、二十四孝、散花偈"39首曲子，并将第一版中的"地藏赞三偈"的三首合为一首，共计100首。

（四）京都北韵禅乐传承基地

京都北韵禅乐传承基地设于三官庙（三圣庵南院），也是京都北韵禅乐社的日常活动场所。三官庙现位于北京市西城区陶然亭黑窑厂街16号旁门，原址在南横东街7号，始建年代不详，主要供奉天官、地官、水官道教神祇，故称为三官庙。该庙由山门、前殿和后殿组成，前后有两个小院，空间比较狭窄。20世纪90年代初，因危房改造，三官庙由原址迁建来现址，与三圣庵毗邻，寺庙建筑连接在一起，但已很久没有宗教活动了。

2006年10月6日，在各方的努力和支持下，京都北韵禅乐社正式入驻三官庙后殿，开始拥有了自己的传承、学习和展演场所。2015年春节后，禅乐社又获得了三官庙前殿和山门的使用权，并对前后小院进行了统一规划，按照原貌修葺一新，开辟为京都北韵禅乐传承基地，为京都北韵禅乐的传承和保护提供了合情合理的生存空间。

目前，禅乐社的日常传承活动大都在三官庙（三圣庵南院）进行，定期开讲传授，耐心细致，学员刻苦练习，孜孜不倦，同时开展一些展演交流活动。传承基地内设有京都北韵禅乐图书室，收集和整理了与此有关的禅乐资料，手抄本曲谱，相关佛教和音乐文化类的书籍文献。目前传承基地内还开设了微型博物馆，藏品丰富，全方位展示了京都北韵禅乐的历史演变和传承保护现状，为进一步传承和保护这一非物质文化遗产项目提供了不可或缺的宝贵资源。

转读、呗赞与器乐供养：佛教音声分类新论
——以五台山佛教音声为例的考辨类分

忻州师范学院　孙云

关于佛教音声，学界常惯称佛教音乐，并从宏观上将其划分为声乐与器乐两种类型，这种分析法可以说是当下学界使用最为宽泛者，在各类教材、音乐史学著作甚至是大多数的研究中概为一致。在其次级的分类中，又产生出许多不同的划分标准，比如体裁分类法：赞、偈、咒、文。① 旋律化程度分析法：咏唱腔、诵唱腔、直诵腔。② 有无伴奏分类法：和念、令调。③ 功能分析法：经文音乐与经外音乐，④ 音声供养与音声法事。⑤ 很显然，分类规则不一样，得出的结论必然也不一样。但是，不论是声乐与器乐的大类划分，还是次生一级的小类划分，一个共同的特征是更多地站在了"音乐学人"的角度从共时的层面进行分门别类，而没有从历史的层面从佛教本身的文化传统，或者僧人的价值判断中类分，这是世俗与宗教话语权的重要分歧所在。

作为一种宗教艺术，佛教艺术与世俗艺术一个本质的区别就是受佛教戒律的制约，其概念的内涵与外延与世俗社会对他的认知有着重要不同。而佛教音声的分类也存在这样的问题，比如，在佛教"律藏"中，音乐实为恶业，是僧人必须禁除之列，违者必然受到相应的处罚，那么如果我们再用"佛教音乐"这个及其世俗性的概念来称谓，是否与僧人戒律相悖？将世俗音乐的分类不加辨析地套用在佛教音声的分类中是否妥当？佛教界是否有自己的分类认同？梵呗与人们惯常所指的佛教"音乐"有何不同？永悟在《梵呗与佛曲的区别》中指出，僧人禁止用乐，梵呗与佛教音乐在唱者、听者、用法、地点、词牌、次第、场景截然不同，并强

---

① 袁静芳：《中国汉传佛教音乐文化》，中央民族大学出版社，2003年。
② 胡晓东：《佛乐分类新论——以重庆罗汉寺瑜伽焰口唱腔为例》，《音乐研究》2014年第2期，第84-85页。
③ 韩军：《五台山佛教音乐总论》，宗教文化出版社，2012年，第151-235页。
④ 李宏如：《五台山佛教音乐现状》，《五台山研究》1994年第2期，第33页。
⑤ 项阳：《关于音声供养与音声法事》，《中国音乐》2006年4期，第13-22页。

调:"历来梵呗与佛曲明显区分,僧相不唱佛曲音乐,严守戒律。非僧人不穿僧装袈裟冒充僧团演出、亵渎佛法,因果自负,请尊重文化、尊重信仰"。法藏在《如何正确认识梵呗与佛教音乐》中指出:"佛陀对于僧伽的歌唱乃至演奏乐器等,都是有明文禁止的,即使仍要从事'佛教音乐'的化导工作,亦应把握分寸,以白衣从事为宜。"学界与俗界所统称的"佛教音乐"与佛教界、僧人理解的"佛教音乐"确实有着本质的不同,他们之间分类也不是按照学者所认定的分类法,而是有着佛教的传统与价值判断,溯流探源,回到印度,亦是如此,诵经、说法、伎乐供养三大体系的生成实为根本。

一、诵经、说法、伎乐供养三大音声体系的生成

音声是佛教固有概念,与西方民族音乐学引入的音声概念没有沿袭关系,检索《大藏经》共计2220条,既涵盖音乐的声音又涵盖非音乐的声音两种类型,王昆吾、何建平《汉文佛经中的音乐史料》[①]梳理各种音乐戒律,辑录诵经、说法、音乐供养三大类音声,以及呗赞、转读与唱导等次一级的类分,对佛教音声的的划分具有极其重要的意义;项阳在《佛教戒律下的音声理念——云冈石窟伎乐雕塑引发的思考》指出僧尼声明、僧尼歌赞音声供养、俗界伎乐供养三种类型;笔者在《音声还是音乐——对当下佛教音乐惯称的重新定位》一文中揭示了音声与音乐的不同,音乐仅仅对应佛教音声体系之内的伎乐供养,伎乐供养经过了世俗中人向僧人的流变,揭示了印度佛教传统中诵经、说法、伎乐供养三大音声体系的客观存在极其重要分别。《法苑珠林》卷17云:"昔佛在世时有一比丘,林中诵经音声雅好,时有一鸟闻法敬爱在树而听。"《佛本行集经》卷1云:"虽受利养,而心无染,犹如莲华不著于水,世尊名号说法音声,于世间中最上最胜,更无过者。"《盂兰盆经疏孝衡钞》卷1云:"声闻者,声谓佛教音声,闻谓耳根发识,听受佛声,故名声闻。"《大般涅槃经》卷2云:"伎乐供养,绕彼香薪,周回七匝,然后以棺置香薪上,而用香油,以浇洒之,然火之法。"经中皆彰显出佛教音声所蕴含的诵经、说法、伎乐供养三大体系的客观存在。其中诵经是僧人的必修功课,说法是佛、菩萨、高僧讲经传道重要的方式,而伎乐供养在《大藏经》中皆为世俗中人进行礼佛、供佛的重要方式,并非僧人所为,究其主要原因,还是因为佛教戒律禁止僧人动乐的制度约束。

《根本说一切有部苾刍尼戒经》卷1云:"若复苾刍尼,自作舞,教他作舞者,波逸底迦;若复苾刍尼,唱歌者,波逸底迦;若复苾刍尼,作乐者,波逸底迦"。

---

① 王昆吾、何剑平:《汉文佛经中的音乐史料》,巴蜀书社,2002年。

《十诵律》卷37"杂诵中调达事之二"云:"从今比丘不应往观听伎乐歌舞,往观者,突吉罗。又六群比丘自歌,诸居士呵责言:'诸沙门释子自言:"善好有德。"歌如白衣。'……佛语诸比丘:'从今不应歌,歌者,突吉罗'。"《五分律》云:"尔时诸比丘尼往观歌舞作伎……诸白衣见讥呵言……诸长老比丘尼闻,种种呵责,乃至今为诸比丘尼结戒……'若比丘尼,观歌舞作伎,波逸提。'式叉摩那、沙弥尼、突吉罗。"如是观之,音乐实为恶业,是佛教戒律禁除之列,违者必然受到相应的处罚,如果由于特殊的法会需要使用音乐进行供佛、礼佛的时候,显然不能是僧人为之,而是由世俗中人代为行之,在印度是由白衣,在中国是由专职乐工以及寺属音声人来完成。如是诵经、说法、伎乐供养这三种不同的音声是由不同的群体的实施完成,传入中国,依然秉承这三大版块发展,更多的是在此基础上进行的元素的置换过程。在中国诵经分化为转读与呗赞两种类型,说法经历了"唱导—俗讲—宣卷"的演变已经逐渐淡出寺院,时至今日,已被现代讲经所替代;伎乐供养则经历了由世俗中人向僧人的流变,已经简化成笙管笛为主奏的器乐形态,"转读—呗赞—器乐供养"的"三层类分"实为印度佛教诵经、说法、伎乐供养三大体系整合简化之后的遗存发展。

二、诵经二分法——转读与呗赞

在既往的研究中,更多的研究者将诵经笼统称为佛教音乐,实质上,音乐是僧人必须禁除之列,诵经并非"音乐"范畴,而是僧人的必修课,并且可以分为转读与呗赞两种类型。慧皎《高僧传》云:"然天竺方俗,凡是歌、咏法言,皆称为呗,至于此土,咏经则称为转读,歌赞则号为梵呗。"印度诵经的中"唱"与"念"的二分样态是佛教诵经向世界传播的根本。如是,慧皎所言,既有溯流探源之意的比对参照,也有对中国诵经"转读(念)与呗赞(唱)"两种样态的详细类分。

(一)印度诵经"二分"法——转读与呗赞

"诵经"概念的称谓有不同的变化,即使在四部《阿含经》中也有细微的差别,其中《长阿含经》《杂阿含经》《中阿含经》中基本是以"讽诵""诵经"统称,到了其后的《增一阿含经》中有了更多"呗"的称谓,换言之,"呗"之概念应该是其后渐趋形成,那么何谓呗?《佛学大辞典》解释为:"梵音之歌咏也,引声咏偈颂,是为赞叹三宝之功德,故曰呗赞"。可见,"呗"应为咏唱、歌赞之意,《根本说一切有部毗奈耶杂事》卷4云:

时诸苾刍诵经之时,不闲声韵,随句而说,犹如泻枣置之异器。彼

诸外道讽诵经典作吟咏声，给孤独长者日日常往礼觐世尊，于其路侧闻诸外道诵经之声，作如是念……既至佛所……白言："世尊，彼诸外道于恶法律而为出家，讽诵经典作吟咏声，音词可爱。我诸圣者不闲声韵，逐句随文，犹如泻枣置之异器。若佛世尊慈悲许者，听诸圣众作吟咏声而诵经典。"世尊意许……佛告诸苾刍："从今已往，我听汝等作吟咏声而诵经法。"

诵经之初显然是"直读"，其后才逐渐融入了"歌咏"，形成了唱念结合的样态。《根本说一切有部毗奈耶杂事》云：

佛言："然有二事作吟咏声：一谓赞大师德，二谓诵三启经，余皆不合"……有一少年苾刍，作二事时，不解吟咏，但知直说，如泻枣声。诸苾刍曰："佛许二事作吟咏声，如何不作？"答曰："我先不解。"苾刍白佛，佛言："应学。"佛遣学时，苾刍随在房中、廊下、门屋、堂殿，悉皆学习吟咏之声。

印度"诵经"既不是全部的"念经"，也不是全部的"唱经"，而是有的地方必须念，有的地方必须"唱"的二分结合的状态。歌唱部分主要用于"赞大师德与诵三启经时"，关于"三启经"丁福保《佛学大词典》云：

马鸣菩萨于经前与经后赞叹三宝之德，论回向发愿，添述意及宣明经意无常之偈颂，开一部为三段，故名为三启经。佛制使以此经于葬亡时讽咏之；又印度僧徒，于日暮礼塔必讽咏此经。《寄归传》四曰："所诵之经多诵三启，乃是尊者马鸣之所集置，初可十颂许取经意赞叹三尊；次述正经，是佛亲说，读诵既了，更陈十余颂论回向发愿；节段三开，故云三启。"

"三启经"亦名《佛说无常经》，初始之时，主要用于葬亡、日暮礼塔仪式中，其后发展演变成程式化的经文念诵方式，即"唱（赞）—念（佛说之经）—唱（回向发愿）"的三大步骤。据佛经体裁以及当下活态诵经方式分析，念诵主要对应于佛经中的"长行"（散文部分），歌唱对应于佛经中的偈或颂，前者表现为"语言直读"实为念经，后者表现为"歌唱"的特征，实为唱经，传至中土，如慧皎所言，又有了转读与梵呗的称谓。

（二）转读与呗赞的区别

慧皎之"咏经则称为转读"，也是源于印度佛经中的概念，那么何为转读？《丁福保《佛学大辞典》解释为："读诵经典也，转者自此移彼展转之义，《地藏本愿经》

下曰：'或转读尊经。'"转读《大般若经》六百卷也，转读者，唯读每卷之初、中、后数行；若言读大般若经，即每行通读。可见转读主要有两种内涵，一是泛指诵经，二是特指"摘读"佛经。传入中原地区之后，主要指前者，即一般意义上的"念经"，主要对应于各种经文、真言、咒语等散文部分的念诵皆属转读，从其韵调分析，实为语言基础上的少许变化，与当地的方言紧密相连却与人们惯常意义上的音乐相去甚远，从听觉上分析，这一部分应该是佛教音声中最具有特色、最具有听觉冲击力也是与世俗音乐有着天壤之别的音声。下面以五台山青庙寺院每日必念的《佛说阿弥陀经》（图1）的开始部分为例（孙云记谱，五台山南山寺僧人念诵）：

佛说阿弥陀经（三称）

3 3 3 32|1 2 3 32 |1 2 53|3 3 32 1|2 3 3 3|32 1 2 3|32 1 2|53 3 3 3|
佛 说 阿 弥 陀 经 如 是　我 闻 一 时 佛 在 舍 卫 国 祇 树 给 孤 独 园 与 大 比 丘 僧 千 二 百 五

32 1 2 5 | 6 65 3 3|3 5 53 3|3 3 3 32|1 2 53|32 1 2 5|5 5 5 ……|
十 人 俱 皆 是 大　阿 罗 汉 众 所 知 识 长 老 舍 利 佛 摩 诃 目 犍 连 摩 诃 迦 叶

图1

仅从此一例可以看出，转读多为一字一音，音与音之间跨度不大，实为语言基础上的念经。而呗赞则与转读有着较大差异。关于"呗赞"一词在佛经、僧传中被广泛使用。如《证契大乘经》卷上云："笙鼓众音歌唱呗赞，美声悦意遍满虚空，而来供养叹佛功德色相庄严。"《大唐大慈恩寺三藏法师传》卷7云："又庄宝车五十乘坐诸大德，次京城僧众执持香花，呗赞随后，次文武百官各将侍卫部列陪从，大常九部乐挟两边，二县音声继其后，而幢幡钟鼓訇磕缤纷，眩日浮空，震曜都邑，望之极目不知其前后。"《续高僧传》卷24云："维摩地持成实等，各数十遍，璋即乘之犹子也，少所恭奉，立性诚悫偏能呗赞，清啭婉约有势于时。"《宋高僧传》卷23云："吟哦呗赞嘹亮可听，乃率信士造永兴寺，功成不宰。"《寺塔记》云："僧守行建道场出舍利，俾士庶观之，呗赞未毕，满地现舍利，士女不敢践之，悉出寺外。"《大宋僧史略》卷2云："《大遗教经》曰，比丘欲食，先烧香呗赞之。"《诸经要集》卷1云："三宝部、敬塔部、摄念部、入道部、呗赞部、香灯部、受请部"。《楞严经指掌疏》卷6云："际斯瑞应诸天庆赞，故又闻梵呗咏歌自然敷奏，梵呗谓梵音呗赞，咏歌谓吟咏歌唱也。"

《诸经要集》中特设"呗赞部"，《法苑珠林》中有"呗赞篇"，可见，"呗赞"与一般意义上的诵经着实不同，印度有印度的呗赞，中国有中国的呗赞，语言不一样，也就有了梵呗与中国语言呗赞的分别，如《楞严经指掌疏》指出所谓的"梵呗"实质上就是"梵音呗赞"，应该是当时人们对印度传入的呗赞的特指。两者究竟有何不同？释道世《法苑珠林》卷36"述意部第一"中分析：

西方之有呗，犹东国之有赞。赞者从文以结音，呗者短偈以流颂，比其事义，名异实同。是故经言：以微妙音声歌赞于佛德，斯之谓也。

道世揭示出"呗与赞"实为一码事，即歌赞之意，并将其合称为"呗赞"或者"赞呗"，《法苑珠林》中专设"呗赞篇"，这当然并非道世的发明，实质上与慧皎"歌赞则号为梵呗"一脉相承。究其"梵呗"，应该是中土之人对印度诵经的一种特别称谓，印度人本身是否有这样的名称值得辨析，查阅汉译"佛经"，其印度诵经有"讽诵""诵经""呗""歌呗""梵音""赞叹"几种称谓，罕见"梵呗"的复合概念；而"梵"有两种内涵，第一种就是指的与"印度"相关的一切事项；第二种是清净之意，所谓梵音就是五种清净之音，即正直、和雅、清彻、清满、周遍远闻。由此，"梵呗"这个复合概念也对应两种内涵：第一种是指印度语言的歌唱；第二种是指清净的歌唱。而慧皎《高僧传》所言的"梵呗"应该仅仅是指经中偈颂部分的"歌唱"（唱经），并不涵盖转读（念经）。因此，结合文献与当下的活态诵经进行对接分析，慧皎所言也就非常妥帖的概括了中国式诵经中"念"（转读）与"唱"（梵呗、呗赞、赞呗）的区别。

"转读"实为"方言"基础上所形成的"南腔北调"，无须专门创作；"呗赞"则有了更多旋律的"框架"，实为歌颂赞美之意，所以历代文献中关于"诵经"的改造，恰恰主要是反映在"呗赞"部分。相对于转读而言，其歌唱性、旋律性更强，在佛经中主要体现在偈、颂部分，除此之外，还有相当一部分实为后世高僧、文人所创，在印度文献记载的《四百赞》《一百五十赞》据说是尊者摩咥里制咤者所造，后成为印度佛门弟子的必修课，但可惜的是没有传入中土，中土之"呗赞"应该是历代高僧大德、文人所创。《南海寄归内法传》卷4"三十二赞咏之礼"云：

然而西国礼敬，盛传赞叹，但有才人，莫不于所敬之尊而为称说，且如尊者摩咥里制咤者，乃西方宏才硕德……初造"四百赞"，次造一百五十赞，总陈六度，明佛世尊所有胜德……故五天之地初出家者，亦既诵得五戒十戒，即须先教诵斯"二赞"，无问大乘小乘，咸同遵此……然而斯美未传东夏。

从当下寺院中流行的大部分"呗赞"内容分析，更多的应该是中国人的独创。时至今日，在五台山寺院流行的主要有炉香赞（华严会曲牌）、韦陀赞、三皈赞、伽蓝赞、西方赞、赞佛偈、杨枝净水赞、莲池赞、药师赞、药师偈、释迦牟尼赞、宗喀巴大师赞、文殊赞等，这些"赞子"大部分为清唱，当然也有器乐伴奏的"格念"形式，究其曲调的来源，有的是专创，有的是从世俗音乐拿来为用，比如由曲牌"豆叶黄"改编成的《焚化赞》；"翠黄花"改编成的《赞佛偈》等，"华严会"改编而成的《香赞》《杨枝净水赞》等，以《香赞》（图2）为例可以看出其高度的"音乐化"特征。

香赞（华严会）[①]

华严会。

=C 4/4 3 3 2 32|1--22|1 1-6|1 13 22|23 33 2 21|21 21 21|2 2 2 1|2 2 23|5 5 32|1 23 33|232|
　　　炉 香 乍　热　　　　　　　　　　　　　　　　　　　　　　　　　　　法 界 蒙 熏

1 1 7 61 2 2 2|33 2 32|1-16|1 13 2|2 3 33 32|1-16|1 13 22|2 33 21|21 21 21|
诸 佛 海 会　悉　遥　闻　　　　　　随 处 结 祥 云　　　　　　诚 意 方 殷

2 2 12|3-35 32|:1 2 33 232|16 11 22|3 3 1 232|16 1-22|3 3 3 33|2 2 332|11|2 2 35 32|:|
诸　佛　　现 金　身

1 2 33 232|16 11 22|3 3 1 232|1---‖

图2

"呗赞"韵调一字多音，旋律性强，与转读的语言念诵有着重要的差别，这种差别在早晚课本中的"标示"亦明显不同，呗赞部分有着专门程式化的"点板"符号，钟磬、鼓、忏钟的编配非常清楚，呗赞部分则一般少有，彰显出二者的巨大差别。

呗赞与转读点板标记比较

图3中的 ◎表示大磬；●表示引磬；— 表示钟； ○ 表示鼓；` 表示将磬（大磬或引磬）捺住；⊙ 表示大磬与引磬同敲。

[①] 孙云记谱，五台山南山寺早课。

鼓、钟、磬、引磬等法器组合而成的丰富的点板编制，悠扬悦耳，成为呗赞的显著特征，与转读单纯的声音念诵形成了鲜明的比对。实质上不论是从其旋律特征还是从点板标记等都能非常清楚地看到转读与呗赞的不同，转读重在读，是方言基础上的"念经"，呗赞重在唱，与世俗音乐关联紧密，是判定世俗音乐与佛经有无牵扯一个重要指标，也是我们在佛教音声研究中聚焦二者分类的重要意义，否则笼统地谈佛教音乐似乎含糊不清，漫无边际。

表1. 转读与呗赞的区别

区分指标 \ 诵经分类	转读	呗赞
对应佛经	散文	偈和赞
与语言、音乐的远近	念经（语言念诵）	唱经（旋律性强）
有无点板标记	很少	多而复杂
风格	宗教气息浓郁	宗教风格稍弱
有无笙管笛伴奏	无	部分有

三、伎乐供养的简化遗存——器乐供养音声

用世间最美好的音乐、舞蹈奉献给佛、菩萨等圣贤，赞美其功德，表达尊崇、礼敬之意，是为伎乐供养，当下以笙、管、笛、云锣、唢呐为主的器乐供养实质上是印度伎乐供养在中土整合简化的产物，亦是僧人破戒奏乐、伎乐供养僧尼化的直接佐证，关于其详细的流变过程，笔者已有专文分析，[①] 不再详述。如今我们在山西五台山，北京雍和宫、智化寺，甘肃拉卜楞寺，河南大相国寺等寺院中所看到的"笙、管、笛、唢呐、云锣"等器乐的存在即是这种伎乐供养僧尼化的活态遗存。

从其样态分析，用于供养的音乐一般与经文无关，更多的是作为一种"供品"的意义，究其来源，绝大部分是拿来世俗音乐赞佛、礼佛的产物，并以"俗名"现身，以五台山佛教音声为例，比如《翠黄花》《八板》《媳妇忙》《水龙吟》《进兰房》《茉莉花》《净瓶》等大量的曲目都是如此，在五台山的遗存谱本中，常以"佛事散曲"、"吹腔"进行类归。在罗睺寺1911年抄本《宫商角□□》、南山寺1935抄本《禅

---

① 孙云：《伎乐供养的僧尼化：中土佛教音声发展的分水岭——以五台山佛教音声为例的考辨》，《音乐研究》2014年第3期。

门五音歌曲》、亚欣 1955 年辑录的《寺院音乐》；佛光寺 1978 年抄本《山西五台山庙堂音乐曲调本》①等都有上百首的记载，时至今日，依然能够活态传承的也有 50 多首。除此之外，还有一种专门的以鼓、铙、钹、铛铛为主的打击牌子组合，比如青庙寺院的《天下通》《狗细咬》等法器牌子，亦是从世俗社会中直接拿来用于供养的佐证。

从其形态上分析，用于供养的"笙、管、笛、云、锣"为编制的法乐与世俗音乐并无迥异，其本质还是世俗音乐的拿来为用，但却与转读、呗赞有着非常显著地区别。前者与佛经无关，后者是佛经的代言，前者旋律性更强，后者则语言性更强。

从应用的频率、时空分析，器乐供养主要用于大法会、佛教节日、特定仪式中，日常功课中绝不会出现，因此，不论是"笙、管、笛、云、锣、唢呐"，还是法器牌子，游人在寺院内一般不会轻易听到，只有在殊胜的佛教节日、法会等相关佛事活动中才能有幸碰到，彰显出与典礼仪式的亲缘缔结，从这个层面上分析，它又与中国传统礼乐文化紧密相连。但是站在佛教文化传统分析，实为伎乐供养的延续发展，让这些从世俗社会拿来的器乐作品，更具有了礼乐文化与伎乐供养的双重表征意义。

表 2. 器乐供养与转读、呗赞的比较

区分指标＼分类	器乐供养	梵呗	转读
所属一级分类	伎乐供养	诵经	诵经
与佛经关系	一般与经文无关	佛经中的偈和赞	佛经中的散文
与语言、音乐的远近	世俗音乐的移植	类音乐	类语言
有无点板标记	无	有	较少有
风格	世俗性强	佛教风格稍弱	佛教气息浓郁
应用频率、场域	特定法会	任何佛事	任何佛事

转读、呗赞、器乐供养的三层类分，可以非常清晰地看到当下佛教音声内部的微观样态及其与世俗音乐的关联节点。据此，我们可以对当下各个地区尤其是北方地区的佛教音声进行详细的归类，以五台山佛教音声为例：

---

① 韩军：《五台山佛教音乐》，上海音乐出版社，2004 年，附录乐谱影印本。

表 3. 五台山佛教音声分类一览表

音声种类	汉传佛教	藏传佛教	音声形态	与世俗音乐关系	为用
转读	各种经文、咒语、真言的念诵，比如楞严咒、阿弥陀经、普贤菩萨十大愿王、《心经》《地藏菩萨本愿经》、大悲咒、十小咒、往生咒、变食真言、甘露水真言、普供养真言、普庵咒……	各种经文、咒语、真言的念诵，皈依发心仪轨、三十五佛忏悔文、《普贤菩萨行愿品》《心经》《大威德金刚经》《吉祥天母经》……	念诵	无关	日常为用
呗赞	炉香赞（华严会曲牌）、韦陀赞、三皈赞、伽蓝赞、西方赞、赞佛偈、杨枝净水赞、莲池赞、药师赞、药师偈、阿弥陀佛赞等各种偈赞……	文殊智德赞、班禅大师赞、大喇嘛赞、度母赞、释迦牟尼赞、宗喀巴大师偈	歌唱	有关	经常为用
器乐供养曲	纯器乐：比如爬山虎、寄生草、醉太平、万年欢、媳妇忙、云中鸟、十二层楼等	翠黄花、万年欢、四字月儿高、四字如意歌上、翠黄花上、小八板、秘魔岩、过山虎上、水龙吟、山坡羊……	器乐	移植	节日或者重大法会
	法器牌子：天下通、狗细咬……		法器牌子	移植	

据上表分析，转读、呗赞等与经文绑定者都具有"法名"，如果不是非常熟悉其渊源构成，则很难判定他们的真正来源是专创还是拿来为用；而器乐供养曲绝大多数仍以"俗名"为之，一目了然的就能判定其世俗渊源。如是，我们将五台山佛教音声三层类分（见图4），能相对清晰的把握其构成、来源及其与世俗音乐的重要关联。

佛教音声系统图

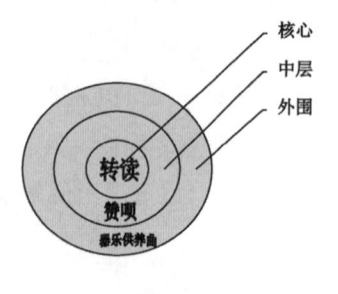

图 4

从此图可以看出，转读是佛教音声最为核心的成分，任何功课、佛事活动必不可少，亦不能少，其主要受到各地方言与师承关系的影响，与世俗音乐的缔结甚少；呗赞除了经中偈颂之外，还涵盖历代高僧大德所创的赞颂礼佛之曲，究其来源既有专创，也有很少一部分是从世俗音乐拿来为用者，已经成为僧人日常功课中不可或缺的重要组成部分，但有些呗赞，比如"香赞""戒定真香"只有在朔望日与法会期间演唱；器乐供养曲则全部都是世俗音乐的移植，只有在节日、法会期间才可能使用，日常一般不用。

  从其构成上分析，越往外，世俗性越强，音乐性越强，到最外层，几乎全部是"俗乐"演变而成；越往里，世俗性越少，语言成分加强，到了核心的转读部分，全部为念经，与世俗音乐无关，实为佛教音声最本质特征。从核心层到最外围层，音声发生变动、遗失的比例逐渐加大。核心部分的转读的传承最稳固，代代相承；呗赞也成为世代传承的经典，并写进功课范本中，丢失较少；但是最外层的器乐供养曲则是数量最多，也是遗失最多、最快的一种。

结　语

  印度佛教音声的原始建构是佛教音声向世界传播的基点，五台山实为印度佛教音声在中土演变发展的活态佐证，其转读、呗赞、器乐供养曲所形成的核心、中层、外围的三层类分不仅是佛教音声分类研究的另一尝试，而且亦彰显出佛教音声在印度，中国的中原地区、五台山地区不同时空的对接研究；不仅揭示出佛教音声与世俗音乐的远近亲疏，而且亦体现出不同类别的佛教音声在常规功课与佛教节日、法会中的不同为用过程，对与佛教音声的本质研究，佛教音声与世俗音乐的关联研究以及佛教音声微观分类研究具有重要的意义。当然，任何分类都有利弊，但尽可能地向科学性靠近，尽可能地揭示其本质特征应该是学术研究的根本。

日本南都声明——其现状与渊源

日本东京国立文化财研究所　佐藤道子

一、南都法会

　　提及日本佛教宗派时，通常采取真言宗、天台宗，或者净土宗、净土真宗、日莲宗等方式，对于每一宗分别进行把握，与之相对的将根据地设在南都[①]的诸宗派则采取统称"南都诸宗"的方式进行把握。

　　此并非没有原因。佛教传来之初，传来的诸宗与现在的宗派认识不同，是根据学派意义不同而分立宗派，因此，一个寺院里会几个宗派共存且存在着兼学的习惯。从表示各个学派集体的"某某众"开始，到表示宗团的"某某宗"的成立，据说是在8世纪中叶。这已经是从佛教公传开始，经过了两个世纪以后的事情。站在这样的基础上，以及采取以其存在方式为傲的基本姿态，南都诸宗即使在平安时代以后主要在奈良地区继续保持势力，没有寻求全国性的宗教势力的扩张。直至今日，南部诸宗并非没有与平安时代以后成立的宗派有所关联。即使有关联并受到影响，但是没有失去自己是日本佛教根本的特色，走过了漫长的历史。被整体把握为"南都诸宗"的具有特色的共通性也是由此产生。

　　所谓"日本佛教根本的特色"，可以从一直传承古风法会的态度上有所体现。其具有代表性者就是"悔过会"。这个法会与祈年[②]的民间活动相结合，扎根于广大地区。这种现象在奈良地区最多，尤其在拥有古老历史的南都大寺[③]，很多地方作为每年不变的活动隆重举行。"佛名会"也是古风法会，虽然在逐渐衰退，但是在南都诸寺，有些地方现在也还在继续修行。

　　在南都诸宗，与"悔过会"构成双璧的法会中还有"论义会"。不论任何时代，所有宗派举行"论义会"都将其作为显教法会的代表，因此，虽然不能说是古风法会，但是从一开始宣讲经典，到形成并发展为学习、探究佛法基本命题的法会，其历

---

① 指日本奈良地区。
② 春季举行的谷物丰收、国家安泰的祭祀。
③ 日本南都七大寺为奈良的东大寺、兴福寺、元兴寺、大安寺、药师寺、西大寺、法隆寺。

史也很古老。南都诸宗具有从学派的集团发展、形成宗团的历史，因此尤其重视"论义会"，其修行例与其他法会相比也最多。

与这些法会不同，由于时代的影响以及在与其他宗派发生关系的过程中产生并扎根的法会有"讲式会"。作为中世纪以后在日本成立的具有代表性的法会，与"悔过会""论义会"等的成立不同，从"讲式会"中可以清楚看到作为日本宗教固定下来的佛教的样子。另外，与"讲式会"相同，"念佛会""光明真言会"等也是在时代的流逝中受到其他宗派思想、礼仪形式的影响而成立的法会。

纵观以上内容可以看到，南都法会修行以"悔过会"和"论义会"为中心，中世纪以后又加入了"讲式会"等。以下，将针对这些法会分别概述其现状。

（一）[①]"悔过会"的现状

"悔过会"之称具有勤修"悔过法会"的法会之意，现存事例全部称为"修正（月）会""修二（月）会"，是以祈愿当年安稳、五谷丰登为目的的法会，没有为其他目的而勤修者。其内容就是把人类的全部罪业在本尊[②]前忏悔（悔过作法），通过本尊的加持，祈愿实现世间安稳、五谷丰登和万民繁荣（大导师作法），还有修消除灾难的咒禁法者（咒师作法）。

从其内容也可以推察，其并非只是特定宗派勤修的法会，即使是天台宗、真言宗的寺院也在勤修，然而，如前所述，在南都，"悔过会"的现行事例很多。如东大寺修二会的"十一面悔过"、法隆寺修正会的"吉祥悔过"、药师寺修二会的"药师悔过"的声明。所谓"悔过作法"法会的次第，不分宗派，基本固定。只是根据本尊不同而主要部分的唱句有所不同，所以分别命名为"十一面悔过""吉祥悔过""药师悔过"加以区别。在南都，除了上述法会以外，还举行"舍利悔过""如意轮悔过""千手千眼悔过""地藏悔过""毗沙门悔过"等。另外，还有发生了退转，仅留下次第本的法会，如"佛顶悔过""不空羂索悔过""弁天悔过"等。显而易见，本尊多为符合祈愿现世利益的诸尊，清晰体现出"悔过会"的本质。

"悔过会"被称为勤修悔过的法会。这是有理由的。如前所述，"悔过会"由忏悔、祈愿、咒禁三部分构成，其分别以"法要"的形式表明和构成。勤修的法会，有"悔过作法""大导师作法""咒师作法"，其中的"悔过作法"具备忏悔、祈愿、咒禁的全部内容，也能够达到法会的目的。但是，由于法会的终极目的在于祈愿部分，所以有些法会在"悔过作法"的同时加上专门祈愿的"大导师作法"，亦有把咒禁的部分独立出来，再加上"咒师作法"的事例。在此将这些事例总括起来，

[①] 原文中此级标题并无序号，为方便故，本译文将此类标题前统一加上数字，后文中此级标题亦同。

[②] 本尊指各寺院正殿供奉的佛、菩萨。如果供奉观音菩萨，则本尊就是观音菩萨。

统一表述为"悔过法会"。

如果将"悔过作法"的某部分（表示祈愿、咒禁的部分）以其他法会形式表现出来，那么，"悔过作法"所具备的该部分的意义就得不到重视。必然的结果就是该部分的唱句被省略，节变得简略，或者特别强调其他部分等，不难想象勤修形态上就会发生形形色色的变化。或许已经经历过以上那样的过程，"悔过作法"中可以看到被称为"忏悔型""祈愿型""忏悔祈愿并修型"等形式上的差异。

"大导师作法""咒师作法"等可能是比"悔过作法"较迟完成的法会形式。"大导师作法"作为表现祈愿宗旨的形式，有采用读解汉文体[①]祈愿句叙述的形式和采用在汉文偈文中添加日文教化文叙述的形式。可以将前者把握为"祈愿型"，把后者把握为"佛名教化型"；"咒师作法"则可以分为吸纳密教修法的"劝请型"和以朴素咒术为基本的"咒法型"。

以上三种法会有各种各样的组合，有"悔过作法"的勤修形式，有"悔过作法"和"大导师作法"各一的勤修形式，也有一天中两种、三种、六种反复几次进行"悔过作法"，其间在主要的时候添加"大导师作法"或"咒师作法"等的勤修形式。另外，勤修日数也有一日内结束的情况，也有当三日、七日、十四日持续时间长的时候，举行前行[②]的情况等。

如上所述，"悔过会"的勤修形式并不划一，而且因为民间迎春习俗以各种形式混合其中。所以，某些部分上也存在着很大差异，而且这些差异很多时候与其说是缘于宗派的差异，毋宁说是地域或者各寺院的差异。在提取每个所用声明进行比较时，例如，即使是同一首曲子，会存在着念诵全辞章的情况、念诵略唱句的情况、加节的情况、不加节的情况、使节发生变化的情况等各种事例。日文声明曲之"教化"等甚至完全没有同一个词章，每个寺院的辞章都不同。无论是法会的构成，还是法会的次第，所用声明虽然大体上共通，但在细节上有个别的不同，这样的特色证明了这个法会背负着古老的历史，在超越宗派界限的空间生存下来，如此法会的残存事例多见于奈良地区，也暗示着南都佛教的本质。

（二）"论义会"的现状

"论义会"这一称呼虽然相当普遍，但在其范畴中包含着"讲说""问讲""番论义""竖义论义"等遵循意义不同的几种法要形式的法会。这些法会的共通点就是基于经典探究佛法的目的。

佛教传入日本的具体事实是佛像、经典和僧侣的传入，接受佛教的具体形式

---

① 读解汉文体，通读解释汉文时用的文体。
② 指前方便，修行法会等前的准备工作。

是礼拜佛像、理解经典的教导、恭敬僧侣。经典理解的第一步始于读诵经典，听闻它的含义（讲说）。然后是听众与讲师之间进行疑问与问答（问讲），随着理解的加深，以对等的立场相互讨论（番论义），或者针对论难确立自己的逻辑，请求判断是否恰当（竖义论义）。上述每个阶段的修学形式已经定型，作为法事这种礼仪形式固定下来的就是在"论义会"上勤修的法事诸形式。当然，以上形式中，"讲说"一般不包括在"论义会"中，而是广义上作为"论义会"的法会形式加以解释。

综上所述，"论义会"的本质目的在于僧侣们的修学，所以理所当然拥有泛宗派性格。在南都，特别勤修的例子很多，尤其是离开了修学目的，以祖师、开基、大檀越等的供养为目的而勤修时，像真言宗、天台宗那样使用密教的法事，像净土系各宗派那样使用念佛的法事，这种教义上的必然性几乎不存在。其结果集中在显教性法会代表性的"论义会"上，先前提出的各种法事形式也全部存在于南都现在的勤修中。在此将这些法事形式的特色大致加以记述。

"讲说法要"是最朴素的经典讲说的形式化。担任法事主角是被称为讲师、读师的两个角色。首先，由读师来读诵讲师应该讲的经典；接着，讲师阐述经文说教大意，进而深入细节做出说明讲给大众听。以上是此法事的主要次序。

"问讲法要"是针对上腊僧的讲说，浅腊僧变为问者进行提问，通过两个角色的往返问答厘清经典的教理。这种问答往返的形式，也成为其他论义法事形式的基础。这种情况时，读师只是宣读经的题目，不进行经文的读诵。提问的时候，问者必须提出两个论题。"本题""胁题""业义""副义"等，虽然根据宗派不同，称呼方法也不同，但是必须是主副两个题。其基本的问答次序如下：

问者问副题，问主题→讲师复述主题，复述副题→讲师回答副题，回答主题→问者复述主题的回答，复述副题的回答→问者对副题的回答提出疑义，对主题的回答提出疑义→讲师复述主题的疑义，复述副题的疑义→讲师回答副题的疑义，回答主题的疑义，结束问答往返。

除了上述的基本形式外，还有"重难"的形式，即加上与主题相关的两三个展开课题的疑义，讲师论述自己所立后回答疑义的形式。亦有"交难"的形式，即在与本题相关的一问一答之上进一步添加几次上述的形式。更有在问者和讲师的问答往返之后，所谓"精义者"的高层执事僧更进一步添加论难的"精义重难"形式等。与"讲说法事"相比，其是随着对教理理解的加深而成立的法事形式，即使仅仅遵循法事的次第也能理解。

"番论义"是指在能力相等的两个僧侣之间交流论义。职务也是问者和答者平等的职务。基本遵循问者问，答者复述、回答。这种问答往返的"问讲法事"，答者可以多次反问提问者的出题，在回答时加上难以回答的类型等，一定有形式

上的意外事件构成其特色。另外，这种法事形式，现在多在法会最后作为法乐加以勤修，通常采取问者、答者扮演儿童的儿童论义形式。

"竖义论义"是为了认定与僧侣僧阶、僧位相关学识的法事形式，各宗派并不是作为一个寺院的活动，而是作为宗派的活动加以勤修。针对被称为"竖者"的考试者，相当于考官的相当数目的问者，围绕特定课题依次论难。竖者依据自己的论据对这些论难逐个回答。即使是最高级别的执事僧、出题者的探题都会出席，对于该问答往返从头听到尾。在问者的论难之后，精义者站在更高的立场上对竖者加以论难，涉及细节，以试其能力。其后，在综合考察下判定最终是否合格。一个竖者，长的时候接近四个小时，连续不断地遭受论难。他要一一应答，主张自己的理论，可以说是真枪实弹的较量，虽然作为法事被形式化，但是依然是一个充满紧张感的大法事。

以上是关于"论义会"的诸法事形式，记述了各自的特色。本来在问讲、竖义的法事中添加了"四个法要"。"四个法要"即采用呗、散花、梵音、锡杖等四曲声明的法事形式，威震会场，赞叹佛世界。根据法会的轻重，很多时候也只采用上面四曲中的呗、散花二曲，省略其他二曲。另外，在特殊大法会的时候，在"问讲法事"中添加"庭仪舞乐付四个法要"成为定式。这种情况时，在堂外设计会场，舞乐也作为法事的一部分上演，僧侣也会登上舞台进行散花、梵音、锡杖的做法，更有问者独自在舞乐台就座，与讲座上的讲师进行问答等，愉快且华丽地举行。

（三）"讲式会"的现状

"讲式会"是勤修"讲式法要"的法会。此法事中世纪以后形成于日本，具有赞叹佛、菩萨，或赞叹高僧事迹等内容，以"讲式文"的读诵为重点。此"讲式文"因为是庞大的读解汉文体，所以把整体分成几段，读诵之职的式师每读诵一段，职众念诵伽陀或念佛，以这样的形式构成法事。因为"讲式会""论义会"的重点均在于将辞章内容讲解人听，所以很少有流利的旋律、愉快的节奏等歌唱要素。

"讲式文"据说是以平安时代惠心僧都制作的"六道讲式"、永观律师制作的"往生讲式"为嚆矢，但是也制作了数量庞大的"讲式文"在各地流传。但是，作为法事流传下来为人所知者不过真言宗的"四座讲式"和其一部分的"舍利讲式"、"涅槃讲式"、天台宗的"六道讲式"、净土真宗的"报恩讲式"等，勤修事例正逐渐减少。在这种情况下，在南都的东大寺、兴福寺、药师寺、唐招提寺、法隆寺中勤修"舍利讲式""四座讲式""观音讲式""圣德太子赞叹讲式"等法事。除了法隆寺的"圣灵会"以外，均为简朴的法事，重点的讲式文读诵，实际上有时也会不加节奏，只是机械式地照字宣读或默读，尽管如此，从诸大寺保留勤修事例的事实中，我们能够看到南都不忽视传统活动的姿态。

（四）其他的现行法会

南都的现行法会，除了此前所记述的法会之外，还有很多，在此，从中举出一二加以略述。"佛名会"，正如前面曾提及，是平安初期以来沿袭下来的法会。法事上一个一个唱诵礼拜过去千佛、现在千佛、未来千佛等三千佛名，相当辛苦。或许是因为这个原因，是泛宗派的法会，虽然有在宫中以及在诸寺盛行的记录，但是现存事例极少。即使是在南都，很多寺院也无例外地中断了这个法事，但是，在东大寺、宝山寺等寺院，却作为每年惯例活动的勤修不可或缺。

"光明真言会"是真言、天台两宗均举行的法会，两者都采取了临时法会的勤修形式。在南都西大寺，作为本愿愿主称德帝[①]的忌日法会而每年勤修，据传是在文永元年（1264）以后的事情。虽然明显是受到真言宗影响的法事，但是作为一年中的例行活动的勤修例子却很少见。

二、南都声明的渊源

谈到南都法会举行的现状，就是始终继承自古以来传统的姿态。这种倾向在南都所有的宗派里都能够看到，从中可以感受到难以撼动的作为日本佛教根源的自豪感。但是，无论是法事的勤修形式，还是声明，或所采取的勤修形态，伴随着时代和寺运的变迁当然会有变化，特别是容易产生个人差别的声明，不可能不变。因此，不管意识中如何保持古风，现实中必然发生过相当大的变化。因此，不去拿现在的声明来推测南都声明的渊源。

现在，在南都所用的声明中，以"四个法要"的诸曲为中心，有很多与天台、真言两宗共通的曲子。但是，包含这些曲子在内，在南都诸寺的声明传承中，采用口传的传授方法，不采用天台宗和真言宗所依据的基于乐理的传承法。基本上是和老师对面而坐，用耳朵听记并体会，所以声明谱在采用逐一心记的程度方面，除了使用南山进流声明的真言律宗等几个例子外，都不使用统一的谱本。以这种方法继承下来的南都声明中，不知道有多少是古代的痕迹。但是，与以天台、真言两宗为首的、后世成立的其他宗派的声明相比，众所公认其具有朴素的明快、豁达的力量。

像这样的南都声明渊源，如果在例如"悔过会"上寻求，则可以看到7世纪中叶，日本皇极元年（642）七月，举行了"祈雨悔过会"。据《日本书纪》记载，

---

① 译者注：指称德天皇（718—770），日本第四十八代天皇（764—770在位），第四十六代孝谦天皇的复辟名。

在悔过会首次出现的当时，各寺中转读大乘经典，如佛所说做悔过，即"庚辰，于大寺南庭，严佛菩萨像与四天王像，屈请众僧，读大云经等。于时，苏我大臣，手执香炉，烧香发愿。辛巳，微雨。壬午，不能祈雨。故停读经。"① 从其记述可以推察，读经为重点。或许，在这个时间点，悔过的法事形式还没有成立。但是，此时所转读的《大云经》（《大云论请雨经》）中具体记载了为了祈雨所应做之事。洁斋、礼佛、散华、行道、诵咒等，悔过会的必修项目已经全部叙述，足以令人预测出悔过会法事形式的形成。东大寺的"修二会"，据传是实忠和尚模仿兜率天天人的行法传入二月堂，始创于天平胜宝四年（752）。从前面提到的第一次出现的事例以后，在文献上选出8世纪中叶之前举行的悔过事例，从"诵经""转读"等以读经为重点的记述，直至"阿弥陀佛悔过""药师悔过""药师悔过之法"等固有法事形式存在之记述的出现，可以追溯到其变化。另外，当综合考察诸种悔过事例及其所依据的经典、各种礼忏礼仪的种类时，就会看到悔过会的法事形式就是以礼忏礼仪为基础而成立的法事形式，在8世纪中叶固定下来。

"论义会"的首次出现事例也是在7世纪初的推古十四年（606）。据传俗人身份的圣德太子讲说《法华经》《胜鬘经》，此时也并非采用"讲说法要"的形式，而是以纯粹的讲说为重点。之后，经过天武、持统朝，处于国家性法会主座位置上的论义会，可以从天平圣宝四年（752）的东大寺大佛开光供养会的勤修例上得知其具体实际状态。当时的法事，是在"问讲法要"中添加了"庭仪舞乐付四个法要"，呗师、散华师各十人，梵音众、锡杖众各200人，据说出席法事的僧侣合计10026人。在当时可谓是举国盛典：供养卢舍那大佛声明的大合唱，一定是压倒会场，响彻虚空。之所以可以实现如此盛大法事的勤修，是因为在当时的声明中，事实上没有存在像现在这样的宗派差异。有肯定这种推测的事例。据此30多年前的养老四年（720）时发布的也可以称为声明取缔令的敕令。根据《续日本纪》记载，虽然"转经唱礼，先传恒规，应遵承理，不准辄改"，但是因为"此者或僧尼自己提出方法妄作别音"，所以公告，"宜依汉沙门道荣、学问僧胜晓等转经唱礼，余音一并停之"。此时，虽然不知道究竟有多大程度的"别音"，具有怎样程度的统一效果，但是至少，能够知道读经和声明的唱法本来是单一的。在大佛开光供养会上所使用的声明，恐怕就是传达了前面敕令所说的"恒规"的曲子，代表了当时的声明。与悔过会使用的声明相比，规范性的性格更加浓厚，可能是诸宗、诸寺共通的唱诵法。

原本单一的声明的唱诵法，不可能固定为声乐形式的本质，以及南都特有的声明传授的方法，即只依赖听觉的传承条件，在这样的基础上，经历长达1300年

---

① 译者注：此段引文引自《日本古典文学大系》之《日本书纪》P241，日本岩波书店出版。

漫长的岁月,到了现在,每个宗派都产生了相当大的差异,很难追寻其展开的轨迹。然而幸运的是在日本东大寺、兴福寺、药师寺、唐招提寺、西大寺等地藏有大量的史料。迄今为止,金田一春彦先生①根据西大寺所藏声明本考察了与南山进流声明之间的关系,并在其理论基础上逐渐有所新的展开。今后,根据诸寺所藏史料,期待取得新的成果。

图1　东大寺声明会

图2　西大寺修二会

图3　朝护孙子寺修正会
　　　　（加持发愿）

---

① 日本语言学家、国语学家、日本语教学学家。

图4 药师寺修二会（咒师结界作法）

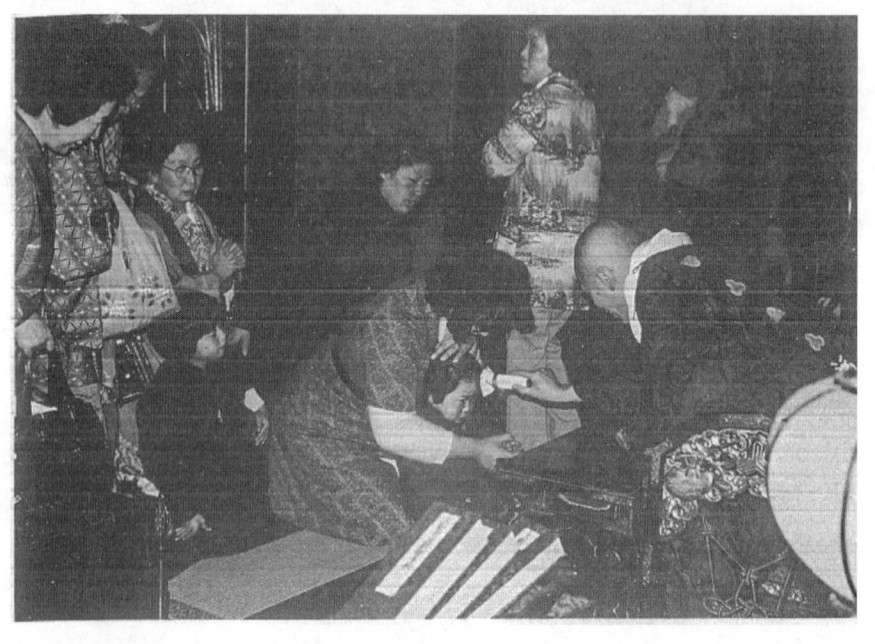

图5 朝护孙子寺修正会

图6　法隆寺三藏会

图7　法隆寺圣灵会

图8　法隆寺圣灵会

图9　药师寺慈恩会（番论义）

图10　竖义论竖者

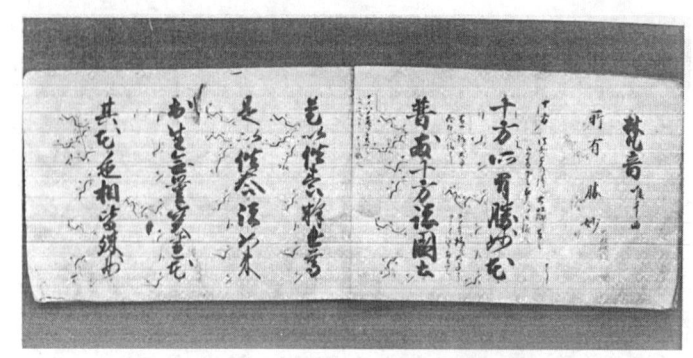

图 11　西大寺藏南都声明谱

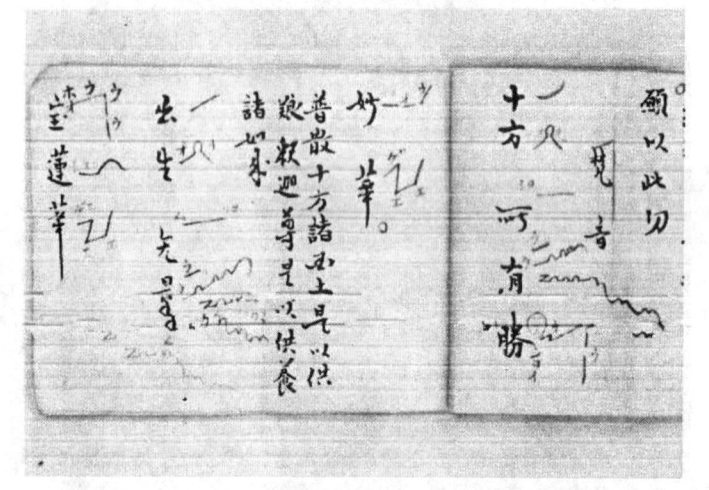

图 12　法隆寺宝珠院藏南都声明谱

图 13　东大寺藏《初夜大咒愿》（古谱）

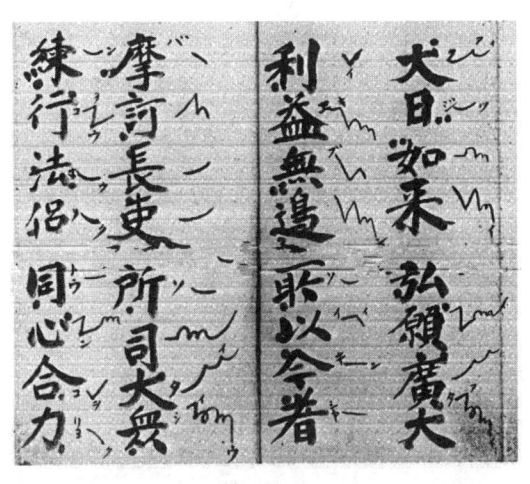

图 14　东大寺观音院藏《初夜大咒谱》
　　　　　（现用谱）

（杭州佛学院外语院　释宽宏译）

真言声明——其历史与特质

日本真言宗丰山派宝王院　新井弘顺

一、真言声明的历史

（一）①密教和音乐

释尊禁止障碍修行的歌舞音乐。然而，赞扬佛德的音乐并不在此限，读诵经典之声自成旋律。7世纪，纯正的密教经典《大日经》《金刚顶经》等诞生。作为身、口、意三密行，密教积极吸收歌曲、舞蹈。真言阿阇梨精通音乐，在灌顶时亲自为弟子歌咏赞叹。每一首歌咏均为佛陀真言，每一段舞蹈仪式都是佛陀秘密印契。灌顶时所采用的"阿利沙伽陀"②，如今作为《吉庆梵语赞》（图1）得到传承。八世纪初期，密教由善无畏、金刚智等传入中国，此后经由不空集大成，在唐朝都城长安盛行。

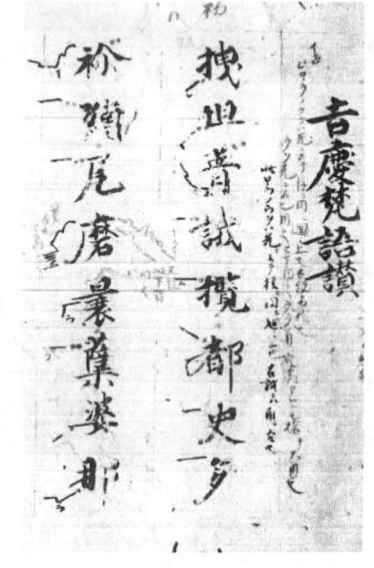

图1 "吉庆梵语赞"（收在仁和寺相应院流宜雅古谱本《法则集》中）

（二）真言声明传入日本

日延历二十三年（804），弘法大师空海③入唐，在长安青龙寺拜访不空弟子惠果和尚，得授胎藏、金刚两部大法，大同元年（806）回国，在日本弘传正统密教。其教法根本在于通过三密瑜伽行，达到即身成佛。大师著《声字实

---

① 原文中此级标题并无序号，为方便故，本译文将此类标题前统一加上数字，后文此级标题亦同。另，脚注均为译者注。

② "伽陀"指佛所说十二分经之一，梵语gāthā，汉译为讽颂、偈、诗偈。"阿利沙伽陀"指"阿利沙偈"。《大日经疏》中云："所说阿利沙偈，名为自然成就真言。"

③ 日本真言宗祖师。

相义》，开示口密理论根据。另外，创设声明业作为修学课程（三业度人制度）之一，以梵语文字和陀罗尼经典的背诵为中心。大师在唐期间学习了梵字、梵赞，请回大量梵赞。镰仓初期仁和寺的行遍作《大师御相传声明事》，指出："九段梵语、十六大菩萨赞、如意轮，是等正相传，见于上表录。古时高野相承此等，当时亦小小在之。"大师的弟子中，真雅擅长梵呗，嘉祥元年（848），被天皇特召入宫，唱诵金刚界三十七尊①梵号时，其声清美，宛如贯珠，令众人震惊感叹，得授权律师位。

（三）真言声明的日本化

天台方面，在最澄②之后，圆仁、圆珍等人相继入唐，请来密教典籍，奠定了天台密教（台密）的基础。安然针对声明撰写《悉檀藏》八卷，在《诸阿阇梨真言密教部类总录·八家密录》（卷下）中搜集了77部赞颂。

密教标榜自身是新兴护国教，以修法灵验和法仪庄严吸引了平安时代的人。真言宗初期被台密压倒，然而，自宇多天皇（宽平法皇）师从广泽流流祖益信出家，在东寺接受灌顶，成为东密③阿阇梨以后，真言宗走向盛行。法皇在仁和寺圆堂供养时举行舞乐曼荼罗供④，将密教仪法和过去的舞乐法会加以结合。另外，小野流流祖圣宝创建醍醐寺，接受醍醐天皇等人的皈依。在此东密从事相上分为广泽、小野两大流派，对声明也带来影响。

仁明帝（831-849年在位）时期，雅乐制度改革和日本人作曲开始出现本土化。进入平安中期，创作出"催马乐""朗咏"等新式日本声乐曲。

源家流祖敦实亲王的第二个儿

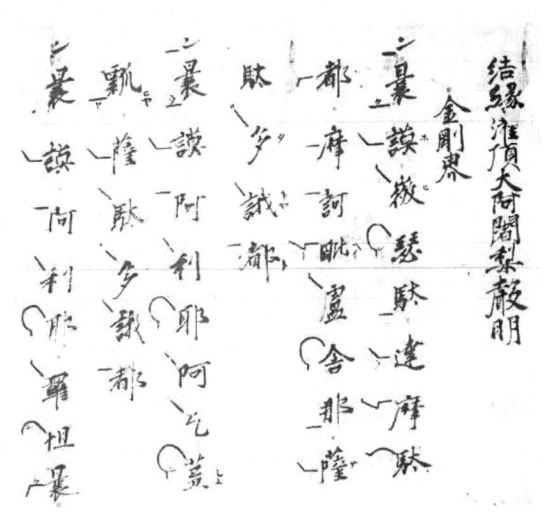

图2 《大阿阇梨声明》"金刚界五声明"

---

① 指安置在金刚界曼荼罗成身会中的三十七尊，又称塔中三十七尊，即五佛、四波罗蜜菩萨、十六大菩萨、八供养菩萨及四摄菩萨等三十七尊。

② 日本天台宗祖师，谥号传教大师。

③ 日本真言宗所传之密教对于天台宗所弘之密教而称为东密，以东寺为其根本道场故也。

④ 曼荼罗供又作曼陀罗供，略称曼供。即供养两部大曼荼罗之法会。一般于法堂落成、新造佛像开眼，或诸山开创纪念等，多修此法会。法会时，于坛内悬挂金刚界、胎藏界两部曼荼罗，由供养导师修两部合行之秘法。

子，即留有《催马乐谱》的源雅信的兄弟中，有一位是遍照寺的僧正宽朝（914-998）。宽朝弘扬继大师之后所传承的声明，并且首次采用日本独有的中曲旋法为《理趣经》作曲。另外，宽朝又创作出结缘灌顶《大阿阇梨声明》，制定声明学习阶程，设立初重密赞、二重乞戒声明、三重大阿阇梨声明（图2）的三重许可。镰仓时代的声明法脉多始于宽朝，故其被尊为真言声明中兴之祖。从宽朝时期开始，声明实际上就是指梵呗。此前，圣宝的传法弟子观贤，于延喜十年（910）三月二十一日，在东寺开始举行纪念大师的御影供[①]。御影供作为真言宗代表性密立法会，其所采用的中曲理趣三昧的法要形式，至今仍在举行。另外，观贤奏请"弘法大师"谥号，主张大师入定留身[②]，奠定了大师信仰的基础。

（四）真言声明的分立

伴随着造寺、造塔、灌顶、曼供、修法等各种佛事法务的流行，事相上分为野泽八流，声明也随之分立相传。仁和寺第五世觉性法亲王（1129-1169），于久安年中（1145-1150）在仁和寺大圣院召集十五位真言宗声明家，历时七十三天（一说七十二天）针对诸流派的声明进行协商。其结果将真言声明确定为三大流派，即仁和寺相应院流；中川寺大进上人流（进流）；醍醐流。其中相应院流又分为两派，亲王自己是"本相应院流"，能觉是"新相应院流"。定遍是"醍醐流"，观验是"进流"。他们各自分别掌握、弘扬流通诸流。作为规定调子的乐谱，规定相应院流采用筝谱、进流和醍醐流采用横笛谱。出席的十五人是否传承了大进上人宗观的流派且为各流代表性声明家，尚存疑问。关于协商年份，亦有是否是亲王就任日本佛教总法务的仁安二年（1167）之说。

12世纪是管弦、歌咏等日本音乐最为兴盛昌隆时期，妙音院师长以及后白河法皇等精通圣俗二种音乐的音乐家辈出。其音乐根底在于体现平安中期以来文艺观的白乐天之"愿以今生世俗文字之业，狂言绮语之过，转为将来世世赞佛乘之因，转法轮之缘也"[③]的观点，从中可以看到音乐成佛的信仰。

（五）进流

大进上人宗观相传的一流，叫为"大进上人流"，或简称为"进流"。其中

[①] 御影供即影供养法会。真言宗在空海大师忌日3月21日悬挂其画像而举行的法会。

[②] 真言宗将空海大师之圆寂称为"入定留身"，并举行"生身供"，即每日向空海大师像供奉小食（早饭）、斋食（午饭）和茶（夜茶）的仪式。

[③] 白居易的此段诗文，日语原文采用了日文翻译。现取自《香山寺白氏洛中集记》，朱金城笺注：《白居易集笺校》，上海古籍出版社，1988年，第3806页。

心在大和中川寺成身院。宗观从老师实范（？-1144）传承小野流声明，从忠缘传承广泽流声明。虽然宗观的情况并不明确，但其弟子中有定遍、能觉、观验等，还被仁和寺、醍醐寺、高野山等地的众多声明家传承，是三流分派之前最具影响力的声明家。虽然并不十分清楚进流谱本的情况，据《忠我记》（1495）其记谱法如（图3）所示。博士图的基本型与相应院流相同，但每个曲种五音的位置不同。

（六）醍醐流

在久安声明协商会谈中，作为醍醐流的主持者提到了"定遍"的名字，定遍是觉法亲王一脉宽遍的接法弟子，然而与醍醐流之间的关系并不清楚。依据诸血脉法统，醍醐流按照宗观—观验—胜贤—任贤，或宗观—圣海—慈业—竖觉宗源—玄庆等的顺序相承，与南山进流同源于大进上人流。后世也称其为"醍醐进流"，与南山进流加以区别。醍醐流谱本为《声明集》，其中具有代表性的谱本由玄庆以任贤所持谱本为底本编纂而成。任贤所流传之说，与普一的《文保本鱼山集》和圣尊的《音律精华集》等载醍醐样古谱图（图4）一致。反音曲采用《吕律反音图》（图5），用颜色分别表示吕（朱）和律（墨）古谱，采用吕宫（甲）或徵（乙）作为出音、终音的记谱法。高野山所传《大原声明博士图》和《东寺声明决决疑抄》等中列举出东寺声明的出音位，但是其是醍醐流的内容。醍醐流的口诀中有遍智院宫圣尊于正平年间在高野山参

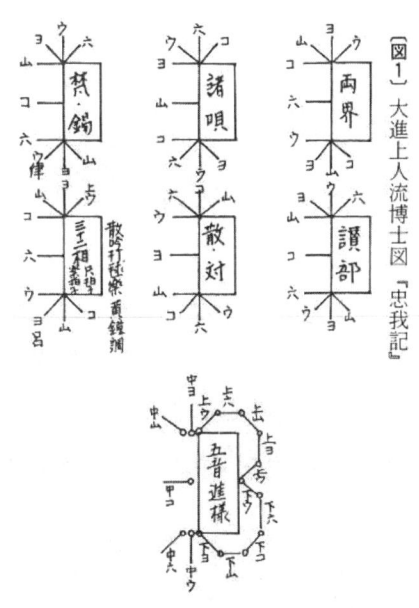

图3　大进上人流古谱图《忠我记》

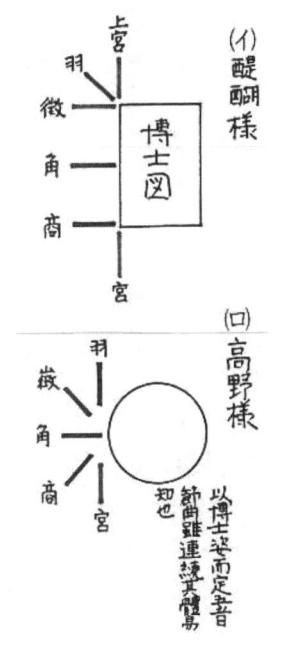

图4　醍醐流及南山进流古谱图，出自至德元年写《音律精华集》

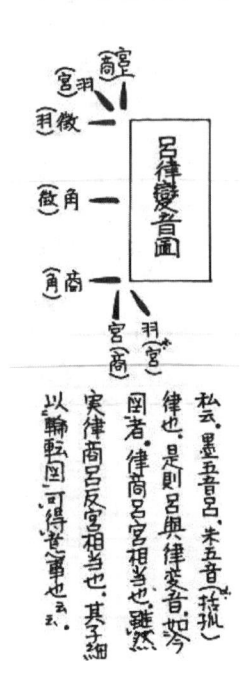

图5　醍醐流《吕律反音图》

笼①期间编纂的《音律精华集》(《音律条々》)《声明口传》等,亦为南山进流所尊崇。此流沿袭到江户时代,现今采用南山进流。近来当山派修行,验证所传的惠印法流声明得到复兴。

(七)相应院流

仁和寺的历代法统在事相、声明、管弦、和歌等众多方面十分活跃。觉性法亲王发起的声明协商如前所述。本相应院流以觉性——守觉——道法——行遍的顺序次第相传,从菩提院前大僧正行遍时期开始被称为"菩提院流",其中了遍、宴遍、禅助、长遍、教伸、如寂等众声明家辈出。南北朝时期润惠基于新式记谱法编纂出菩提院流谱本《法则集》(图6)。

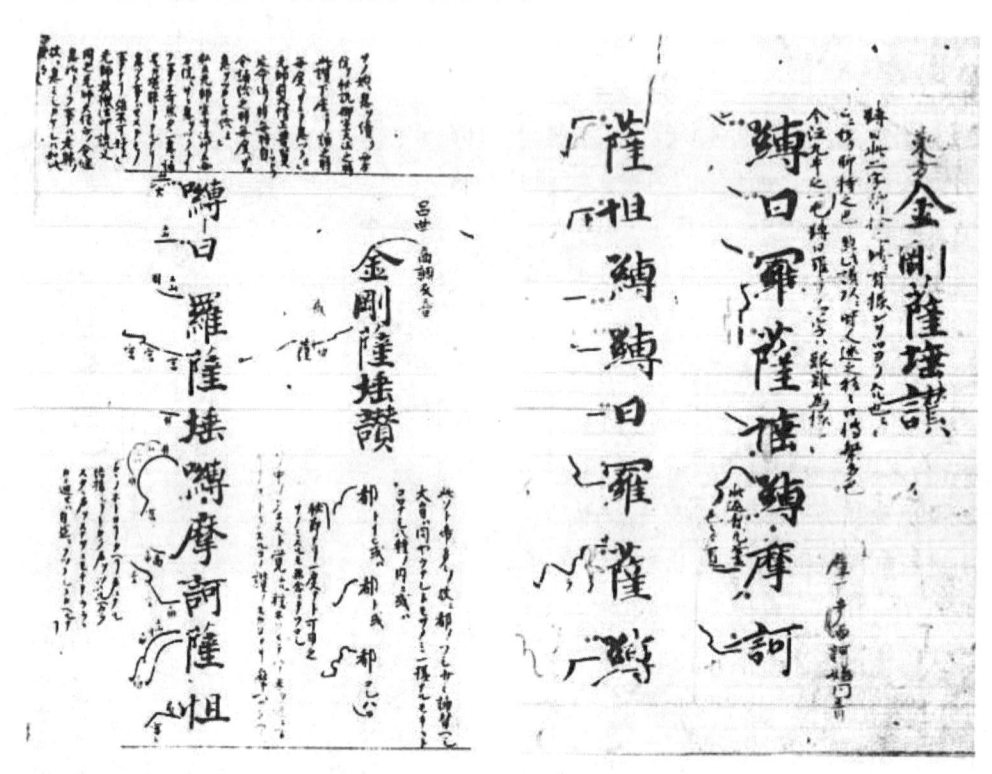

图6 "金刚萨埵赞"(收在仁和寺相应院流菩提院方润惠古谱《法则集》中)

图7 "金刚萨埵赞"(收在仁相寺相应院流西方院宣雅古谱《法则集》)

新相应院流以能觉—隆宪—尊遍的顺序次第相传,从行遍弟子尊遍时期开始被称为"西方院流"。尊遍一脉,在仁和寺以定瑜—良贤—宣雅—弘雅的顺序次第相传,宣雅的《法则集》(图7)是西方院流的代表性谱本。尊遍一脉,同时

---

① 高野山、比睿山都要求修行者在一定期间内在山上克期修行,称此为"参笼"或"笼山"。

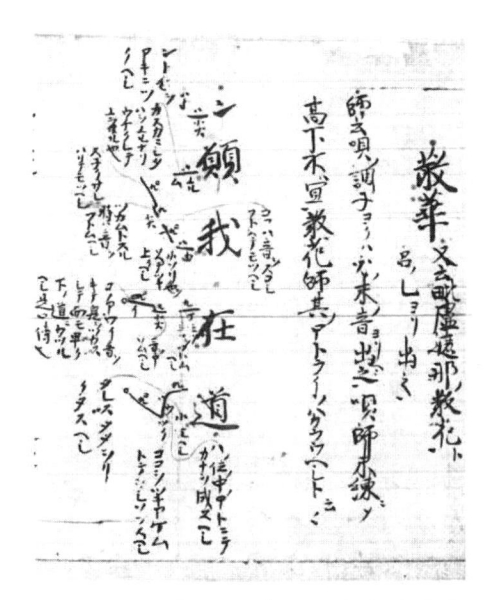

图8 "散华"[收在西大寺相应院流宽正四年(1463)实朝写《要图集》]

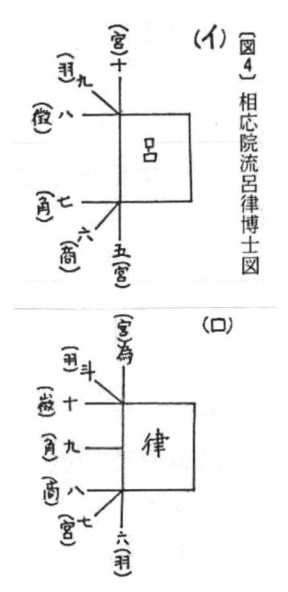

图9 相应院流《吕律古谱图》

也为赞佛房范心—经玄—剑阿和金泽称名寺所传。东寺一脉以定瑜—隆喜—澄寻—赖宝的顺序相继传承。尤其是传到西大寺，以尊遍—定瑜—任（忍）瑜—觉证的顺序相传，传至觉证时期。西大寺相应院流的谱本称为《要略集》（图8）。有研究认为西大寺的声明经由叡尊—信日，似乎传入高野山，但是此事尚有待进一步考证。相应院流在仁和寺的传承直到明治中期，之后衰废断绝，现在和西大寺共同采用南山进流。

相应院流的谱本称为《法则集》。该流的此记谱法，最初古谱采用从四声点出发的方法，不久转变为从文字左侧某固定地方出发的古谱图。在《吕和律古谱图》（图9）各有差异，并非完全如图记谱。

（八）南山进流

1.南山进流的诞生

宗观进流很早也在高野山传播。但是，进流师从观验，传承进流的高野山三宝院胜心，感慨于高野山虽为空海大师圆寂之地，但是整座山却没有正式传承真言声明一流，于是写信给中川寺慈业，请求将进流的根据地移至南山。这样，进流从中川寺移至高野山，从此被称为南山进流，延续至今。此发生在胜心担任检校期间的嘉祯元年（1235）。

2.觉意五音古谱

此流最初采用大进上人流的古谱，但是其谱本并不得知。镰仓中期，金刚三昧院方面的觉意想方设法重新整理古谱图（见图4），文永七年（1270）开始试用于密赞、大阿阇黎声明等记谱中。所以，即使是连续宏大的旋律，初见之下也能了知其五音名，是划时代的产物，然而在高野山却没有立即普及。剑阿师从觉意，以此新五音古谱得密赞传授，金泽文库中保存着剑阿亲笔书写的《秘赞类聚集》（图10）。正式采用觉意古谱的古谱本中，有备中金刚福寺藏文保二年（1318）带有普一跋的《鱼山集》三卷。在高野山，于历应四年（1341），觉证院方面的隆然将古谱全面改谱为觉意的五音古谱，成为南山进流正式使用的古谱。隆然著有确定南山进流各曲调的《诸声明略颂文》《思案记》二卷等。在当时重要的此口诀书中，虽然作者不明，但是都有记载觉意、隆然、东南院方面细谷惠海等的口传内容的《声实抄》和以声明史为中心的慈镜《声决书》等。

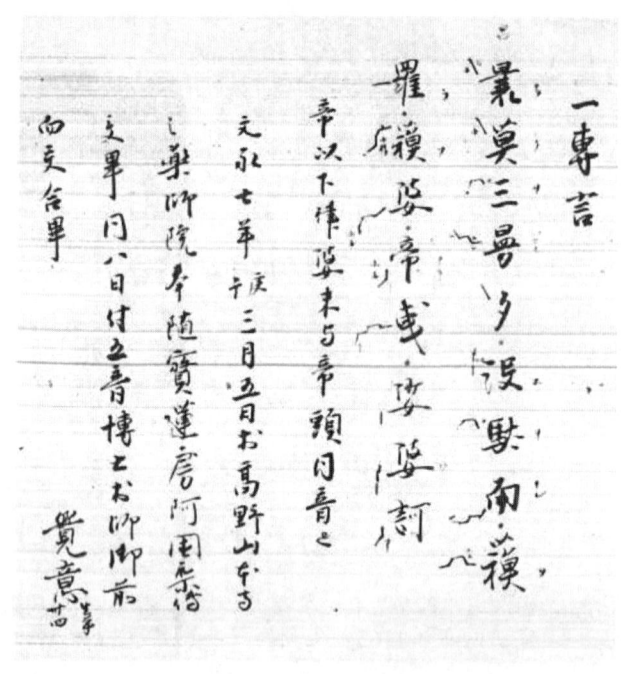

图10 "妙音天赞"觉意五音古谱《秘赞类聚集》

另一方面，东大寺凝然对《音律通知章》十卷以及《声明源流记》（正和二年，1313年）、《音曲秘要抄》等与声明历史和理论相关内容进行了卓越研究。《源流记》和《秘要抄》于江户时代在高野山刊行。另外，金刚三昧院空忍和天台圆珠上人喜渊一起传承了显密声明。南山进流到江户时代中期，在伽陀谱中采用大原流曲谱，就是其影响。

3.《声明集》的出版和《鱼山集》的编纂（室町期）

南山进流谱本有两种。第一种被认为是法会专用的小型次第型谱本，称《声明集》，仅仅是谱本，几乎没有修改。古本中有应永十四年（1407）的玄海写本。文明四年（1472），即使在世界乐谱印刷史上亦属最古老的《声明集》（图11）由快禅在高野山刊行，文明十年（1478）、天文十年（1541）再版。之后，在永禄四年（1560）、元龟元年（1570）、天正四年（1576）、文禄二年（1593）又刊行。

另一种是用于声明学习的教则本《鱼山蚕芥集》（鱼山集）。其先行本是普一的文保二年本。明应五年（1496），长惠编撰为甲乙二卷，永正十一年（1514）修订编撰成三卷。此长惠谱本就是后来成为《鱼山集》的原本。此类《鱼山集》，有享禄五年（1532）本、天文四年（1535）本（鱼山私钞）等。

4. 朝意南山进流之集大成（安土桃山期）

长惠的徒孙木食上人顺良房朝意（1517-1599），将迄今为止的南山进流声明集大成。今日的真言声明，南山进流、新义派多以朝意谱本为原本。朝意常誊写长惠的《鱼山集》，其天正九年（1581）写本，将慈镜《声决书》一部传本中的《音律开合名目》附在卷末。此后的《鱼山集》

图11 南山进流《声明集》，文明四年版刊记

以朝意这部天正九年本作为底本。朝意还多次书写并传授《四座讲式》《秘赞》等。

5. 各种声明本的刊行

江户初期，高野山刊行各种法会专用法则和次第等，作为先行本刊行的是文禄二年（1593）带有泉空跋的《诸讲伽陀》（图12）《常乐会法则》。此后相继刊行《四座讲式》《常乐会法则》等。特别是正保三年（1646），《鱼山私钞》

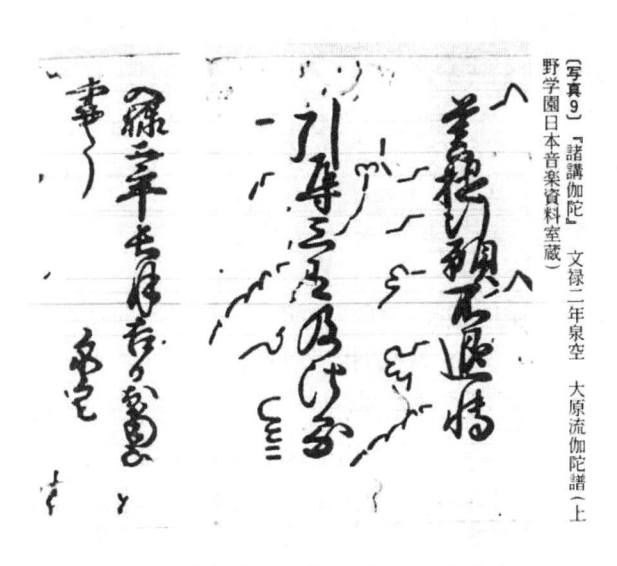

图12 《诸讲伽陀》，文禄二年泉空，大原流伽陀谱

图13 《鱼山蛮芥集》"金刚萨埵赞"，正保三年版

分别由京都西田胜兵卫、辻井吉右卫门开始出版（图13）。之后，在庆安二年、享保十二年（图14）、宽保三年刊行。南山进流在18世纪初期曾一度衰退，但是到了中期再次趋向兴盛。真源（1688-1758）默默无闻地致力于研究，编纂刊行《密宗声明系谱》《醍醐进流十六大菩萨汉赞》《吉庆阿利沙偈》以及其他诸多谱本。音曲方面，普门院理峰（1677-1758）使衰退的南山声明再次中兴，被称为近代第一声明家，宽保三年（1743）刊行《鱼山蛋芥集》，宽延三年（1750）刊行《南山进流诸伽陀》，宽延四年与真源分别刊行《御影供合杀》。其弟子有廉峰，宝历八年（1758），出版刊行了理峰从荣融处传承的有谱的《四座讲式》。

图14　《鱼山蛋芥集》享保十二年版刊记

此宝历版《四座讲式》与朝意系《四座讲式》所传不同。廉峰进而刊行《明神讲式》（明和五年1768年）《常乐会法则》（明和六年1769年）。廉峰一脉有灵瑞、宽光和弘容。灵瑞编集刊行《密宗诸法会仪则》。宽光首创进流假谱，著《五音伽陀假谱》，又编撰《鱼山私钞略解》四册。在音律关系方面，蕴善于享和二年（1802），编著《声苑缀锦》二卷，进而于文政二年（1819），撰写鱼山集《声明正律》，于天保五年（1834）刊行。另外，正通于文政七年（1824）编著了音律便览《五音七声十二调子相对图解》。

（九）智山声明、长谷论议——新义派声明

新义派是教学史上相对高野山古义派的称呼。在教团史上，平安末的觉鑁时期，金刚峰寺和大传法院产生分歧，到了镰仓时代的赖瑜时期，作为根来寺教团从高野山完全独立，其声明虽为南山进流，亦受醍醐流影响。天正十三年（1585），因为遭遇丰臣秀吉的火攻，教团分裂为大和长谷寺丰山派和京都智积院智山派。如所谓的智山声明、长谷论议，在整个江户时期，智山派声明家辈出，谱本等出版也由同派声明家主要在京都、部分在江户进行。

智山声明中兴初祖是专音房赖正，第二世是专春房范宥，第三世是宗识房庆

宜。赖正改良了以前的大原流伽陀谱，创作出私谱本。具备这种谱本的《常乐会法则》，于延宝三年（1675）由山秀于高野山刊行（图 15-1、15-2）。根来寺所传觉鑁著《舍利讲式》（永禄年中祐宜抄写）的伽陀也附加这种声明谱本刊行。赖正也在天和二年（1682）策划最初新义版《鱼山私钞》的刊行，但是由于发生火灾，致使版木烧光遗失，同年十二月赖仁再次刊行。此后，贞享二年（1685）

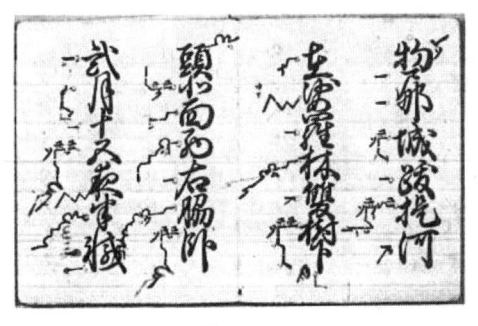

图 15-1

图 15-2

图 15　延宝五年版《常乐会法则》
1. "涅槃物礼伽陀"；2. 刊记

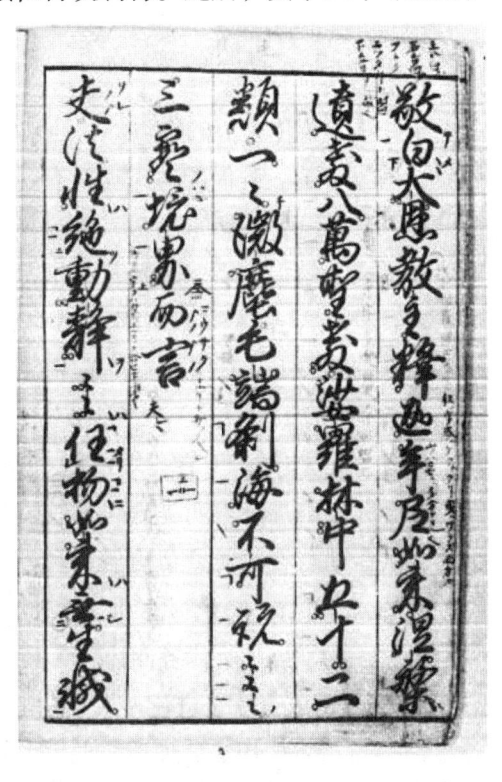

图 16　天和元年观应刊《四座讲式》
"涅槃讲式"

俊忍、正德元年（1711）镜宽分别刊行《鱼山集》修订版。《声明集》方面，延宝八年（1680）山秀开始出版庆宜本，元禄十年（1697）、十一年（1698）俊忍再校改刻。元禄九年，以祐宜本校合的小型《声明集》二帖在高野山开始出版。此后，宝永七年（1710），快说刊行《声明集》二帖。至于《常乐会法则》，前述山秀延宝版的增订版由舜雅刊行。刊行最多的版本要属宝永二年（1705）版。《四座讲式》由《补忘记》编者观应于天和元年（1681）从京都前川茂右卫门处刊行（图16）。此版以朝意宽永版作为底本，之后由俊忍在贞享三年、镜宽在正德元年分别改订再刊。如上所述，智山派在延宝、天和、贞享、元禄、正德时期相继出版了基本的声明谱本，力图复兴声明。新义派所传的秘赞也是朝意系。

丰山长谷寺致力于根来时代兴盛的新义教学的复兴。如长谷论议所示，佛教学学僧辈出，但少有著名声明家。谱本使用智山出版本。丰山声明的口诀是信澄《声明指南抄》，是享保九年（1724），信澄从端海接受《鱼山集》传授时的笔录。智山甚亮基于此记，加入钁净口授，著成《声明梵呗指南抄》（宝历二年，1752年）。

新义声明多传承南山进流的朝意所传，尽管如此，比起现在的古义派声明，或许更加浓烈地展示了南山进流声明的古老姿态。

（十）真言声明的现状——明治以后

安住于幕藩体制下的佛教界，迎来明治维新以后失去大施主，加之废佛弃释，遭受了巨大打击。僧侣的本山在山者明显减少，尤其是智山、丰山，由于将教育机关移至东京，这种倾向更加严重。教学研究采用西方的研究方法，论议等荒废，仅仅在形式上勉强传承。包括每年举行的例行节日在内的诸多法会都衰退，声明也随之衰微。这种倾向在第二次世界大战以后更加严重。

在这种状态下，南山进流出苇原寂照（1833-1933），刊行《鱼山蛋芥集》（明治二十七年版，1894年）《鱼山蛋芥集要览》《南山进流声明大意略颂文解》和宽光的假谱等。寂照门下有桑本定真、宫野宥智、关口慈晓等。桑本编纂《四座讲式》，宫野编纂《南山进流声明类聚付伽陀》，现在作为南山进流教则本广泛使用。淡路的松帆谛圆著有《便蒙鱼山假谱》等。桑本门下的铃木智弁著有《南山进流声明付假谱》二卷（1957），此声明被制成录音。同门的岩原谛信自学西洋音乐理论，研明声明音律，针对所传各曲比较考察历代《鱼山集》，1932年著《南山进流声明研究》。这部巨著才是进流声明最初的正式研究书。此后著有《假谱添付鱼山集》（1934），阐明声明历史、理论概说，将各曲五线谱化的《声明教典》二册（1938）《四座讲式并大师明神两讲式》（1939）《昭和改板进流鱼山蛋芥集》（1942）等，向着声明研究迈进。其亲传弟子有吉田宽正师。京都有见玉雪玄，其声明附有《南山进流声明类聚解说》（1965），被制成录音。其弟子中有玉岛宥雅师。在真言声明历史研究方面，有大山公淳师正式进行，1930年著《声明历史及音律》，1959年改订增补为《佛教音乐和声明》。现在的南山进流中心高野山有中川善教师、稻叶义猛师等。中川师的《声明本展观目录》（1928）作为真言声明文献资料集极其贵重。

智山一系出瑜伽教如（1847-1928）风靡一世。其门下有内山正如、上村教仁、菊入顿如。内山依据师父所传，于1917年编纂刊行《新义声明大典》，于1929年编纂刊行《昭和新订四座式》。同样，上村依据师父口述，于1920年著《鱼山精义》。另外，瑜伽声明于1917年被制成录音。丰山的小野塚与澄、中义乘等也从瑜伽接受声明。瑜伽是金刚宥性的门下弟子，同门中有浅仓玉雅、川崎弁龟，川崎门下出布施净戒，编纂《智山法要便览》。作为现在的教则本，则使用阿部龟传编集的《智山法要次第》（1964）。

丰山一系，于明治二十（1887）年刊行津守快荣讲传的《声明听书》。1923年，小野塚与澄的《假博士所作付二个法要法则》和近藤良空的《丰山声明大全》刊行，前者作为现在的教则本使用。现在传承丰山声明传统的是青木融光师，其声明《新义真言声明集成》（1963）《四座讲式》（1978）等被制成录音。另外，其还通过公演令真言声明在国内外广为弘传。

二、真言声明的特质

（一）声明和修法

法会以导师的修法（内仪）为基本，由建筑、法具等空间上的庄严，和各职众所作、声明之外仪等时间上的庄严构成。为了导师的修法获得成就而赞叹、供养佛陀时献上声明。如《法式声明》，声明家必须全面精通法仪。法会构成根据显立和密立而有所不同，密立的基本构成如（图17）所示。

各构成部	曲种名	曲名
1 导入部	奠供	三讚
2 荘严部	法用（要）	唄・散花・対扬
3 忏悔部	前唱礼	五悔（九方便）
4 讚嘆部	前讚	理趣経
5 供养部	経	三讚
6 讚嘆部	後讚	三讚
7 祈愿部	後唱礼	礼仏・祈愿
8 终结部	廻向	廻向

图17 密立二个法要（理趣三昧）构成表

（二）法会的分类

真言宗的法会根据其形态、构成曲等分类。1. 根据导师修法的有无，称有导师修法为密教立（密立），称无导师修法为显教立（显立）。密立是密教独有的法会，有传法灌顶、曼荼罗供、御影供等；显立是范佛教法会，有常乐会（涅槃会）、佛名会、修正会等。本来是显立，但是伴有导师修法，则亦称为显密合行立。2. 根据法会庄严部法用（要）的曲数，分为一个、二个、四个法用。一个法用只是呗，二个法用是呗、散花，加上了对扬，主要用于弘法大师

的正御影供①等密立法会。四个法用是由呗、散花、梵音、锡杖构成，用于常乐会等显立法会。3. 根据法会的中心，也有经立、讲式立、咒立等分类。经立以读经为中心，有理趣三昧、阿弥陀三昧、经立仁王会等；讲式立以讲式为中心，有四座讲式的常乐会、明神讲式明神讲等；咒立是在导师修法过程中供僧、职众等唱诵真言，有传法灌顶、御修法、咒立仁王会等。4. 密立根据修法的种类有金刚界立和胎藏界立之别，赞、唱礼等根据金胎而有差异。

（三）声明乐理

真言声明的音乐理论，与诸宗声明相同，采用从中国传来的雅乐理论，在此基础上附加了真言密教的教理含义。

1. 记谱法

声明的记谱法，根据带有固定方向性的线条（旋律线）进行，此被称为"博士""墨谱"或只称为"谱"。声明歌词梵汉均以汉字为主，在汉字的四角添加显示汉语声调的四声点，自古以来谱即从四声点开始。不久，各流派形成从汉字的固定地方向固定方向出发的"图谱"。此图谱，各字最初的五音名非常明确，但是从第二节开始五音

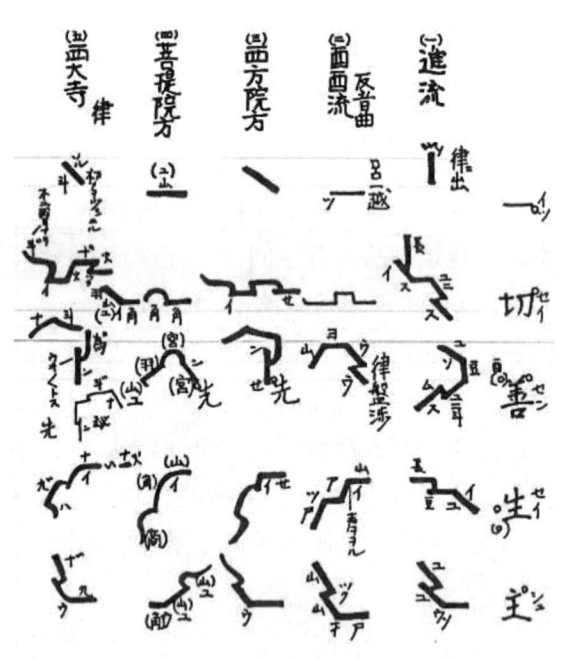

图 18　诸流博士比较"心略汉语初句"

名逐渐变得不清楚。因此对各谱加上五音名、筝弦名、笛孔名（图 18）。13 世纪，南山进流的觉意设法更新五音谱。此谱图，因为谱方向完全不同，所以便于对连续旋律起谱。南山进流以及新义派以觉意的此五音谱作为基本谱加以使用，称新义、进流。谱只显示音的框架，所以在其上加入"ユ""ソ"等辅助记号表示装饰音。进而到了江户时代，创造出更加容易看见旋律细微变动的略式谱，一并记入本博士中。这种醒目的谱，在进流称作"假谱"、在智山称作"作博士"、在丰山称

---

① 空海大师于承和二年（835）农历三月二十一日在高野山入寂。为纪念空海大师，每年 4 月 21 日，举行感谢大师恩德的供养法会。现在，所有真言宗寺院都举行这一法会，最早的正御影供是延喜十年（910）在东寺灌顶院举行的。

作"假博士"。实际的声明并没有按照谱唱诵。

2. 十二律、五音、五调子

声明的音阶由表示绝对音高的十二律音名和表示相对音关系的五音七声阶名构成。都是按照中国"三分损益法"①（在日本叫作"顺八逆六"法）的要求。以十二律各音作为主音的宫，构成吕和律二种音阶后产生二十四种调子。其中，真言声明采用吕音阶的双调、一越调以及律音阶的盘涉调、平调、黄钟调等五个调子。特别是黄钟调成为产生于日本的中曲音阶。

3. 五音的特性

五音从低开始是宫（ウ）、商（六）、角（ク）、徵（山）、羽（ヨ），其在吕音阶加变徵、变宫，在律音阶加婴商、婴羽，构成七音。五音从吕、律，各音分别具有固有的旋律特性。据《鱼山蚕芥集》，如（图19）所示。吕声是男声，粗显猛烈；律声是女声，软密细微。为声明赋予特色的基本装饰音是颤音，存在于核音的宫（仅仅是吕）和徵。吕的颤音猛烈，律的颤音细微。即使本谱图没有辅助记号，也能按照五音的特性唱诵。

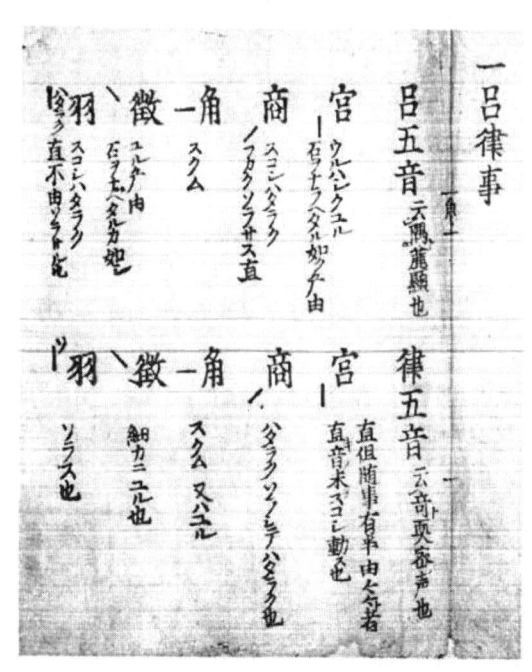

图19 《鱼山蚕芥集》介绍五音特性的内容之一"吕律事"

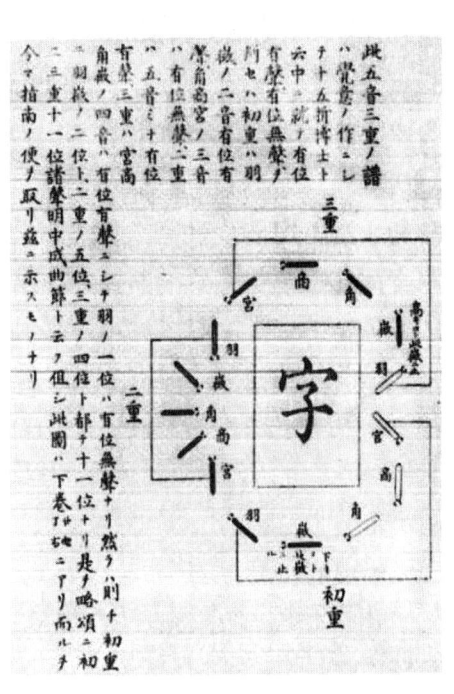

图20 《明治鱼山集》"五音三重图"

---

① 三分损益法是中国周代计算"十二律"音高的方法之一。

4. 五音三重

声明的音域叫作"重",从低开始称为"初重""二重""三重"。各重每半音由十二律(一个八度音)和五音构成,故将其称为"五音三重十五位"(图20)。其中,男声的标准音域在于二重,初重是徵羽二位,三重是宫商角徵四位,共计十一位作为有位有声,其余四位叫作有位无声。根据调子不同,音域有所差异,因此最低音是双调的初重徵、最高音是平调的三重徵。讲式也采用三重音域,但是以二重为甲,作为标准音域,以二重徵为宫,在低音处建立初重,在高音处建立三重,分别作为乙。初重和三重之间是八度音的关系。

5. 音阶种类

真言声明采用吕、律、中曲三种音阶。吕音阶(吕旋)相当于中国的商调、律音阶(律旋)相当于羽调。与此相对应,中曲音阶于平安时期在日本产生。在南山进流称为"中曲",在醍醐流称为"半吕半律"。虽然有大食调和黄钟调两种,但是在真言声明的五调子中,黄钟调与之相当。关于中曲音阶的构成尚没有定论。岩原谛信、中川善教师根据《音曲秘要抄》《忠我记》《五音七声十二调子相对图解》推断出如(图21)的音阶,大山公淳师根据《音律菁花集》推断出如(图21)的音阶。在《梁尘秘抄口传集》卷十二中可以看到1. 律兼吕、2. 吕兼律、3. 交吕律之七声等(图21)的三种半吕半律音阶。金田一春彦等认为中曲就是吕、律交互形成出来的曲。

中曲(半吕半律)					律	吕
5	4	3	2	1		
宫	宫	宫	宫	宫	宫	宫
变宫	变宫		变宫			变宫
婴羽		婴羽	婴羽	婴羽		
羽	羽	羽	羽	羽		羽
			婴徵			
徵	徵	徵	徵	徵	徵	徵
		变徵				变徵
律角	律角	律角	律角	角	角	
吕角	吕角	吕角	吕角			角
婴商		婴商	婴商	婴商		
商	商	商	商	商		商
宫	宫	宫	宫	宫	宫	宫

图21 吕律变音图

6. 曲的分类

在雅乐中,根据调子进行曲目分类,真言声明也按照音阶分为四种曲:1. 唯吕曲——三礼、如来呗、五悔、九方便、理趣经地文等;2. 唯律曲——佛赞、吉庆梵语、梵音、锡杖等;3. 中曲(半吕半律曲)——佛名、教化、两界唱礼的劝请、理趣经的劝请和回向等;4. 反音曲——四智梵语、吉庆汉语、云何呗、散花、阿弥陀赞等。实际上,仅就丰山声明来看,除了唯吕曲的五悔和九方便,其他几乎采用律音阶唱诵。

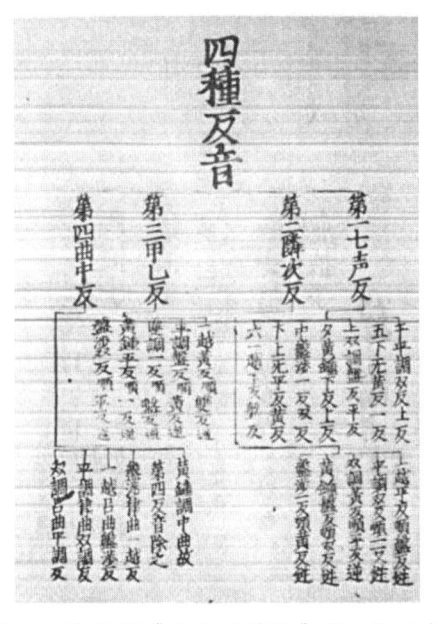

图22　宽保版《鱼山蛰芥集》"四种反音"

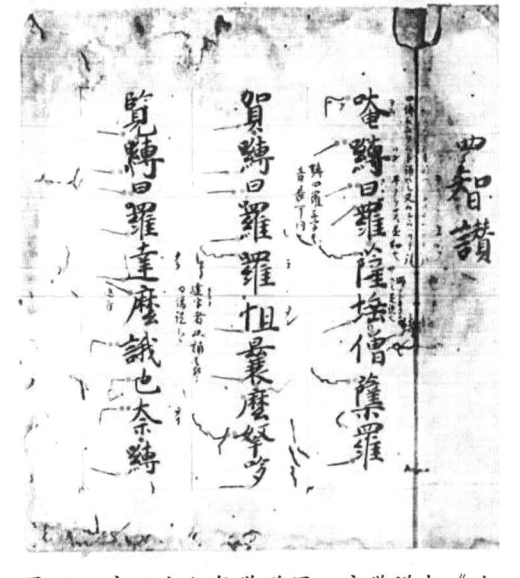

图23　永正十七年觉道写，守觉谱本《法则集》"四智赞"

7. 反音

反音（变音）亦称"变声"，指转调、移调。《声实抄》《要略集》等中称反音有八种，但是内容并不明确。在《鱼山蛰芥集》的附录《音律开合名目》中列举出第一七声反、第二邻次反、第三甲乙反、第四曲中反等四种反音（图22），其中，第三甲乙反是移调，其他三种是转调。根据隆然《略颂文》，《鱼山蛰芥集》的各曲调子被规定为"四智反音—越调"等，但是却没有明记是何种反音。据岩原师的研究，是曲中反。醍醐流的圣尊在《音律菁华集》中列举出吕—越调和律盘涉调的反音关系，其相当于天台声明三个变音中的羽调变音。另外，在醍醐流中，依据吕律变音图（图5），只有反音曲，吕（朱）和律（墨）之间错开一位五音名，用颜色区分表示、记谱。在南山进流中，虽然称反音曲全部用原调记谱，然而通过与醍醐流的比较研究可是看到，《四智梵语》（图23）等多数反音曲，将吕的部分移至律的部分，将整个旋律作为律曲进行记谱。例如，为了留下吕宫的痕迹，在律的商处加入颤音。

8. 拍子

真言声明的多数曲子是没有拍子的自由节奏的曲子。仅有五悔①、九方便②、新义派的《佛遗教经》以及"雨垂节"（五悔、九方便）等中规定或可以看到固定的节奏。

（杭州佛学院外语院 释道明译）

---

① 真言宗将普贤十大愿略为五悔，即：忏悔、劝请、随喜、回向、发愿。
② 九种方便，出自《大日经第七增益守护清净行品》，即胎藏次第修法中所诵九种颂及其印契真言。九方便即一、作礼方便；二、出罪方便；三、归依方便；四、施身方便；五、发菩提心方便；六、随喜方便；七、劝请方便；八、奉请法身方便；九、回向方便。

总说日本天台声明——其历史与特质

日本比叡山延历寺　誉田玄昭

一、天台声明的历史

（一）何为声明

声明是用于佛教仪式的古典音乐，是贯穿印度、中国、日本佛教音乐的中心，是在经文等中附带旋律唱诵的佛教仪式音乐。声明译成汉语叫作"梵呗"，梵是印度，呗是歌谣，故由此可知，梵呗是印度的歌谣。

声明起源，据说是数千年前印度原始祈祷的一种方式，在释尊诞生之时，婆罗门教僧侣作为一般教养所学习的内容被五分为五明，声明就是五明之一。"明"是明了事物之意，各自究明、证明其理由的五种学问方法就叫作五明。

五明包括声明：文学、音韵学、语法；工巧明：技术、工艺；医方明：医学、药学、咒术；因明：论理学；内明：精通自己宗教趣旨之学。与现在佛教声乐的声明相比，其内容范围应该相当大。

在中国、日本，有关声明音韵的研究独立开展，最终形成了现在的声明道。即释尊教法最初口口相传，其后通过文字流传，在漫长的历史过程中，梵呗之法也与民众生活、乐器等相结合，形成现代的形式。

（二）声明的起源

声明叫作梵呗。既然是印度的呗，其历史当然也必须在印度探寻。但是，几乎没有明确印度声明详细历史的资料，然而，因为经典等中存在着与声明相关的记述，所以据此可以进行一定程度的推测。

在佛教产生以前存在着"吠陀"①，虽然音谱等完全不明，但从收集到的古

---

① 吠陀，是古印度婆罗门教的早期文献，包括《梨俱》《夜柔》《沙摩》和《阿闼婆》四部本集及《森林书》《奥义书》《法经》等。"吠陀"用古梵文写成，是印度宗教、哲学及文学之基础。

代印度赞颂歌呗的音乐集中略能窥见。进入佛教时代以后，在现存经典中，有原封不动地记载释尊教导的长行，有四字、五字、六字等偈文（类似汉诗）的偈颂，这些偈文就是印度的歌呗。另外，因为经典中频繁出现现在声明所使用的声明用语，在传记中也出现了声明家的名字，所以，尽管音乐、声乐存在于古代印度是事实，然而随着印度佛教的衰退，与此同时，声明传统在现在的印度几乎丧失。

（三）中国的声明

印度佛教由众多来自其他国家的僧人传入中国，声明也随之传入。然而，在最初的时候，首先是用汉语翻译梵文经典才是最重要的事情，人们可能没有余力唱诵梵呗。即使被翻译出来，立刻唱诵出来也是非常困难的事情。

据传，魏黄初六年（225）陈子王曹植在鱼山（山东省泰安府东亚县）听到哀婉梵声的余韵兴致勃勃，亲自朗吟、创作梵赞，后来，由众多佛教仪式的专家或声明家将中国佛教仪式的音乐依次整理完备。

根据天台宗第四祖慈觉大师圆仁入唐（838-847）的旅行记《入唐求法巡礼行记》，可以窥见唐代中国佛教礼仪的普遍状况，法照①五会念佛②那样的净土教梵呗，以及基于善无畏③等从印度传来的密教声明、法会等，被带回来并传承至现在日本的声明形式，在当时已经形成。但是，不久发生了武宗会昌五年（845）对于佛教的镇压，以这个时期为一个顶点，中国佛教声明逐渐走向衰败，造成了几乎无法了解现代日本佛教声明源头的中国声明究竟是什么内容的状态。

（四）日本声明的基础——慈觉大师圆仁

在佛教传入日本之际，佛教仪式也同时伴随而来，此是毋庸置疑的事实。最初在佛教各宗之间也没有仪式音乐的差异。例如，在东大寺大佛殿落庆法要、延历寺根本中堂供养会等中，聚集各宗僧侣、严修"四个法要"④等，说明各宗僧侣的声明绝不是不同的东西。然而，最澄、空海等渡唐带回来天台、真言二宗以后，

---

① 法照大师（约747-821），唐代高僧，中国佛教净土宗第四代祖师。

② 五会念佛：唐法照法师所创，以《无量寿经》上有"清风时发，出五音声。微妙宫商，自然相和"之文。故分念佛之调音为五番：第一会，平声缓念。第二会，平上声缓念。第三会，非缓非急念。第四会，渐急念。第五会，四字转急念（四字为阿弥陀佛，他皆六字名号）。每一会重数百遍，以五会为一周。

③ 善无畏：唐代高僧（637-735），中印度摩伽陀国人。为唐代密宗胎藏界的传入者，与金刚智、不空合称开元三大士。

④ 四个法要：一、梵呗，先于法会之初，讽咏如来妙色身之偈，赞叹佛德，且静止外缘也；二、散华，梵呗之次，唱愿我在道场等之偈，而散花供养佛也；三、梵音，散华之次，唱十方所有胜妙华等之偈。以净音供养佛也；四、锡杖，梵音之次，唱手执锡杖之偈而振锡杖也。此四事为法会中之最要者，故曰法要。

宗团意识加强，进而还有镰仓新佛教的兴起，各宗共通的声明音乐形式次第衰败，基于各自宗风教义走上独特道路。于是声明也迎来崭新阶段，奠定了后世发展的基础，然而，有组织性地传承日本声明的就是天台宗声明和真言宗声明。

最早传来天台声明的僧人是传教大师最澄（765-822）。大师致力于天台宗独立这一大事业，时间上没有扩大此路的余力，所以，通常认为实际上天台声明的开祖是最澄的弟子慈觉大师圆仁（794-864）。平安初期的承和五年（838），圆仁进入中国，用十年时间拜访各地阿阇黎（积累修行的僧人）见闻究学，带回众多有关声明的贵重资料。圆仁所带回的声明中最著名的是"引声念佛"声明，从"法华三昧""常行三昧"到"五个秘曲""中秘曲"等，非常专业地传播了数十个种类的每一首声明曲。并且其自己也创作日文形式的声明曲，确立了传承至现代的天台声明的基础。另外，因为担心此声明曲的传承断绝，便按照内容将声明曲分开让弟子们传承，所以，其殁后也产生了众多流派。

（五）慈惠大师良源和惠心僧都源信

圆仁圆寂之后，慈惠大师良源（911-985）确立"论议"制度，对后世天台声明影响很大。此后，比叡山论议法要兴盛，祖师报恩法要、僧侣学业考试等也通过论议形式进行质问应答，也唱诵与之相伴随的特别声明。

其弟子惠心僧都源信（942-1034）也是声明史上不可遗忘之人。其在文学方面的才能出类拔萃，创作和赞、制作净土念佛法仪，尤其是"二十五三昧式"声明。该式作法以六道讲式文为中心，将世间状态分成地狱、饿鬼、畜生、修罗、人、天人六道，种种描写此等世界，令人生起从此世的痛苦中解脱、愿生西方极乐净土之心，以此为目的训读讲式文，旋律也不是以前的声明那样，而是只从喉咙发出来甲、乙、上、下则可，是僧俗同坐唱诵的声明仪式。从"讲式"这一形式的成立方面来看，这是划时代的事情，不仅在日本后世的声明史上是值得大书特书的丰功伟业，也是影响日本音乐重要因素。

天台所属的僧侣团体使用此声明仪式配合琵琶说唱《平家物语》①，由此产生了"平家琵琶"，进而转化成谣曲②，室町时代形成能乐③、净琉璃、义大夫、

---

① 《平家物语》：传为日本信浓前司行长创作的长篇小说，成书于13世纪初。该作品主要讲以平清盛为首的平氏家族的故事。

② 谣曲：日本古典歌舞剧"能"的台本，或简称谣。

③ 能乐：日本一种古典乐剧，在日语里意为"有情节的艺能"，是最具有代表性的日本传统艺术形式之一。

新内①，同时是长呗、端呗②等，从迄今为止的声明形式中摆脱，转化为僧俗男女老少聚集一处，大家合唱的民间艺术形式。换言之，从印度、中国的佛教音乐发展出来，形成了表现日本性、文学性佛教思想的讲演形式，进而向祭文、音头③发展，因此声明被称为是日本音乐的源头。

（六）圣应大师良忍

如前所述，慈觉大师圆仁之后，全部继承、统一大成，在内容上分开个别相传的声明之人就是圣应大师良忍（1073-1131）。大师生于尾张，十二岁上比叡山修学之后，隐栖京都洛北大原，每日读诵《法华经》一部、念佛六万遍度日，具有声明音乐天才，据传其所唱诵的声明中出现了种种不思议的灵验之事。例如，唱诵声明时放光；面对山中瀑布唱诵声明时，作为修行苦行的显现，瀑布声就会停止，只有声明声朗朗入耳，之后此瀑布被称为"音无瀑"等，达到声明道造诣巅峰，广为人知。天仁二年（1109）大师建成来迎院作为声明专门道场，之后声明中心移至此地，以大原为声明的根本道场，被称为"大原流声明"。另外，因为借鉴印度、中国声明中心地"鱼山"之名，称此地为"鱼山"，所以现在称天台宗声明为"鱼山声明"。

（七）湛智和净心

良忍门下有家宽、赖澄等众多弟子。到了镰仓时代，天台声明进入变更、发展、调整阶段。家宽的弟子智俊门下有莲入房湛智和莲界房净心，各自拥有众多弟子而形成一派。

湛智是以雅乐④乐理对声明进行理论化，作成《声明用心集》《声明目录》等的理论家，是对以前口口相传（按照师父教授唱诵声明，又原样传给弟子的方法）之声明的传承方法进行大改革的革新派。与之相对，净心是注重以前口传口授师说的保守派声明家，虽然拥有以歌人⑤闻名的慈镇和尚慈圆等众多弟子，然而却被湛智乐理革新派压倒。

---

① 净琉璃、义大夫、新内：净琉璃，日本传统音乐的一种说唱故事，包括义大夫调、常磐津调、清元调、新内调等。

② 长呗、端呗：日本三味线音乐的两种曲目，作为歌舞伎音乐产生并发展于江户。

③ 音头即日本集体舞蹈的歌曲。

④ 雅乐：日本宫廷音乐的总称，包括从古代中国、朝鲜传入日本的唐乐和高丽乐，用外国乐器伴奏的催马乐、朗咏，以及日本传统的久米舞、东游等。

⑤ 歌人：指创作和歌的诗人，或唱雅乐歌的人。

湛智门流相继有作成《鱼山目录》的宗快、著有《诸声明口传随闻及注之》的喜渊等辈出，之后虽几经曲折，但是传承至今的天台声明，除去极少一部分，事实上就是湛智流的声明。

（八）现代声明

然而，到了昭和时代，由于多纪道忍（1890-1949），又迎来一个崭新的转换期。多纪道忍无论作为理论家还是演奏家都是杰出之人，与吉田恒三一起研究大原所传声明曲，最终对一部分音谱进行理论性改订，使用西洋音乐的五线谱，在《天台声明大成》上下两卷中作谱。并且出版《改订声明集》《例忏本》等，把一部分收入唱片等，作为革新者为声明的继承和普及开创了一个时代。多纪道忍圆寂后，随着时代的发展，此《声明集》《例忏本》等普及开来，其弟子中山玄雄等人将声明作为古典音乐带进国立剧场等地进行公开演出，为前述《声明集》《例忏本》等加入详细回线谱进行解说等，将其音阶、旋律定位为难以变动者。

但是，声明精致微妙的谱曲非常难以理解，如果不依靠传授口诀的演练，依然难以领会声明的微妙。也可以说重视口传、口授的保守继承者渐次消失身影的现状令人怀念七百年前湛智、净心的当时。

（九）天台系诸宗声明

另一方面，天台寺门宗的声明和天台真盛宗的声明也应该属于天台声明系统。天台寺门宗的开祖智证大师圆珍（814-891）在比叡山从慈觉大师圆仁得授声明，然而在其圆寂之后，山门（延历寺）和寺门（三井寺＝园城寺）之间抗争变得激烈，所以10世纪末期作为天台寺门宗从天台宗独立出来。虽然宗派独立，但是并非一下子成为法式、声明等改变的新事物，或许在一段时期里还是唱诵着以前的声明。

但是，即使法要、声明曲的名称或音谱记号相同，正如"叡山泣调"[①]（眠调）、"三井怒调"所示，在漫长年月的传承中发生变革，从而现在的情况是山门、寺门两者间差异甚大。寺门方面，吕律、拍子、变音、调子等要素也丧失掉，成为符合修验道行者道场的宗派性格，具有勇健和活泼之势。

其次，天台真盛宗的声明，该宗于明治初期从天台宗独立出来时日尚浅，又有该宗出身的音乐家片冈义道的指导，证明所执行的法要是基于其教义基础之上，

[①] 泣调：古净琉璃的一个流派，延宝至元禄年间，由冈本文弥始创，称为"文弥调"。因其声调带悲，故亦称"泣调"。

实际唱诵的声明谱的传承似乎也与现在的天台宗大原流声明存在差异，然而，该宗的独立在于通过实践、兴隆了戒称二门（我们人类生活中必须遵守的戒律和念佛法门）从而创造出极乐净土，所以仪式音乐之声明也理所应当要把基于宗派教义的方向放在重点。其不是像天台宗那样广泛教义的仪式音乐，在宗派教义的实践和宣扬流布方面，历史上多次转向必要的声明中心，回顾这样的历史之时，该宗难道是例外吗？

自镰仓时代以后，各宗派的声明不仅见不到新的发展，很多特色传承也被丢失，最近吸收大原流声明等建立体系，作成声明谱的宗派也不少。

二、天台声明的特质

既然声明是佛教仪式中使用的音乐，那么与一般音乐相同，既有音阶也有调子、拍子，还有表示这些的符号。但是，声明拥有一般音乐中所看不到的宗教解释与独特音之间的关系，是通过音的特殊配合而成立的宗教艺术。因此，在考察声明之时，必须时刻考虑作为信仰心的流露而唱诵梵呗之要素。

（一）音阶

天台声明中有叫作"三种、五音、七声、十二律"的乐语。

所谓"三种"是湛智在《声明用心集》中显示的三种旋法，叫作"吕曲旋法""中曲旋法""律曲旋法"。湛智称"吕曲旋法"为"上曲"，取用《乐书要录》所记载的中国七音，称"中曲旋法"为"中曲"，在安然《悉昙藏》所记载的印度五音上加入婴商、婴羽作为七音，称"律曲旋法"为"下曲"，采用日本神乐的五音加以制定。

表1：

吕曲	宫	变宫		羽		徵	变徵		角		商		宫
中曲	宫		婴羽	羽		徵		角		婴商	商		宫
律曲	宫			羽		徵		角			商		宫

在天台声明的全部曲目中指定吕曲、律曲、中曲。但是，作为实际唱诵所传承的五音旋法，如《徒然草》所谓"唐土是吕之国，无律音；和国是单律之国，无吕音"，吕曲中出现律曲旋律类型的情况众多，也有个别之处必须认为是将面授口诀的传承音乐被加以理论化的不良影响。但是吕曲中有吕曲风情、律曲中有律曲风情，这也是事实。

所谓"五音"即声明的音阶，在宫、商、角、徵、羽五段阶上区分八度音①，与西洋音乐的哆、啦、咪性质相同。

所谓"十二律"即用约半音差将一个八度音分成十二分的音阶。此算定法被认为是依据成立于中国春秋、战国时代的"三分损益法"（日本叫作"顺八逆六法"）之物。将长度九寸的律管所发出的音命名为基准音"黄钟"，将其长度"三分损一"（三分之二）的管作为"林钟"，将"三分益一"（三分之四）"林钟"的管作为"太簇"。以下交互重复"损一"及"益一"算出十二个音律，如图所示，将其依次从低音开始排列。

这是日本在吉备真备于圣武天皇天平七年(735)带来的"铜律管"、《乐书要录》的基础上形成的乐理基础。起初，"十二律"之名是原封不动地采用了古代中国月名的十二律，从平安时期开始将唐代俗乐二十八调②名中"一越调、平调、双调、黄钟调、盘涉调、仙吕调"等调名作为律名使用，加入"下无、上无"等新律名，使用日本所用的十二律名直至现在。

表2：

月名	中国古代十二律名	日本所用十二律名	平均律近似值
十一月	黄钟	壹越	D
十二月	大吕	断金	E^b $D^\#$
一月	太簇	平调	E
二月	夹钟	胜绝	F
三月	姑洗	下无	G^b $F^\#$
四月	仲吕	双调	G
五月	蕤宾	凫钟	A^b $G^\#$
六月	林钟	黄钟	A
七月	夷则	鸾镜	B^b $A^\#$
八月	南吕	盘涉	B
九月	无射	神仙	C
十月	应钟	上无	D^b $C^\#$

---

① 八度音：一音阶，音乐中的完全八度音。

② 唐代俗乐二十八调：指唐代宫廷燕乐所用的宫调体系，又称"燕乐二十八调""俗乐二十八调"。与隋代八十四调有着密切渊源关系，它对宋元以来的俗乐有较大影响。对其解释有"为调式""之调式"两种体系。宫、商、角、羽四声各七调。《新唐书·礼乐志十二》："凡所谓俗乐者，二十有八调：正宫、高宫、中吕宫、道调宫、南吕宫、仙吕宫、黄钟宫为七宫；越调、大食调、高大食调、双调、小食调、歇指调、林钟商为七商；大食角、高大食角、双角、小食角、歇指角、林钟角、越角为七角；中吕调、正平调、高平调、仙吕调、黄钟羽、般涉调、高般涉调为七羽。"

（二）调子

所谓"调子"是指音阶种类和主要音的音高，将五音主音的宫与十二律中的某个配对，其就成为调子名。如果配宫至壹（一）越上即是"壹越调"，配宫至平调即成为"平调调"，可以形成十二种调子，"一越调、平调调、下无调、双调调、黄钟调、盘涉调、上无调"等七个调子的声明曲在大原流天台声明中得到传承。

（三）变音

将按照规定的调子唱诵之曲从中途开始转移至其他调子使其变化，令该曲变调，成为别有韵味的方法叫作"反"音（又叫"变声"）。天台声明中采用了湛智在《声明用心集》中所显示的三个变音，即羽变音（将原调羽音作为新调宫转调形成五音）、商变音（将原调商音作为新调宫转调）和甲乙变音（将原调徵音即乙音作为新调宫即甲音的徵变音，以及以原调角音作为新调宫的角变音）。

（四）盐梅音

在声明实唱中成为各旋律类型基本的音是宫、商、角、徵、羽五音，旋律类型就是到处使用此五音以外的音而成立的曲节。此五音以外的音作为盐梅音尤其受到重视。天台声明中几乎在全部旋律类型的前后都附加了一、二、三律的盐梅音，将旋律类型装饰得更加音乐化，或起到令音稳定的作用。只是在哪个旋律类型中附加什么程度的盐梅音，在博士（乐谱）里并没有记载，所以必须依靠面授口诀的漫长历史传承。

（五）拍子

声明有不依据固定节奏和依据固定节奏唱诵之区别。不依据固定节奏而是以自然的无拍子作为根本的曲子叫作"序曲"，与之相对，依据固定拍子（选择固定拍子将旋律分段演奏）演奏的曲子叫作"定曲"。

天台声明中有称为四个拍子的四种拍子：1.本曲四分三二重拍子（$\frac{6}{4}$拍子），2.中音拍子（$\frac{3}{4}$拍子），3.四分全拍子（$\frac{4}{4}$拍子），4.切音拍子（$\frac{2}{4}$拍子）。进而，将序曲、定曲并用之曲称为"俱曲"；称既非序曲，亦非定曲，打破任何一种节奏之曲称为"破曲"。

（六）博士（墨谱）

将声明音谱记号称为"博士"，这是在文字左或右根据固定方式加以图示的记号，标识出所唱诵文字的旋律和音高等。平直的节附加直线、摇动节附加点线、转折节附加转折符号，表示出其旋律类型。另外，根据该记号在字的哪个高度（底边、中间、上边）出来，其是朝上，还是从横向出来，或朝下，表示出音的音位。记入的地方左右分开，其目的在于重视汉字的四声（平声、上声、去声、入声），发音时忠实原语的声调，因此此四声作为音谱记号之框架被加入谱中。

（七）曲节

古代声明是通过面授口诀听闻、修炼，而非一见即能掌握者，因此作为听闻识记的记忆法留存下各种旋律类型的名称。用"直音""颤音""反音"等表示单旋律，用"本下""色回""锡杖下"等表示复合旋律，使用数十个以上。这些旋律类型是在梵语、汉语，或和语各自的曲中组合定曲或序曲，构成的仪式音乐。即使具有相同的旋律类型名称，是在序曲中唱诵还是在定曲中唱诵，会存在着相当的妙趣差异，很难通过文章表现加以说明。另外，演奏方法也有独唱曲、合唱曲（同音曲）、二部唱曲（次第曲、齐奏卡农形式）等，纵横运用雅乐的附属物（三管按照声明旋律演奏）、附乐（与声明并行演奏雅乐曲）等复杂演奏法，构成一个连贯的仪式音乐。

所谓"人的感情，在心中活动，以语言形式表现。进而咏唱歌颂感情的发露"，这一表述是适用普遍音乐的理论，作为佛教音乐的声明也不例外。但是，两千多年前的过去，在印度所产生的佛教音乐之声明，经过中国传来日本，由平安、镰仓时期的大音乐家的声明达人，根据深奥音乐理论和传承上的规则构成统一的声明，附带曲节高下、抑扬顿挫，不仅要正确唱诵，而且要使听众感动欢悦，向信仰加以引导，自身也一定到达佛道、成就佛道。

图1　延历寺根本中堂　　　　图2　黑石寺藏慈觉大师冈仁像

图 3　三千院藏惠心僧都源信像 　　　　图 4　大念佛寺藏圣应大师良忍像

图 5　圆城寺唐院灌顶堂

图6 一乘寺藏佛教大师最澄像

图7 西教寺本堂

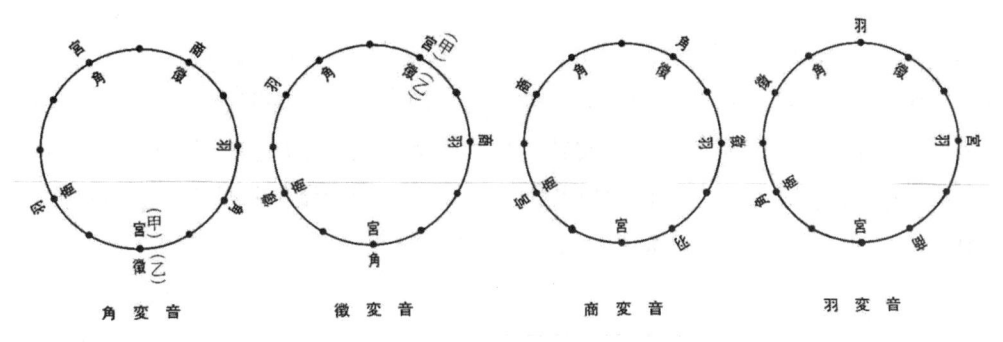

角变音　徵变音　商变音　羽变音

图8 变音图

（杭州佛学院外语院　释道明译）

日本净土系诸宗的声明——其历史与特质

日本大谷大学　岩田宗一

一、日本净土系诸宗的流派

法然（1133–1212）所倡导的专修念佛教法，为众多门人所继承，并随着他们的活动而在日本各地扎下根。于是，这一流派分别形成了净土宗、西山净土宗、真宗、时宗等宗派，直至今天。通常将这些宗派统称为念佛宗、净土教、净土系诸宗等。另外，成立情况稍有不同的融通念佛宗通常也包含在其中。

当然，在这些诸宗发展到今天这种形态之前，经历了许多变迁，最能表现这一状况者就是各宗诸流派的成立及其消长。此诸流派成立的契机多种多样，有与一宗教义的解释相关者，有依据以特定寺院为中心的地域性特性者，或有由于政治原因者，其中也有对于法事仪式和声明历史具有重大意义者。在此，关于各宗，试举其主要内容。

其中，关于真宗这里不涉及。另外，法然及其弟子众开启善导的"往生礼赞偈"的礼拜式，此后，所有的净土教诸宗均传承此式，"往生礼赞"（六时礼赞）成为净土教固有声明的重要支柱。

（一）净土宗

净土宗是继承了法然弟子之一的辩长（1162–1238）系统的流派。因为其以九州筑后为中心致力于念佛的兴隆，故也被称为"镇西流"。

辩长的弟子良忠（1199–1287）在镰仓创建光明寺，为该流传入关东打下了基础。其门下出道光（三条流）、慈心（木幡流）、然空（一条流）、尊观（名越流）、性心（藤田流）、良晓（白旗流）、一向（一向流）等各流祖师。其中的三条流、木幡流不久便衰退，一条流（清净华院）在16世纪初与白旗流融合之前，一直在京都保持着巨大的势力。名越流至第五祖理本（1342–1428），将势力延伸到日本东北、下总地区，16世纪时也曾一度进入京都，1893年与白旗流融合。时至今日，在日本东北部地区还流传着被认为是此流派的声明。藤田流的势力曾一度与白旗流、名越流并驾齐驱，但是在 17 世纪初被两派吸收。另外，一向流形成了时宗的一流派。白旗流的圣聪（1366-1440）开创增上寺，至其弟子庆竺（1403-1459）成为知恩院第二十一世（1450），逐渐压过其他流派，扩展到整个净土宗。

庆竺整理了宗祖法然的忌日法会形式，当时制作了读诵的"讽诵文"。该法会在知恩院第二十五世存牛的 1524 年（大永四年），根据后柏原天皇的敕令成为"御忌会"，其形式规模也变成大。

另一方面，15 世纪末，日本天台宗真如堂的《引声阿弥陀经》被移到镰仓的光明寺，之后也传到了增上寺，进入 17 世纪后，增上寺以南都和天台大原流为规范，致力于法会仪式和声明的整理。例如，1653 年（承应二年）大原的惠隆应增上寺的请求留下了附有谱博士的声明集，时至今日其也是该寺(缘山)声明的典据。另外，1656 年第二十三世贵屋邀请惠隆和京都的"声明湛能之众"到增上寺。但是现在，其中的《引声阿弥陀经》与传到真如堂，乃至最近以前传到鸟取大山的该经，在旋律、谱博士上均不同，其更接近天台的"声明例时"，而缘山声明的旋律也与现在的天台声明大不相同。

在这样的历史基础上，现在，日本净土宗把知恩院作为总本山，把增上寺（东京）、知恩院（京都）、清净华院（京都）、金戒光明寺（京都）、善导寺（福冈）、光明寺（镰仓）、善光寺（长野）作为大本山，形成了以莲花寺（滋贺）为本山的大教团。在法会仪式和声明方面，虽然知恩院、增上寺、光明寺等各自保留了特有的声明，但是均被统一到《宗定法事集》下。

（二）日本西山净土宗

日本西山净土宗或称日本净土宗西山派是继承了法然弟子之一的证空（1177-1247）系统的流派。因为其住在西山的三钴寺致力于教化，所以就有了这个名字。从证空门下出立信（深草流）、游观（本山流）、证惠（嵯峨流）、证入（东山流）以及净音（西谷流）和其弟子了音（六角流）等各流祖师。另外，从同为证空弟子的圣达门流中出一遍，开创时宗。其中，东山流和嵯峨流早就绝迹，接着六角流和本山流亦绝迹。因此今日所传是西谷流和深草流。

西谷流因为净音住在仁和寺西谷而得此名。其弟子观智将教线延伸至关东，但是，之后，此流以京都的光明寺（粟生）、禅林寺（东山）为中心而发展起来。现在分为以光明寺为本山的西山净土宗和以禅林寺为本山的净土宗西山禅林寺派。

深草流始于立信于 1251 年（建成三年）在山城深草创建真宗院，于 1274 年（文永十一年）撰写《深草抄》之时。此后其亦曾住在誓愿寺，故此二寺成为该流的中心，

一直延续到今天（净土宗西山深草派）。

1665年（宽文五年），由誓愿寺的瑞山将被烧毁的真宗院重建，那时，协助此事的专意、通西两人于1681年（延宝九年）编纂《莲门课诵》，数年后刊行。其就是附有谱博士的《往生礼赞偈》最初的版本，该谱博士之后成为全净土教诸宗《往生礼赞偈》的规范。

（三）时宗

时宗是一遍（1239-1289）开创的净土教的一宗。一遍，开始号"如佛"，之后号"智真"，在净土宗西山流的圣达门下学习。1274年（永文十一年），在纪伊熊野神社接受神谕后改名为"一遍"。将这个时间作为时宗开宗。据说以继承空也（902-972）传统的"踊跃念佛""薄念佛"也始于一遍之时。另外，《往生礼赞偈》和《和赞》作为念佛的助业在该宗声明中占有重要地位。二祖真教（1237-1319）将念佛、礼赞、和赞等独唱角色、先导角色规定为"调音"等，致力于法会仪式的整理工作。

此后，以日本各地建立的道场为中心成立了时宗十二派，即游行派（七条道场金光寺——京都七条）、奥谷派（宝严寺——松山）、当麻派（当麻无量光寺——相模）、六条派（喜欢光寺——京都六条）、四条派（金莲寺——京都四条）、解意派（新善光寺——常陆）、灵山派（灵山正法寺——京都洛东）、国阿派（双林寺——京都洛东）、市屋派（市屋道场金光寺——京都五条）、天童派（天童佛向寺——山形）、御影堂派（新善光寺——京都五条）、一向派（莲花寺——近江）。其中也有后来道场移动、消亡、被其他派特别是游行派吸收。游行派后来以藤泽的清净光寺为本寺，同时确立了对于其他派的主导地位，在江户初期，诸流派被合并为以此清净光寺为总本山的"时宗"。

1825年（文政八年）日轮寺（江户）的硕应所撰《净业和赞》，是现在能确认的时宗最初的附有博士的和赞集，从其序文中可以得知，有此前也发行的内容，而且从其凡例来看，至少当时的时宗与净土宗共有《往生礼赞偈》一书。

（四）融通念佛宗

通融念佛宗以良忍（1072-1132）为开山祖师。良忍在大原创建了来迎院，将该地作为声明道场，统合了分散到诸流派中的天台声明，故亦是天台声明中兴之祖。据说，1117年（永久五年），在此大原，从阿弥陀佛如来得授偈颂和如来画像，此成为立教开宗的基础。1124年（天治元年）初次来到京都，在宫中举行念佛会，之后开启了到各国传播念佛之旅，后来住在修乐寺（后来的大念佛寺），遂把该寺作为念佛的根本道场。

之后，出良尊（1279-1349），除了复兴大念佛寺，还在各地开创寺院，被誉为中兴之祖。进而有融观（1649-1716），以迄今为止尚未建立的本末关系为中心整顿宗派组织，于1703年（元禄十六年）著有《融通圆门章》，出色完成了教学。虽然看到在其前一年，该宗的功课本《弥陀所传融通妙宗课诵》由大念佛寺刊行，但是，也可以略知在这个时期集中进行了法会仪式的整顿。

二、日本净土系诸宗的声明

那么，当纵观日本净土系诸宗整体时，其究竟唱诵了怎样的声明？至今为止已经出现了若干声明以及将其收纳在内的声明书的名字，将这些内容概括起来，则净土系诸宗的声明可以大致分为"念佛""往生礼赞偈""经""偈""和赞""读诵文"等。从成立的经过来看，也可以将其分为移入声明和固有声明。

（一）移入声明

在日本现代的声明研究中，天台、真言声明的研究先行，其结果当然是声明的定义、概念以及分类均遵循着二者声明的实际状态。因此，如果将这些原封不动地套用在其他宗派，特别是净土系诸宗身上的话，那么，很难从中找到与天台、真言相同意义的固有声明。即使能够找到，其也是从该两者当中的任意一方移入的曲子。事实上，在许多净土系诸宗的声明中，可以看到以各种各样的方法和状态接受的天台声明，或者是以其为范本的曲子。但是，如果因为这些移入声明不是净土系本来固有的声明，而不加以重视，那么又会如何？在此《净土》卷中，虽然因为有音盘上的时间限制，除了一部分之外，其他无法处理，但是在考察声明这一"以声音为媒介的传承"时，包含着重要的问题，所以还是想稍加涉及。

虽然统称为"移入"，但是可以如下考察其状态。

1. 涉及整个词章、博士、旋律（博士的读法＝实际音），将现在的天台声明曲原封不动地加以采用（例：净土宗知恩院"御忌会"的伽陀、散华、四智赞等）。

2. 虽然词章、博士是天台原来的东西，但是实际的旋律与现在的天台声明中的该曲有所不同（例如净土宗增上寺"缘山声明"）。

3. 博士、旋律均不同（例如净土宗光明寺、增上寺《引声阿弥陀经》）。

新成立的宗教、宗派在调整其仪式形式的过程中，以作为母体的先行宗教（派）的该内容为基础，或者作为模范。其例子，不论海内外都有很多。日本的所谓镰仓新佛教诸宗，从天台声明中取其范本也是理所当然之事，因此，这样的例子在

禅宗系和法华系中也能找到。

但是，声明一旦被移入，则属于将其接受的宗派。即从那个瞬间开始，根据该宗派的传承形态、法事的实际状态、传统的发声法、表现法、宗风等各种各样的主要因素，拥有新的因子。声明本身就是一个活生生的存在，一旦到了新的环境和新的演唱者手中，新的生命必然会被注入其中。此事与前面所举的知恩院的情况相吻合。在知恩院可以清楚地看到这种倾向，即在某个旋律型中，在天台声明二律上升的地方，三律上升，曲子的速度整体变慢等。这是因为与天台相比，法事的道场大，参加的僧人和参拜者的人数多，由此产生了声音强烈、表情华丽的倾向。另外，从被分隔开，相隔很远的两个演唱位置来看，要求节奏缓慢。

（二）固有声明

净土系诸宗固有的声明是什么样的声明？在此之前有必要思考一下"固有"的含义。也就是说，词章和旋律完全是其所属宗派所固有，这样的例子，在佛教所有宗派中反而很少。不仅如此，甚至有人认为，就连天台、真言、南都的各宗，都曾经拥有共同的声明（词章、旋律）。因此给"固有"下定义极为困难，在此我将着重于旋律的独立性。

如果这样思考，那么净土系诸宗固有的声明就会自动浮现出来，即"念佛""往生礼赞偈""和赞""读诵文"等。其中，在词章上包含着与天台共通的部分，也有像念佛一样完全共通的部分。但是，这些经由净土系诸宗之手，首次提供最大限度展开场所的声明，其结果，在旋律上也以净土教声明之名，形成了日本佛教音乐史上引以为豪的题材，这才是名副其实的固有声明。

这里所说的"和赞"与天台、真言所说的"和语赞"（略称"和赞"）不同，即"和语赞"指的是通过与"梵语赞""汉语赞"一样的旋律法创作而成的"教化"和"赞叹"，与净土系所说的"和赞"在旋律法上不同。声明上必须对此加以区别。在净土系的和赞中，真宗开山祖师亲鸾创作的《三帖和赞》最为有名，在数量上也压倒了其他宗。又时宗也每日念诵惠心僧都和开山鼻祖一遍等历代上人所撰的"和赞"，不仅拥有对每一法事进行选曲的体系，而且这些和赞也因为诗情和旋律性的丰富性，在净土教声明中放射极为耀眼的光辉。此时宗的"和赞"与"念佛"交替唱诵，基本上根据初重、二重、三重等"重"的种类，具备使其中心的音高发生变化的形式，这一点亦与真宗各派相同。

在念佛的意义中，虽然也包含着对佛的形态进行思考、勾画（观想），但在声明中所说的念佛是"口称赞佛的名字"。因此，可以是有很多佛名号的念佛，像"南无观世音菩萨""南无毗卢遮那佛"等，其种类不胜枚举。但是，随着被称为念佛宗的净土教的普及，一般说到念佛，就变成了指"南无阿弥陀佛"。

另外，所谓"读诵文"是指属于"谈话声明"或"读物声明"的声明。在净土系诸宗中，净土宗知恩院"御忌会"的"唱导""御讽诵"等就是其典型。在净土教系中，除了真宗的"报恩讲式"之外，一般今天都不提倡具有独特内容和旋律的讲式。因此，这个"唱导"和"御讽诵"就成了为数不多的谈话声明的例子。

图1 知恩院山门

图2 增上寺本堂

图3 大念佛寺

图4 知恩院御忌会"御讽诵"

（杭州佛学院外语院 释悟恒译）

总说日本曹洞宗声明——其历史与特质

日本曹洞宗教化研修所　中野东禅

一、日本曹洞禅声明的历史

（一）曹洞禅礼仪形成史

为了了解曹洞禅声明的历史，首先有必要明确其僧团形成的历史，尤其是礼仪的形成史。

中国的禅宗自6世纪菩提达摩传来以后，经过六祖慧能（713年殁）发展为南宗禅。随着当时长安地区佛教的发展，禅宗僧团也扩大，僧院也变得巨大化。在此状况下，百丈怀海（749-814）编写、制定清规作为禅林规矩。当然，尽管与其他佛教各宗之间有着直接或间接的影响，但是，一定是在禅宗僧团内部磨炼而成的礼仪。

在此后的四百年期间，中国禅宗为了接得根机而使用独特手段，呈现出多种家风。另外，一方面以山居、自食其力、云游行脚等方式否定定形化、礼仪定形化等要素；一方面由于"丛林"的形成而使礼仪定形化，二者之间相互排斥又互相支撑。

日本曹洞宗的初祖道元（1200-1253），虽然在日本天台的比叡山学习，但是在礼仪方面的影响尚不是很清楚。其从比叡山下来以后在建仁寺拜访荣西，至少前后九年间都在该教团内。从这一点上可以推断其肯定也接触到了荣西带回来的礼仪。

道元于1223年入宋，1227年回国，可以确定其亲身学习了宋朝丛林的规矩。回国后，全身心地投入到僧堂建设、与嗣法相关的礼仪、清规的制定中。

道元的弟子们致力于整理师父的学说。其中，彻通义价（1219-1309）于道元圆寂后师从永平寺第二代的怀奘，入宋学习禅宗建筑、规则等后回国，成为永平寺的第三代，致力于整理其规则、整顿伽蓝等。但是其与同门之人对立，最后被驱逐出永平寺，在加贺开创大乘寺，奠定了"规矩大乘"的基础。

义价的弟子莹山绍瑾（1268-1325）与其师一起移至大乘寺，成为该寺的第二代，进而于能登开辟永光寺，于奥能登开创总持寺，制定《莹山清规》，推进禅宗礼仪的日本化。莹山门下有明峰和峨山，以此二人门下出众多人才。二人在经营寺院、教化等方面也发挥了卓越力量。另外，在这个时期，永平寺的五代义云致力于永平寺的再完善工作。

于是，从镰仓末期到室町时代、江户初期，在爆发式地扩张教势的同时，也加深了与临济宗的交流，中国来僧的影响也相当大。在另一方面，礼仪上的本土化、密教化也在进行。与此同时，以法系为中心的各派在礼仪方面也显现出差异，每个派别在推进与其他宗派之间交流时的独立性、接近檀越的方式以及所要求的教化意义等方面，其礼仪发生了改变。在发生这种变化的同时，宗学也必定出现多样化倾向。将这种多样化重编，作为宗团加以归纳的必要性在德川政权成立的同时被提到桌面。

进入江户时代以后，从初期至中期，由于具备了学问复兴、僧团统制、以隐元隆琦为主的大陆来僧的影响、重新考虑教化民众之教学等条件，从而进行了教学与礼仪的彻底重编。

接下来进入明治时期以后，由于宗团需要近代化，产生了将民众强烈要求的礼仪统一为宗团的必要，编集"行持轨范"，进而于昭和时期增补改订。

如上所述，以礼仪为中心概要地描写了曹洞禅的教团史。

（二）曹洞宗讲式的形成史

曹洞禅的音乐要素基本上是基于禅林清规的法式、乐器、举经法等。其中，尤其能称为声明的东西或许就是讲式①（曹洞宗中，"讲式"一词使用相当广泛，几乎与"法要"同义）。曹洞宗的讲式包含所谓的五讲式、六讲式等，可以举出十二、三种。其可列举如下（○印是六讲式、△印是五讲式）②：

表1：

○△	罗汉讲式（罗汉供养式）		观音忏摩法
○△	大布萨式		大般若讲式
	永平寺开山忌行法华讲式	○	洞上高祖报恩讲式
○	甘露门	○△	叹佛会法式
△	涅槃讲式	○	洞上唱礼法
△	达摩大师讲式		洞上传灯讲式

---

① 讲式是日本声明中所特有的一种以故事形式说唱讲述佛教教理、赞叹佛功德的典型形式。主要用于佛教法会仪式之上，一般由法会中一个代表来进行讲述。

② 原文没有表格。为了方便，故列表。

平安佛教的声明向日本化的发展就是 11 世纪惠心僧都源信完成了二十五三昧会式，良忍建成来迎院使天台声明大成，12 世纪至 13 世纪明惠上人完成了舍利、遗迹、罗汉、涅槃的四座讲式。

按照曹洞宗记录中的登场顺序考察声明、讲式，其结果如下：

1. 镰仓初期，从中国传承了禅宗的初祖道元留下了《罗汉供养讲式文》真迹。因为罗汉讲式既有明惠所撰写者，又进入到密教的四座讲式中，所以面山瑞方（1683-1769）指出，这是道元稍微糅合了密家的东西撰述而成。根据其他记录推测，大概是宝治三年（1249）左右的撰述。但是根据其他记录，还有"前权僧正大和尚位荣西之撰也"的跋文。由此亦可知，道元修改了荣西之式文。另外，在临济禅中，此后也有兰溪道隆（1212-1278）撰写的《罗汉讲式》。

在《莹山和尚清规》中有《菩萨戒布萨式》和《罗汉供养式》两种讲式。关于布萨式，面山指出："是建仁荣西所带来，永平祖师从建仁得到的传式。"甘露门作为施饿鬼法被编进《莹山清规》，其做法不完全，因此，面山依据不空所译《施诸饿鬼饮食及水仪轨》进行了校订。

其次是永平寺五代义云撰述的《永平寺开山忌行法华讲式》。作为法华讲式，先行者中有华严宗凝然（1240-1321）的撰述。二者的关联不明，应该不是义云突然作成，应该是与其他有一些关系。

2. 其次，比较古老者有《观音忏法》《涅槃讲式》《达摩讲式》《大般若会》《报恩讲式》等。

《观音忏法》是享保十五年（1730）马年编撰《重锲观音忏摩法引》。据此，旧梓浸水，故加以删补，所以，推测应该比 1730 年更加往前。忏法的祈祷要素较强，6 世纪在中国实行。现在的《观音忏法》据说是天台山国清寺的遵式于北宋咸平年间（998-1004）仿照《法华三昧仪》所作。其由荣西、圆尔弁圆传入日本后，在某个时候被曹洞宗接受。

《涅槃讲式》有明和四年（1767）的刊本，面山认为是栂尾明惠上人所撰。如果此说法正确，那么，就是明惠四座讲式的移入，其移入时期究竟是何时是今后的研究课题。

《达摩大师讲式》是万安英种（1654 年圆寂）探索出来的，撰者不详，但是，明惠首倡、忍性自写本流传到镰仓极乐寺。面山认为可能是叡山觉阿所撰。

《叹佛会法式》，面山认为原本是元朝僧人所撰，后因黄檗派东渡传入日本，佛名的撰述等是杜撰，所以不是洞门必须实行的，故而新编集《改正叹佛洞上唱礼法》，于宽延四年（1751）刊行。但是与其内文完全相同的《新刻叹佛会法式》中有元禄四年（1691）嶂禅山撰写的跋文，并且在《洞山清规》（《莹山清规》）

中有"叹佛如常"的字句，或许可以认为是进行礼佛，接受了叹佛法式的先行形态早就存在。

3.据面山述，《大般若经》的转读自古就在实行，然而其式并不完全，所以在人们的建议下撰述，明和六年（1769）刊行。

《洞上高祖报恩讲式》在宝历三年（1753）由面山撰述。据其序文，《永平讲式》流通着信州泉公及羽州奇公所撰，但是因为存在遗漏，所以继承二公之志进行改订。此后1907年由大内青峦校补、辻显高再刻，以《承阳大师报恩讲式》之名刊行。

4.《洞上传灯讲式》是总持寺独住第二世畔上楳仙委托嘱咐当时的后堂佛鉴，令其撰述的太祖莹山禅师的报恩讲式。明治1892年撰述，第二年刊行。

由上可知，曹洞禅讲式的形成分为三期或四期。

第一期是道元的《罗汉供养式》、莹山的《菩萨戒布萨式》、《甘露门》（施饿鬼法）、义云的《法华讲式》等，可见于初期教团的记录中。

第二期是《观音忏法》的接受、涅槃、达摩讲式的移入、《叹佛会法式》的流入等。这些是室町时期至江户时期进来，于江户中期被进一步改订。

第三期是成立于室町、江户初期，因出自不详，故面山将其改订撰述为《大般若法式》和《报恩讲式》。

第四期是明治以后所成立的传灯讲式。

另外，据说作为其他讲式，还有举行过《佛祖讲式》《二祖讲式》《地藏讲式》《舍利讲式》等迹象。

二、曹洞宗礼仪与声明的特质

（一）礼仪的特质

为了了解曹洞宗声明，有必要了解支撑曹洞宗礼仪的总体特征。

首先，礼仪空间基本上是法堂。法堂，以堂的北半部分作为佛的空间，南半部分作为行者的空间。进而将其隔开东、西、中三部分，称中间为大间、东西为东序西序。以大间作为礼仪执行者的基本空间，处于佛对面（北面）之人只有导师（以及侍者、侍香），其他人位于两班的位置，自东西面向中央。当然并不是没有全体正面礼佛的礼仪，基本形就是此形。

第二个特征就是禅宗礼仪以站着举行为基本。其起因在于中国禅寺的堂的构造。具备七堂伽蓝①的寺庙的佛殿、僧堂（坐禅堂）、开山堂的地上铺着石头，站在上面举行礼仪。或者摆设着可以坐的台子。故称站立为"正式"，坐为"略式"。

第三个特征是重视问讯。就座、站立、返回座位时等全部需要问讯，尤其是僧堂内的做法，向对座的人问讯、向邻座问讯等，在共同生活的空间产生的这些问讯，在供佛礼仪时也成为进退作法的基本，表现尤为显著的礼仪有"出班烧香"。

第四个特征是使用雅乐器。

第五个特征是尊重低声（此产生于下面的第六个特征）。

第六个特征是重视实现和合，正如所谓"超群无益"。

接下来列举涉及全部礼仪的几点特征。

第七，每年举行的例行活动，主要以安居修道礼仪为中心。达摩忌之《达摩讲式》和《罗汉讲式》、涅槃会之《涅槃讲式》等每年举行的例行活动，通过与安居周期相重叠的方式每年定期举行。

第八个特征是乐器（伴奏乐器）受到限定，即使是影响了天台等的声明式，也不接受乐器。

（二）声明的特质

作为曹洞宗声明的音乐性格，记谱法是目安谱②（博士）。为此采用指示音声的"上音""中音""下音"之用语加以规定。并没有如天台声明那样称"一越调""黄钟调"或"吕曲""律曲"等基于乐理的音阶表示。《昭和改订声明轨范付录》中做上音＝平调、中音＝一越、下音＝盘涉③，但是此也并非严密。

此种样式是中世④歌谣的特征，曹洞宗声明也是此中世的样式。另外，虽然是目安博士，但是也采用圆节＝●或"の""ろ""る"等符号化的表记法。

进而，天台、真言在文字左侧点入博士，曹洞宗声明中，除了《如来呗》，其他都于右侧点入博士。此也与中世歌谣样式相同。

作为曹洞宗声明的特征，普遍的倾向是旋律的单纯化。僧堂行规的念诵、简

---

① 七堂伽蓝是江户时代用语。七堂的种类与配置，依时代或宗派的不同而有异，其名称也因用途不同而有别。日本最古的伽蓝建筑，以飞鸟时代（7世纪后半）的法隆寺为代表。入其寺，经南大门、中门，至寺中央有金堂与塔并置，北有讲堂、北室，东置鼓楼、东室，西建钟楼、西室。其周围有回廊围绕。此系以金堂与塔为该伽蓝之中心，称为百济式七堂伽蓝。

② 目安谱即简单标记的乐谱，又即声明乐谱的博士，如下文的"目安博士"。

③ 平调、一越、盘涉是日本雅乐的"十二律"，其律名依次为：断金、平调、胜绝、下无、双调、凫钟、黄钟、鸾镜、盘涉、神仙、上无、一越。

④ 中世，日本史上通常指从镰仓时代到室町时代。

略布萨等,旋律并不复杂,多是单纯地拉长声音。只有在讲式、甘露门等中才有正式的旋律。

另外,从江户初期到中期,在黄檗派的刺激下所成立的"授戒会"[①]声明中,忏悔道场中的"观音称号"、礼佛中的"十者礼"等的旋律究竟属于哪个系统尚不明晰,但是具有相当的特殊性。像这样,在一个礼仪构造中,一部分吸收声明,礼仪的整个构造采用禅宗僧堂式的法式,同时,也部分地将声明编入其中。

其次是传承声明的道场还没有确立,或许可以说这也是声明的特征之一。即使是在丛林中,维那[②]之职是六知事[③]之一,但是却没有明显的所谓声明师这样的声明传承上的专职,在丛林中还没有到传承、发展声明的程度。

另外,在寺院众多的地区,整个地域保持着江湖的作用。在这样的地区与民众的信仰要求相辅相成,观音忏法、叹佛会等的修行多变成地区佛事,虽然被很好地传承下来,但正因为如此,才没有产生形成中心道场的要求。

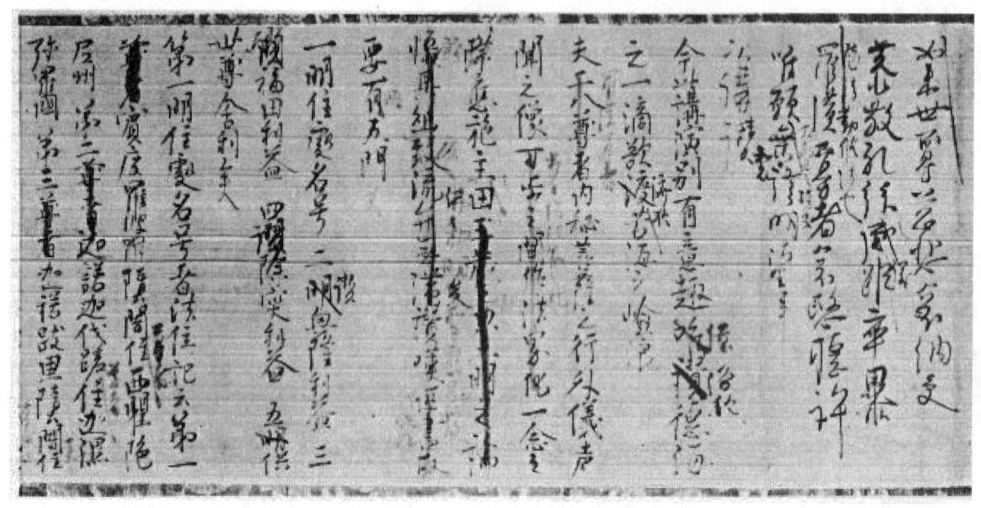

图1　大乘寺藏道元书《罗汉潮式稿本》

[①] 授戒会是对普通在家之人授予优婆塞戒、优婆夷戒的法会,除真宗外,其他宗派都会举行。

[②] 维那,梵语 Karma — dāna,音译"羯磨陀那",意译"授事"。佛寺中的一种僧职,管理僧众事务,位次于上座、寺主。在古代丛林,维那是寺院中的纲领职事,掌理众僧的进退威仪,非但要熟悉佛门规矩,而且要嗓音好,资格老。今日寺院的维那,仅在举行法会、课诵时担任众僧的先导,掌理举唱、回向等。

[③] 六知事是僧院各级司事务僧的总称。禅院分两班,都寺、监寺、副寺、维那、典座、值岁。

图2 大本山总持寺大祖堂

图3 大乘寺山门

图4 大本山永年寺山门

图5 总持寺大祖堂

（杭州佛学院外语院 释道明译）

总说日本临济宗的声明——以相国寺为代表

日本大本山相国寺　有马赖底

一、日本禅的传入与声明

早至奈良时代，禅宗便既借由很多人传入日本，但是由于没有承接法脉，所以不久便致失传。至镰仓时代，荣西传承黄龙派禅，以此为禅宗传来之始，所以，声明也是此后之事，并没有像天台声明、真言系统声明那样具有古老的传统。在传入日本的佛教宗派中禅宗属于新兴的佛教，可以说正是禅宗刷新了镰仓时代之前的佛教。

从镰仓末期至室町时代，禅宗达到鼎盛时期。当时在中国。北宋朝廷迁出首都开封（河南省），向南迁移，定杭州为首都，故而当地的禅门与政府交往密切，所谓的"五山"制度得以制定。所谓五山制度就是仿效印度五精舍①，政府指定当时具有最高寺格的五座寺院，并给予特殊保护、管理的制度。五山在受到政府管理的同时，被赋予了各种特权，渐趋强盛。所谓五山即第一位径山兴圣万寿寺（杭州），第二位北山景德灵隐寺（杭州），第三位太白山天童景德寺（宁波），第四位南山净慈报恩光孝寺（杭州），第五位阿育王山广利寺（宁波）。

此五山都集中在浙江东部。之后传入我国的临济宗声明，皆是由此五山发展传播而来，而且五山制度也在日本逐渐形成。

二、南宋时期禅的传入

随着元势力的不断壮大，南宋国内政局极度动荡。因此，在此期间，从宋末至元初时期，很多高僧离开动荡的中国远赴日本寻求新路。日本镰仓末期至南北朝时期传入的宗派达四十六传，有二十四派之多。

自荣西回国以后大概一百五十年间，主要有二十四位高僧大德，或者赴其他

---

① 古印度的佛教五大道场。明杨慎《艺林伐山·五精舍》记载："佛国五精舍：一给孤园、二灵鹫山、三獮猴江、四菴罗树、五竹林园。"参阅《三藏法数》卷24。

国家传回禅，或者其他国家的宗匠来到日本传播禅。这些统称为禅门二十四派。此二十四派将另页揭示。

从镰仓时期至南北朝时期，有十四位禅师来到日本，有十位禅师回到日本，就这样不断地为日本宗教界注入新的活力。因此，从镰仓时期至室町初期，禅宗迅速发展，呈现出一派百花齐放的景象。于是，各宗派祖师、大德一起，将从宋朝所传承来的独特的声明带入日本。

三、日本的禅与声明

然而，关于日本的临济禅，各宗派也并不一定准正确地传承了其声明，这一点也应该是事实。因为实际上这也与禅宗的宗旨有关。

梁普通元年（520）九月，有一位印度僧人抵达中国广东。这位来自印度的外来僧人正是禅宗初祖菩提达摩。当时的中国佛教，致力于经论的研究演说，致力于建寺院造佛像。达摩大师始终强调通过实修体验，在现实中专心置身于修行，直达开悟境地。在他身边聚集了一些愿心坚固的求道者，形成了非官方的修行团体。他们的生活方式实际上鲜活生动，不为外物所缚，呈现出自由自在的方式，每个人最大限度地发挥自己的个性，各自亦全身心地活在每一个当下。以下文字最能表达达摩大师的该宗旨：不立文字，教外别传，直指人心，见性成佛。

因此，必然没有奉为金科玉律的经典，更没有必须顶礼的佛像。禅宗是没有固定教义，也不需要佛殿的宗教。师父传法给弟子，虽说是传灯，但是如果弟子认为那些东西没有任何用处而拿去烧掉的话，师父也会非常高兴。师父在自己临死之际会留下"不要守我所教"的遗言。这些与人们平常的认知相去甚远。

禅的宗旨除了认识真正的真实的自己之外别无他物。我们为物所缚，执着于语言、文字，把自己牢牢束缚，痛苦烦恼到丝毫动弹不得。禅的教导就是让大家通过实修将自己从束缚中解脱出来，回归本真的自己，别无他物。

禅宗寺院中的各种规矩规定，全部都是围绕着如何见性成佛而制定。因此学习经典论述，举办各种佛事活动，诵经都成为次要、次要之次要之事。自古以来禅门中就有"一扫除二信心"的说法。说的就是，有时间诵经倒不如去扫除。所以禅门中自然只留存了最低、必要限度的诵经习惯，要求复杂律吕的声明竟然没有被传承下来，这也是实情。即便是这样，禅宗也不可能不读诵经典。因此，作为传播佛教教义的一部分，修行法要时，传承与之相应的节奏，这也是事实。尽管如此，这些在日常的法要仪式中多采用非常简单扼要的节奏。

前面所述的日本禅宗二十四流派，到了江户时代，其大部分已经法脉失传。

现在唯有大应派一派得以传承，大应传给大灯，大灯传给关山，传承着日本唯一的临济禅法脉直至今日。

四、日本丛林与林下

正法虽然失传，但是伽蓝法却得到传承。临济宗十四派的本山至今也还在传承伽蓝法。临济禅的传承大体分成两个系统，一个被称为"丛林派"，另一个被称为"林下派"。丛林派是效仿宋代五山制度的日本五山系的一派。日本五山是由足利三代将军义满改革了镰仓时代以来历经几度变迁的五山制度，将南禅寺提至五山的上等地位而创立。最终的确定排位如下：

第一位 天龙寺（京都）
第二位 相国寺（京都）、圆觉寺（镰仓）
第三位 建仁寺（京都）、寿福寺（镰仓）
第四位 东福寺（京都）、净智寺（镰仓）
第五位 万寿寺（京都）、净妙寺（镰仓）

至德三年（1386）以来，这一排位一直作为五山的基准沿袭下来。此中，京都的万寿寺和镰仓的寿福寺、净智寺、净妙寺四座寺院已经不再是本山。

这些位于京都与镰仓的五山诸寺，在得到镰仓幕府及室町幕府保护的同时，也受到幕府的管理。寺院的运营走向官僚化，最终演变为只有仪轨仪式、文学和晋升等内容枯燥的东西，丧失了充满活力的禅法，最终被逼到了短期内法脉断绝的境地。

而"林下派"虽与"丛林派"一样同为中国传入的禅宗法脉，但却不像五山一派那样接受当时执政者的援助，甚至避开权力与统一管制，遁入地方的深山老林，一心刻苦修行。此主要指的是未列入五山的大德寺、妙心寺系统的人。"林下派"的人因为处于幕府的统一管制之外，故而得以自由自在地生活。妙心寺系逐渐将全日本半数以上的临济禅宗的寺院纳入其派系，从而发展成为大门派。因此，声明、诵经的节奏等，也并非像五山系一样格调很高，而是被称为"江湖调"，任何人都可以轻松驾驭的节奏而得到普及。这里"江湖"意指江西与湖南，泛指普通的世间。关于妙心寺声明将另辟他文阐述，在此讨论五山系的声明。

五、日本相国寺的声明

在日本妙心寺的算盘、大德寺的茶人、东福寺的伽蓝、建仁寺的学问、南禅寺的官吏、天龙寺的武士、相国寺的声明，这些表述在江户时代可以说是家喻户晓。

其生动形象地描述了各本山的特长，其中所提到的"相国寺的声明"，意思就是说，提到声明马上想到的是相国寺。此归功于相国寺实际的开山祖师普明国师春屋妙葩禅师（1311-1388）因为他不仅精通于师父梦窗疏石（1275-1351）所传声明，自己本身也拥有清雅的音色。

相国寺的劝请开山①梦窗国师，作为日本文化发展史上做出过杰出贡献之人非常有名。他对丛林派的声明也具有浓厚的兴趣。

《鹿苑日录》是为数不多的中世记录中的重要经典。其卷三之明应八年（1499）五月十六日的条录中就有如下记载："话及畠山左金吾去年升座事。曰：'兴云石梁者一山俗侄也……与清拙、梦窗定观音忏法之引曲者也。'今之所讲者原乎三大老也。举此颠末云云"。据此可知，相国寺声明特色的"观音忏法"如下成立。当时，清拙正澄（1274-1317）承袭愚极智慧的法脉，于嘉历元年（1326）受北条氏的邀请来日，先住在镰仓建长寺，后是建仁寺，进而是南禅寺，对日本禅宗界的影响深广。其与梦窗疏石交流，修习观音忏法会，由石梁仁恭（1266-1334）作曲而成。石梁仁恭是一山一宁（1247-1317））的俗家外甥。一山一宁曾奉元朝皇帝之命，为拓展友好互通来到日本，接受后宇多上皇的皈依后住于南禅寺。石梁仁恭跟随叔父一山参学并承接其法脉，作为其助手，与一山一起来到日本。到来以后，先是住在长野的慈云寺，后建立慈受寺并成为开山祖师，进而住福冈的圣福寺、镰仓的寿福寺、京都的建仁寺等寺院。他晚年创建兴云庵并退隐，直至1334年圆寂，一直在各个寺院为参学弟子教授声明，是临济系声明的优秀传承者，在当时是首屈一指的大家。

梦窗跟随石梁不仅学习了观音忏法，还接受了丛林必要的很多声明。然后，他将这些悉数传给拥有清雅音色的法脉弟子春屋妙葩。春屋又将其发展为具有相国寺特色的声明。相国寺现存的声明，以观音忏法为代表，主要还有楞严咒、四月八日的佛诞会、八月一日的施饿鬼会等，每一个回向也都有非常优美的节奏。

足利义满与相国寺缘分甚深，据大原所传《鱼山声曲相承血脉谱》中记载，他在声明方面的造诣之深已达到与南之坊良雄三位弟子中的每一位能相提并论的程度。这也证明了相国寺声明与大原声明之间有交流，也说明义满对相国寺声明的兴盛重大影响。

目前残存在相国寺的近世寺院记录日志《参暇寮日志》百数十册，以及《役者寮日志》一百多册，其中有这样的记载：京都的各本山接受相国寺声明方面的指导，每次的礼谢金两人三枚银币是相当丰厚的礼金。而且，在他们回程时还会

---

① "劝请开山"并非真正的开山祖师，而是从信仰上将过去的某位大德尊为开山。

送上几帖杉原纸①，受到非常礼遇。

这些都说明了当时的声明是以相国寺为中心。中世纪以来百数十年间，相国寺控制着所有禅宗寺院在五山的住持任免、法阶升迁、寺院领地的给予和剥夺等各项寺务，列于五山各大寺院之首。

现今在相国寺所流传的声明，是将春屋妙葩所传的声明，在永享年间（1429-1441）由塔头慈云院第二代师默堂寿昭校订，该音谱一直沿用至今。其中的观音忏法为默堂和尚的力作，流传至今。

图1　相国寺法堂

一	千光派	明庵栄西（帰）	建仁寺創建
二	道元派	永平道元（帰）	永平寺創建
三	聖一派	円爾弁円（帰）	東福寺創建
四	法灯派	心地覚心（帰）	興国寺創建
五	大覚派	蘭渓道隆（来）	建長寺創建
六	兀庵派	兀庵普寧（来）	
七	大休派	大休正念（来）	
八	法海派	無象静照（帰）	
九	仏光派	無学祖元（来）	円覚寺創建
十	大応派	南浦紹明（帰）（後大徳寺派へ）	
十一	一山派	一山一寧（来）	
十二	西澗派	西澗子曇（来）	
十三	鏡堂派	鏡堂覚円（来）	
十四	仏慈派	霊山道隠（来）	
十五	東明派	来明慧日（来）	
十六	大鑑派	清拙正澄（来）	
十七	明極派	明極楚俊（来）	
十八	愚中派	愚中周及（帰）	仏通寺創建
十九	別伝派	竺仙梵僊（来）	
二十	古先派	古先印元（帰）	
二一	大拙派	大拙祖能（帰）	
二二	中岩派	中岩円月（帰）	
二三	東陵派	東陵永璵（来）	

图2

---

① 日本镰仓时期播磨杉原谷出产的日本纸，质薄软，用于贺礼、版画等。

图3 春屋妙葩相

图4 梦窗疏石相

图5 建仁寺法堂

（杭州佛学院外语院 释若楚译）

总说日本黄檗宗的声明——其历史和特质

日本黄檗宗教学部　服部祖承

一、日本隐元禅师与黄檗山万福寺

在日本的黄檗宗与临济宗、曹洞宗相同，都是日本禅宗的一支。因是中国临济宗的直系，故亦称临济正宗。

1654年（承应三年），从中国来到日本的隐元禅师开创此宗派，正式称"黄檗宗"之名则始于明治九年（1876）。其宗风，因为明代的中国佛教（禅宗）是禅净密融合的佛教，所以与日本的禅宗风格迥异。例如，经典中有《阿弥陀经》等净土系和陀罗尼等密教系的内容，这些尤其多见于施饿鬼经典中。隐元禅师刚来到日本的时候，预计最多三年返回中国，但是由于众人的恳切期望，故留在日本。于是，在京都宇治，幕府赐他土地，建立了新的寺院。当时（江户时代初期），日本本来禁止新建寺院或倡导新的教说，但是在幕府的斡旋下建起了新寺，从这一点就可以看出隐元禅师究竟是一位怎样的大德禅僧。

新寺被命名为"黄檗山万福寺"。这是用隐元禅师来日本之前、住持的中国福建省黄檗山万福寺的名字命名的。可见，隐元禅师时时怀揣着思乡之情。另外，新寺的建筑样式也一眼就能够看出来是采取了中国样式，佛像也模仿明代佛像师范道生之作。大雄宝殿、天王殿、伽蓝殿等在日本其他寺院里都没有，而且各堂一定有对联和匾额。这些都是黄檗所独有，这样越发营造了中国文化的气氛。新寺的建立始于1661年（宽文元年）。然后，隐元禅师为第一代住持，也就是开山祖师。隐元禅师在三年后的1664年（宽文四年），传位予第二代的木庵禅师，后隐居于松隐堂为黄檗宗的发展而尽力。

得知隐元禅师来到日本，建立了黄檗山万福寺，许多日本僧人纷纷前来请教。据说一度超过了五百人。那时的日本佛教界不振，由于隐元禅师的到来而受到了很大刺激，众多人才辈出，出如铁眼、了翁、铁牛等人，并对社会事业和《大藏经》木版的完工留下了丰功伟绩。像这样，为日本佛教界带来清新刺激，注入新风的黄檗宗，势头强劲，最盛时期拥有一千数百座分寺。

黄檗山万福寺的住持，前十三代和第十五代、第十八代、第二十代、第二十一代是中国僧人，其余为日本僧人担任住持。现在的住持是第五十七代。因此，黄檗宗万福寺举行的仪式法事，最初的时候以中国僧人为中心，逐渐由日本僧人继承。唱诵经典也是原封不动使用中国的东西，读法也全部按照中国式（明音/唐音）念诵。此后三百余年没有改变，时至今日仍在传承。现在的中国佛教已经发生了很大变化，能够保留下三百年前形态者，可以说只有日本的黄檗宗。

二、黄檗宗声明的特质

黄檗宗称声明为"梵呗"。梵呗本来是加上节奏念诵的经文，在广义上包含仪式的全部经文。

（一）日本黄檗宗的经典

首先介绍黄檗宗的经典（经文）。现在黄檗宗使用的梵呗用经典，是1600年左右明朝国内佛教所用经典，可以将其大致区分为以下三种。

第一，禅林课诵。其包含日常早晚功课使用的经典和食事作法等其他日常使用的经文。

第二，施饿鬼经典。所谓的施饿鬼，就是为饥饿受苦的饿鬼布施食物净食，对其拔苦与乐。这部经典中很多地方唱诵速度很快，非常热闹，与日本其他宗派的声明完全不同。

第三，忏法。这是在礼佛求忏悔，祈求获得福德的仪式上使用的经典。这种仪式从一千多年以前就有举行，其种类有多种，黄檗宗有三种：1.《八十八佛名经》，2.《慈悲甘露三昧水忏》，3.《观音忏法》。其中，《八十八佛名经》称为拜忏，是举行最多的忏法。

（二）日本黄檗宗声明的分类及其特色

上述经典都有各自的唱法。接下来叙述其唱法。这是所谓的狭义梵呗，大致可以分类如下。

1. 有拍子者

（1）有节拍者（必须有乐器）

香赞、结赞、施饿鬼的大部分、早课晚课中的大鼓部分、铙钹、拜忏等。

（2）无节拍者

通常只是使用木鱼和大磬，平读①《大悲咒》《般若心经》《楞严咒》等。

2. 无拍子者

（1）有节拍者

祝圣的文疏、施饿鬼真言等。

（2）无节拍者

香语、开堂文疏、施饿鬼的缘起文、洒水文等。

日本黄檗宗的声明具有很高的音乐性。也就是说，具有复杂的旋律（节拍），有节奏，要求一致的节拍，还有许多乐器。可将其特色列举如下：

①梵呗要求一致的节拍，构成四个拍节。

②虽然没有表示梵呗音律的乐谱，但是有表示引磬、木鱼、大鼓等打法的内容。

③发音全部采用中国语（明音／唐音）唱诵，但是也会唱诵部分的日译内容。

④节拍速度快者很多，节奏鲜明。

⑤使用很多乐器。通常有六种。即木鱼、大磬、引磬（大、小）、大鼓、铙钹等。有时也会使用铜锣和铃。

⑥开始诵经时，维那起腔，引导师不做。

⑦梵呗的做法，全部站着进行。但是，有些场合也坐着。

⑧木鱼用ポク、大鼓用ドン、大引磬用チン、小引磬用ツン、铙钹用ジャラン、大磬用ガン等表示。

（三）黄檗宗法事的种类和构成

1. 朝课、晚课（早晚的念经）

2. 羯磨（每月十四日及最后一天的晚课时进行忏悔）

3. 祝圣（每月一日、十五日的早课前举行）

4. 斋佛仪式（称为"大殿上供"，每月一日、十五日午时举行）

5. 二时临斋仪式（吃饭时所用）

6. 演净仪式②（为清净道场的仪式）

7. 诸赞（开山忌③、历代忌、佛成道会、涅槃会、降诞会、达摩忌、百丈忌、在家法要）

8. 施饿鬼会

---

① 平读即按照汉语经文的顺序一字一字地读。

② 即洒净仪式。

③ 寺院创始人忌日举行的法会。

9. 忏法（礼佛忏悔、消灾祈福的佛教仪式）

10. 其他还有授戒会、晋山式、小施食、盂兰盆会等。

如上所示，黄檗宗有各种各样的法会，而且，还有各自唱诵的经典，其唱法有时也有不同，但都具有基本的梵呗形式。黄檗宗的法事，通常按照以下顺序唱诵：

1. 香赞（相当于其他宗的散华）

2. 经文（法事的主要内容）

3. 结赞

4. 回向文

特殊法事的时候会再另外加入三宝赞、洒水等。

"香赞"有数种，在道场焚香以使清净而唱诵的赞子。"结赞"，数量众多，按照每个法事的主题选择经文。通常香赞和结赞的类型是同一种，其标准是由四、四、七、五、四、五字组成。即使经文改变，这些赞的唱法也完全相同，此构成了梵呗的根本。此外，还有特殊的香赞和结赞，每句的字数相同，唱法也基本相同。

（四）乐器

举行法事时，在梵呗开始之前，有引导师的鸣磬三拜和香语，拈香再拜。随后是大鼓和三通木鱼，然后开始唱诵经文。不过，三通木鱼必须敲，拜大鼓有时可以省略。另外，结束时，必须由大鼓和木鱼发出停止的信号。

唱诵有梵呗节奏的经文时的乐器打法，全部统一为四拍（细分为八拍）。并且，唱诵梵呗的速度可以任意决定。例如，标准的香赞，缓慢唱需要五分钟左右，快速唱则一分半左右就结束。另外，也可以中途突然加速，但是不可以中途减缓。即使速度改变，但是基本的内容没有改变，仅仅是乐器的打法稍微改变。

图 1　万福寺开山堂

图 2　隐元法师相

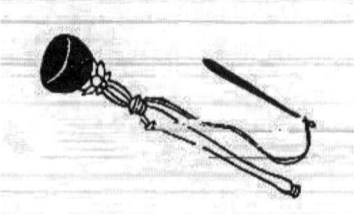

图3　引磬 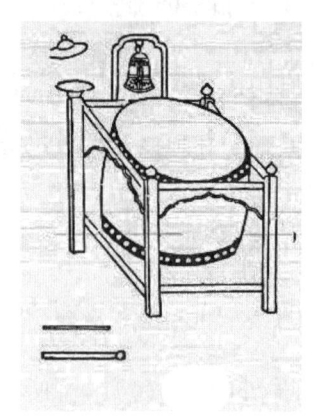　　　　　图4　太鼓 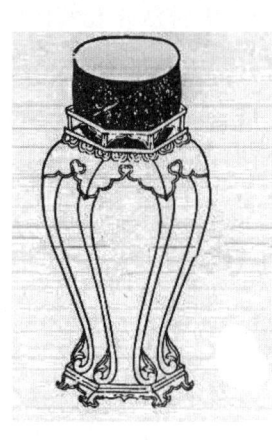　　　　　图5　磬子

图6　铜锣 　　　　　　　　图7　铍

图8　木鱼

（杭州佛学院外语院　释宽宏译）

总说日本日莲宗、法华宗声明——其历史与特质

日本日莲宗　早水日秀

一、日本日莲宗声明

（一）日莲门下的分立

日莲圣人在武藏国池上（东京都大田区池上）的池上宗仲的公馆中，在竭其一生致力于弘扬《法华经》以后，结束了61年的生涯，时为弘安五年（1282）十月十三日，距今703年前。

日莲圣人于同年九月八日，在弟子信者的劝说下，为了治病，离开住了九年的身延山，前往常陆（茨城县）的温泉，九月十八到达池上，随后病情加重，了悟入灭已近，便于十月八日，确定弟子六人，即日昭、日朗、日兴、日向、日顶、日持（六老僧），托付教团后事，日莲宗及法华诸宗分立的起源可以说就是始于这个时候。于是日莲门下诸门，现在以日莲宗为首，共有十一个宗派。

本文对日莲宗（总本山身延山久远寺）、本门法华宗（大本山妙莲寺）、法华宗阵门流（总本山本成寺）、法华宗真门流（总本山本隆寺）、显本法华宗（总本山妙满寺）等五宗派的法要仪式乃至声明曲，对其加以简单叙述。

（二）日莲宗

日莲圣人向镰仓幕府当政者三次提出"应皈依信仰法华经，立国家大本"的劝告，但是未被接受，遂于文永十一年（1274）五月，在53岁时隐居身延山。直至弘安五年九月出发去池上为止。九年间，日莲圣人与众多弟子读诵《法华经》，讽诵要文，论谈佛法深义，培养法器，并写下"不管是死在什么地方，都要把坟墓建在身延山，尽未来际，心也可以住于身延山"之言。日莲宗把身延山久远寺尊为总本山，对于圆寂灵地池上本门寺、诞生灵地小凑诞生寺（千叶县安房郡）等，与61年间弘教生涯有因缘的灵迹寺院，直系弟子们广传教诲建立的众多有关联的寺院，很多受到保护，现在，在全日本大约有五千座寺院。

那么，关于日莲宗声明的历史，与净土系列诸宗派、曹洞禅等宗派相同，如果追溯源头，仅仅看古记录的声明谱和次第，很容易会追溯到天台声明，然而，以实唱、实修传承为线索，来实证这一点，确是相当困难的事情。因此，首先依据法会的记录、声明本、宗门史年谱等，追溯年代的流传，然后探讨其现状。

1. 初期的法仪

首先，在元亨三年（1323）有这样的记录，即"像师（日像）著法华讲式，以梵呗、伽陀修宗祖报恩会作为恒例"（《龙华年谱》）。这是在日莲圣人圆寂后41年左右，日像（1269-1342）从后醍醐天皇获赐土地开创妙显寺的时期。像这样，在教团地位巩固的同时，整理法事仪式和声明的必要性也加大，在永享三年（1431）日莲圣人150周年忌日，妙显寺和本国寺等地举办了盛大法会。此在《言继卿记》等中有记载。

2. 隆盛期

进而，时代变迁，从天正九年（1581）宗祖300百周年忌日至享保十六年（1731）的450周年忌日左右，这一时期，可以说宗门的法事仪式声明的举行最为辉煌和盛大，举办四个法要、论义、法华忏法、顿写会、十种供养、讲式、千部会等各种法会。这些可以通过《身延鉴》、《池上本门寺历代得意记》、贞松莲永寺藏《法要次第·声明墨谱》、大野山本远寺藏《传心性院日远笔声明品》等获得了解。而且，在这些资料中所记载的曲名都有呗、散华、对扬、咒赞、伽陀、三礼、佛名、教化、受持、薪句、和赞等，证实举办过四个法要、十种供养、论义等法会。另外，也留下了多种忏法本。

3. 相承的系谱

这个时期，以身延山为首的诸山都整理了法事仪式及声明，尚不清楚当时是否把这些称为"身延流""池上流""光山流"等，另外，关于谁从何处传授了什么的相承系谱，明确的状况现在还不清楚。一说是身延山第十一世行学院日朝（1422-1500）从比叡山请来，也有说是由身延山第二十二世心性院日远（1572-1642）所传，因此还有很多尚待今后研究的地方。除此之外，《本化别头佛祖统纪》列传中的宝塔院日禅（1582-1650）传有"师，擅长声明。壮年，求师挂单于大原，为梵呗、伽陀的秘传颇尽力"这样的记述，贞松莲永寺藏大僧都日近（大野山本远寺第四世）的《声明墨谱·法会次第》中的呗的墨谱上写着实唱上的注意事项，与大原鱼山传承的"始段呗"的口传几乎一致，另外，从法会次第的"十种供养式"、"四个法要"的构成与天台宗依用之间没有太大差别推测，可以看出，到近江户末期，这种倾向非常强烈。

然而，另一方面，认为多读法华经、多念经名为首要的意识强烈，声明和法仪的传承被疏忽，无法长久保留传统也是事实。

4. 近现代的调整

江户末期，优陀那院日辉（1800-1859）在加贺（石川县金泽市）立像寺为了教育子弟开创了"充洽园"，著有《充洽园礼诵仪记》，示范法事仪式的轨范，修"礼法华仪式""法华观心赞会"等法会教导弟子。从其门下，近代日莲宗的中心人才辈出，据传其代表人物新居日萨（1830-1888）任身延山久远寺第七十三世、池上本门寺第六十五世，提出"法事应该庄严举行"，指导一山僧侣，僧风大振。而且，在这样的前提下，成为1931年宗祖650周年忌日以后宗定法要式·宗定声明制定的重要力量。1930年，贞松莲永寺邀请了天台声明的大家多纪道忍师（1890-1950），举办法事讲习会，以此为契机；1931年，身延山传承的声明由多纪道忍师和吉田恒三氏归纳成《日莲宗声明博士》一书，使之更进一步发展；1937年8月，在宗务院的主办下，以身延·池上为首的各山代表聚集于身延山，再次仰仗多纪道忍师的指导协议讨论，最终制定了墨谱，命名为《日莲宗声明品》，最终于1930年5月发表。其后，数次在墨谱上进行了若干改订。于是，这个墨谱，最终收录在1951年刊行的《宗定日莲宗法要式》的声明部中，作为一宗的轨范延续至今。

墨谱制定时期，在接受过多纪道忍师指导的日莲宗初代声明导师石井日章（1894-1970）的指导下，举办了声明师培训讲习会。在1965年，"为了将宗定法仪声明向全体声明师彻底普及"结成日莲宗声明师会，在1971年的日莲圣人诞生七百五十周年庆赞大法会、1981年的日莲圣人700周年忌日报恩大法会等宗门主办的法事及教区法事等上，从决定仪式次第到法事的出席，都充分发挥了作用。

5. 日莲宗声明的现状

昭和十三年制定的宗定声明曲目是道场偈、三宝礼、切散华、咒赞、对扬、三皈、奉送七曲。宗定声明制定的主要目的在于全体声明师知道共同的规定来唱诵声明，知道在做礼拜时该如何进行，因此，不局限于让大寺院特别举行法事中使用的声明曲，而是一般寺院的佛事吊祭，特别是日常法事所必需的声明曲，并且需要花费几年时间才能掌握的复杂微妙的旋律，而是带有节拍，不问老少都能唱诵，进而又与日莲宗宗风相符合。因此，伽陀、散华等曲子也是切音，旋法依据律曲。在宗定的七首曲子中，除了对扬之外，相对音的变化也少，是单纯直截的旋律，但是从念诵者方面来看，越是单纯，庄严念诵越难。

此外，除了宗定声明曲之外，还有身延山久远寺·池上本门寺等所传承的伽陀等其他曲，尽管很少，但是被保留下来。在身延山，每月朔日十五日举行"礼法华仪式"，在池上，在千部会（四月）和御会式（十月）上举办"十种供养式"。

另外，在石川县金泽市内的寺院，每年举行名为"宝塔忏法"的法华忏法会。关于这种特殊的仪式及声明的音律等，应该尽早以故实传承的形式如理重整，在各山长期传承，此非常重要。

从实修上还有一个需要特别提到的事情：以往没有双调引磬，1979年，在京都松本佛具店的协助下，由南条工坊完成，日莲宗声明师会指定，得以在宗内广为颁定。据此，在定下声明出音的调子时，不是仅依靠自己的音感，而是听引磬的音，双调音位，无论是黄钟①还是壹越②，都能自在出音，在唱诵声明上，获得了最重要的令音律正确的最确切的依据。于是，以此双调引磬为契机，以天台宗为首的诸宗所迫切期望的壹越·平调的打鸣器、磬等的制作也着手进行。

二、日本法华宗诸流的沿革与法仪

（一）日本法华宗阵门流

1. 派祖与教团

其是继承了圆光房日阵（1339-1419）法脉的门流，是以越后（新潟县三条市）本成寺为总本山的宗派。

日阵八岁时进入日朗门下摩诃一日印所开创的本成寺师事日龙，11岁时跟随京都六条门流本国寺日静修习宗学，同门中有建立院的日传。应安二年（1369）日静在临圆寂时传本国寺给日传，传本成寺给日阵。日阵以本成寺为根据地，向北陆、奥羽、关东传道，也向东海其他地区弘扬教法。应永十三年（1406）于四条堀川油小路创建本禅寺。其后返回越后本成寺，应永二十六年（1419），将本成寺付嘱南阳坊日存，将本禅寺付嘱大贤坊日登，同年五月二十一日，开启传道之旅，圆寂的时间、地点不明。现在的教势，门流寺院200所寺院，全国分8个教区，宗务院在东京巢鸭的本妙寺内。1965年制定了宗定法要式。

2. 法则

不仅是阵门流，其他流派也经常使用称为"法则"的与法仪有关的术语，所以，在略述各流法仪之前，先要明确其语义。

现在"法则"一词在使用时有两个含义。（1）是导师于法会开始时唱诵的文本，是由表白（也称"启白"）、神分、灵分、祈愿四个段落组成的一系列文章。

---

① 日本音名之一，十二律的第八音。
② 日本音名之一，十二律的基准音，最低音。

在此种情况下，当省略灵分、祈愿时，文段的构成习惯于按照神分、表白的顺序连接。（2）是在包含（1）的文章之上，进一步将劝请、愿文、经释、回向文也编入进来，即指所谓的"次第"形式（这种情况时，根据流派、地域等不同，"法则"一词的使用有时也基本上含有近似法要名的微细感觉）。此形式依据天台宗的《例讲法则》等，身延山久远寺藏、行学院日朝所写的《立正会法则》等也是相同种类。

此外，本卷第五面所收阵门流本成寺的"法则"属于上文所记的（2）。因为收录时间的关系，只能将"法则"的表白、神分部分省略，仅收录后半部分的愿文和经释部分。

如果从音用方面考察阵门流声明，三敬礼的"一心"基本发为"シン"、同样，"一切"发为"イサーイ"，在愿文旋律的几个地方，在经释旋律中，清楚地可以感觉到是在接受天台声明的同时所形成的。

（二）日本本门法华宗

1. 派祖与教团

此是以庆林坊日隆（1385-1463）为派祖、以京都卯木山妙莲寺为本山之宗派。开创妙莲寺的佛性院日庆（1397-1478）曾在妙本寺（妙显寺）月妙门下，与日存、日道、日隆同时退出妙本寺，在绫小路五条，据说是日像在京都初创之寺的妙法莲华寺的旧址上结草庵传道，应永三十年（1423）左右在该处建寺，名为妙莲寺。日存、日道、日隆三师，离开妙莲寺去布教，日庆留在寺里，为发展寺门迎请庭田重有之子日应（1433-1508）。到永享年中，因为日存、日道为妙莲寺的再兴而尽力，以此功绩，日隆请求将其加入历代，但是被日庆拒绝。之后，日隆及其门下弟子与妙莲寺对立，在日庆圆寂以后，日应于文明十五年（1483）按照朗源、日霁、日存、日道、日隆、日应的顺序做出血脉次第，此后，日隆门流法脉相连。

明治九年（1876）妙莲寺属于日莲宗八品派五大本山（京都本能寺、尼崎本兴寺、京都妙莲寺、冈宫光长寺、鹫巢鹫山寺）之一，1950年11月脱离法华宗，称"本门法华宗"，1953年8月1日被认证为宗教法人本门法华宗，延续至今。寺院数有130多座。

2. 声明

现行的声明本是1949年左右由多纪道忍、中山玄雄二师作为律曲双调曲汇集而成。另外，1983年，集成出版了《本门法华宗法式要典》。音乐方面，伽陀、三礼、咒赞、散花、对扬等谱曲以法华宗传来的旋律为基本，在此基础上增加了具有声明特色的妙趣。其朗读方法，也与阵门流相同，可以清楚地看到天台声明的影响。

（三）日本法华宗真门流

1. 派祖与教团

此是以常不轻院日真（1444-1528）为派祖、以京都本隆寺为总本山之门流。

日真出生于但马（兵库县）城崎，6岁出家，17岁左右在比叡山、三井寺游学，22岁时进入四条门流妙本寺（妙显寺）日具门下学习宗义。日真当时研究在日莲门下的教学界受到论议的"本迹胜劣义"，历访八品派的本能寺、妙莲寺，尤其与妙莲寺日忠有深交。长享二年（1488）夏，在大林坊日镇之处，举行了关于"本迹一致、胜劣"的论谈，因为没有定论，所以日真给在备中野山隐居的妙显寺日具送去书信，陈述胜劣义，乞求裁决。对此，日具站在日像门流所主张的"一往胜劣""再往一致"的立场上论破日真的主张。为此，日真退出妙显寺，于四条大宫建立一寺，号称本隆寺，以此为据点展开布教。此后，二祖日镇、日唱、日印相继传承，450年间，现传至第九十四代。寺院数一六三座，全国分为五教区开展教团行政。

2. 法仪与声明

关于法事仪式，制定了宗定《法华宗真门流法要式》，各种法要仪轨均以此为基准。关于声明，现在仍采用天保十四年（1843）九月开板的声明本，极具价值。另外，关于"论议"一直没有间断地被继承下来，具有重大意义。

（四）日本显本法华宗

1. 派祖与教团

此是以玄妙阿阇黎日什（1314-1392）为派祖、以京都妙满寺为总本山之门流。自古以来，亦被称为日什门流、妙满寺派。日什（乳名玉千代丸）19岁时入横川上智院慈遍僧正门下，名为玄妙，38岁作为天台法师成为山门学头，58岁发起隐遁之志，回到故乡会津。玄妙住持会津羽黑山东光寺，讲授天台宗教义，盛名广传。一次读到门下学生所携带的日莲圣人遗文《开目抄》《如说修行抄》，觉悟到："唯此是末法时期复活天台、传教精神，救护末法众生之教导"，自己将名字改为日什，拜访真间山弘法寺（千叶县市川市）的日宗，请求入门却没有被允许，康历二年（1379）写下归顺书和起请文，才终于允许改宗，时年67岁。日什此后不久便成为弘法寺学头，与日满一起承担中山、真间两山的徒众教育，此后多次进京，面对天皇奏请弘通《法华经》，永德三年（1383）于六条坊门室町建立小庵（康应元年〈1389〉改称为妙满寺），其后陆续于各地修建寺庙、弘扬教法。日什感叹当时各门流争夺各自正统、失去弘教热情的现状，于嘉庆元年（1387）

八月二十五日写下文书，否定日莲直传弟子、最末弟子等各门流，坚持"直授日莲、经卷相承"，宣布门流独立。

考察教团历史，明治九年（1876）称日莲宗妙满寺，属于胜劣派。明治三十一年（1898）十一月，公开宣称为显本法华宗。1941年，显本法华宗与以身延山为本山的日莲宗和以日兴为派祖的本门宗合并，成为"日莲宗"，以身延山久远寺为总本山。但是，在战后的1946年，随着宗制变革，脱离教团而独立，因此1948年又以妙满寺为总本山，称显本法华宗，延续至今。教团现况，分寺数224座、教会3所、布教所1处（巴西），全日本分为14个教区开展行政。

2. 法仪与声明

从法事仪式与声明方面来说，由于1941年的三宗派合并，受到日莲宗法要式影响，因此基本上几乎与日莲宗相同。

以上，介绍了各门流的起源与现状的一个端绪，此不过是为了聆听各派声明而做的简略记述，详细情况请参照《日本佛教基础讲座7日莲宗》（雄山阁刊）、《日莲辞典》（东京堂刊）、《日莲宗事典》（日莲宗宗务院刊）等。

图1　身延山久远寺祖师堂

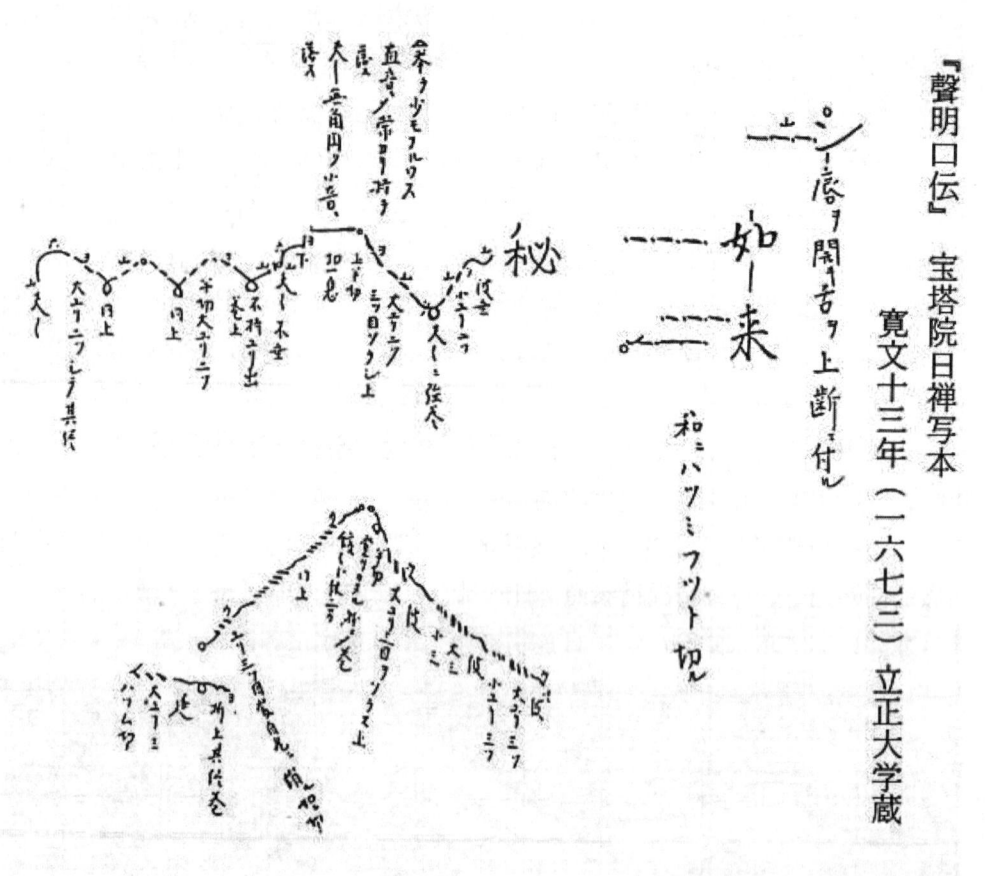

图2　宝塔院日禅写本《声明口传》

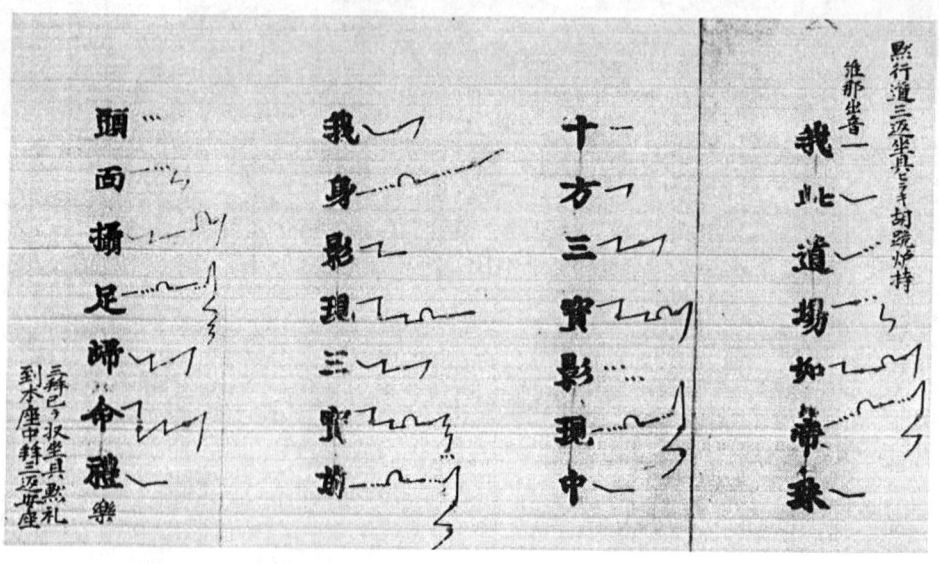

图3　《法华忏法》（宽文元年，1661年）

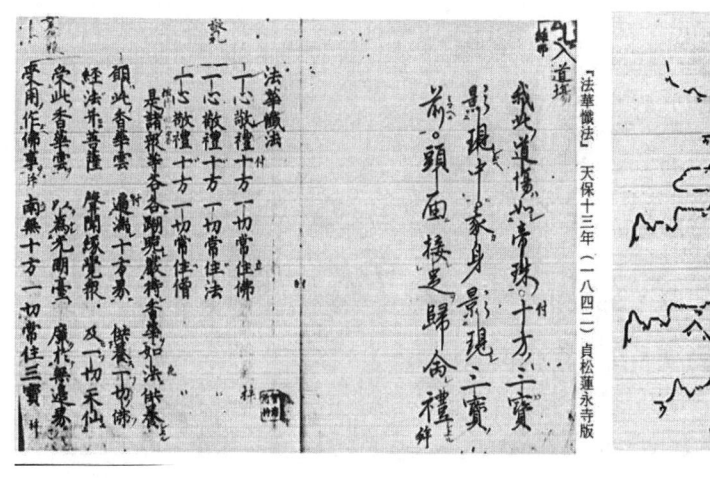

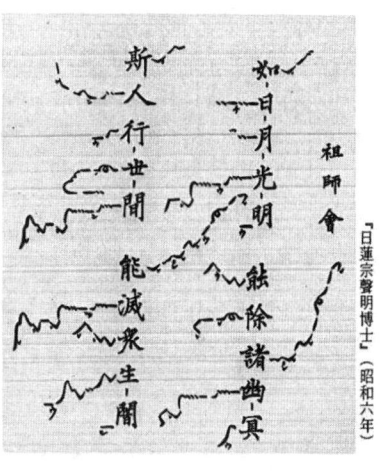

图4 《法华忏法》（天保十三年，贞松莲永寺版）

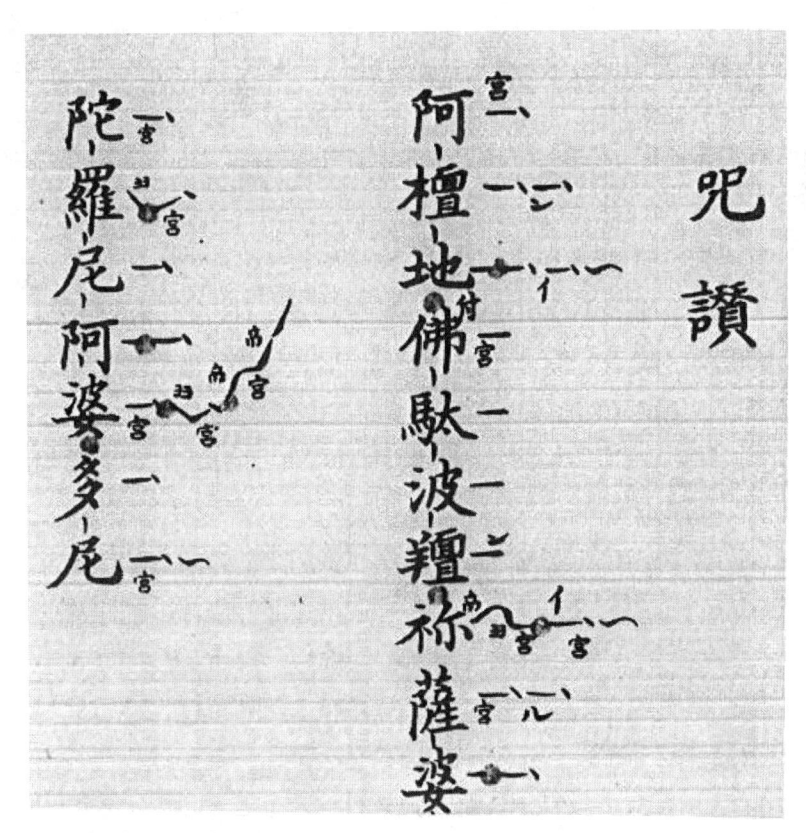

图5 《日莲宗声明品》（1938年）

图6　加贺《宝塔忏法》所用

图7　本成寺本堂

图8　本隆寺本堂

图9　妙莲寺山门

图10　妙沟寺（正面为本堂，左侧佛舍利塔）

（杭州佛学院外语院　释宽宏译）

唱响当下，载入史册，启迪未来
——第十八届吴越佛教学术研讨会学术总结

浙江音乐学院　杨九华

在"桂子月中落，天香云外飘"的美好季节里，由杭州市佛教协会、杭州市宗教研究会、浙江音乐学院音乐学研究所主办、杭州佛学院承办的第十八届吴越佛教学术研讨会，在这千年古刹灵隐寺落下帷幕。本届吴越佛教学术研讨会的主题是"佛教梵呗研究"。本次研讨会有三个最让人瞩目的第一：

第一次在杭州佛学院音乐院成立之后，由光泉院长倡导举办的梵呗学术研讨会，实现了他们数十年来致力于梵呗交流、演唱、教学，再到理论研讨的重大转型，可谓意义重大，为我国佛教音乐文化研究提供了一个很好的平台，发挥了示范引领作用，对于促进佛教音乐文化的复兴、传承与发展具有重要的社会意义和现实意义。

第一次集梵呗"非遗"传承人、法师，专业院校、研究机构的音乐学、宗教学、史学、社会学、人类学等学科专家学者共同参与讨论，线上、线下相结合的佛教学术研讨会。从不同层面、不同角度进行了热烈和充分的学术探讨，包括梵呗的起源与发展、梵呗与佛教的中国化、梵呗与中国传统文化研究、梵呗与现代佛曲研究、梵呗的当下处境和展望，以及日本有关梵呗的研究成果等内容，从不同学科角度对佛教音乐的传统和当下进行全方位的阐述。

第一次向国内专注于佛教梵呗音乐的专家，推介翻译日本佛教音乐的研究成果，展现了杭州佛学院的学术眼光，这不仅是他们的创举，更是佛教界及音乐界的首次。呈现在我们面前的九篇重要的日本佛教音乐研究的翻译成果，不仅会促进中日佛教音乐文化的交流，也拓宽了我国佛教音乐研究的思路，为进一步了解佛教文化的渊源及异同提供了重要的途径。

下面从四个方面进行学术总结：

一、理论研究的多层和深入。这方面主要是学者进行专题理论研究，就梵呗的历史发展、不同种类、南北方差异展开。首先，涉及梵呗风格问题，分为北南

两派，形成了长江上游派、长江下游派，或称北韵、南韵，分别以北派的北京智化寺和南派的常州天宁寺为代表；其二，论及不同地区，不同语系的差异，导致梵呗传唱出现变化，如巴、汉、藏、蒙等差异等；其三，是对梵呗与中国传统文化关系的概括和梳理，探讨了以梵呗为代表的佛教音乐在与中国各民族文化相融过程中的史料依据，诠释了梵呗的社会价值、艺术价值，对中国佛教音乐艺术和精神内涵进行深层次的解读；其四，专家们还从各自角度对梵呗音乐的中国化进程，进行了多层的学术归纳和理论阐释，认为梵呗音乐是活着的中国传统佛教音乐文化的重要组成部分。

二、演唱实践的探索和展现。这方面主要是来自各地寺庙非遗传承人、法师们结合梵呗演唱实践，范唱了中国的梵呗音乐，涉及经文的不同音声呈现，如四大祝延赞、八赞品、香赞、观音赞、普贤赞；不同场合的唱诵，如朝暮课诵；不同地区不同风格的唱法，如北派、南派、巴蜀、藏等；以及佛乐唱导技术特征，如气、情、字、味等。

三、创作层面的传播和发扬。本次研讨会中，法师和学者还展示了新创作的佛曲，以及与宗教音乐相关的管弦乐作品。不少研究指出，当代佛教梵呗所富有的魅力，跨越时空、超越国界，我们应该把梵呗所具有当代价值的文化精神弘扬，与当代佛曲的传诵结合起来。在与现实文化的融通之中，坚守佛教音乐应有的神圣感，抵制媚俗的音乐进入佛教圣地，让高尚、纯净、带有虔诚情怀的音乐，发挥音乐的教化功能，引领人们正向前行。

四、研究成果的积淀与共享。本届会议汇聚了音乐学、宗教学、史学、人类学等学者的学术思考和研究经验，实现了信息共享和交流，在一定程度上为推进梵呗的研究，积累了理论和实践成果。在物质文明和精神文明高度发达的今天，中国佛教梵呗音乐的发展所遇到的挑战不言而喻。本届研讨会本着集佛教界、音乐界及社科领域学者的力量，共同努力保护、传承梵呗的理想，加强对优秀传统文化的扶持，已经取得初步的成果。

本次学术研讨会围绕佛教梵呗进行了深入的探讨，为佛教音乐的研究留下了丰富的成果，也为日后佛教文化的学术研究提供了新的路径与方法。是一次积极、严谨、全面的高水平的学术研讨会，非常积极地推动了中国传统佛教音乐的活态传承和发展，引起音乐学者们对梵呗音乐的积极兴趣和新的认知，注定唱响当下，载入史册，启迪未来！

附：历届吴越佛教学术研讨会览表

吴越佛教肇始于汉末，时有译经鼻祖安世高至此译经传教。两晋南北朝时，高僧迭出，法门渐兴，一时谈玄论道，会通儒释，成为一时之显学，文人贵族亦多游刃于佛道，极大地促进了佛教中国化之进程。隋唐之际，吴越佛教大盛，吉藏、智𫖮等划时代的佛门大师皆于此讲说著书，创宗立派，特别是智𫖮集"南义北禅"之精华所创立的天台宗，成为中国佛教义学之典范。五代之永明延寿大师，圆融禅教，指归净土，开启禅净双修之路，奠定了宋以后中国佛教发展的基本格局。吴越佛教也在吴越诸王的护持之下，寺塔之数，"倍于九国"，"佛僧之盛，盖甲天下"。宋以后，法门之巨匠，治学之高僧，多活跃于此，吴越之地遂有"东南佛国"之美誉。

作为中国佛教的重要组成部分之一，吴越佛教既是推动佛教中国化的一股重要力量，也是汉传佛教向海外传播推广的重镇。为深度挖掘吴越佛教的历史价值和人文思想，以及在推动中国化方面所做出的努力和贡献，杭州佛学院自2003年以来先后连续举办了18届吴越佛教学术研讨会，取得了丰硕的成果，有力的推动吴越佛教的研究。

	会议主题	举办时间	学术成果
第1届	吴越佛教文化与社会	2003年	《吴越佛教学术研讨会论文集》，宗教文化出版社，2005年。
第2届	纪念永明延寿大师诞辰1100周年	2004年	《永明延寿大师研究》，宗教文化出版社，2005年。
第3届	纪念义天大师诞辰950周年	2005年	《吴越佛教》第1卷，宗教文化出版社，2006年。
第4届	因明学术研讨会	2006年	《吴越佛教》第2卷，宗教文化出版社，2007年。
第5届	纪念弘一大师圆寂65周年	2007年	《吴越佛教》第卷，宗教文化出版社，2008年。
第6届	唯识学研究	2008年	《吴越佛教》第4卷，九州出版社，2009年。
第7届	东南佛国文化研究	2009年	《吴越佛教》第5卷，宗教文化出版社，2010年。
第8届	纪念弘一大师诞辰130周年	2010年	《吴越佛教》第6卷，宗教文化出版社，2011年。

第 9 届	南宋佛教研究	2011 年	《吴越佛教》第 7 卷，九州出版社，2012 年。
第 10 届	吴越佛教与海外交流	2012 年	《吴越佛教》第 8 卷，九州出版社，2013 年。
第 11 届	佛教艺术与当今人文	2013 年	《吴越佛教》第 9 卷，人民出版社，2014 年。
第 12 届	佛典汉译及语言学研究	2014 年	《吴越佛教》第 10 卷，人民出版社，2015 年。
第 13 届	佛教文献研究	2015 年	《吴越佛教》第 11 卷，宗教文化出版社，2016 年。
第 14 届	佛教教育与佛教大学建设	2016 年	《吴越佛教》第 12 卷，宗教文化出版社，2017 年。
第 15 届	东方唯识学研究会成立	2017 年	《吴越佛教》第 13 卷，宗教文化出版社，2020 年。
第 16 届	飞来峰石窟造像暨弥勒信仰研究	2018 年	《吴越佛教》第 14 卷，宗教文化出版社，2020 年。
第 17 届	吴越佛教与佛教中国化	2019 年	《吴越佛教》第 15 卷，宗教文化出版社，2021 年。
第 18 届	佛教梵呗研究	2020 年	《吴越佛教》第 16 卷，宗教文化出版社，2022 年。